公路工程施工中的试验检测

魏青瑞　主编

山东大学出版社

《公路工程施工中的试验检测》编委会

主　编　魏青瑞

副主编　李新永　高永波　王　超　姜吉昌

编　委　牟　云　吕丽萍　于仁锟　陈雅亭

韩　斌　王　冰

前 言

随着经济技术的发展，人们对公路建设质量的要求也越来越高。先进的施工工艺及质量控制是保证公路质量的重要部分，贯穿于工程实施的每道工序，每个分项、分部、单位工程。只有整个施工过程都处于质量监控之下，才能把质量事故隐患消灭于萌芽状态，从而创造出优质工程、精品工程。

公路工程施工技术管理中的一个重要环节是工程试验检测工作，这也是公路工程竣工验收评定和质量控制工作中不可缺少的组成部分。公路工程试验检测机构虽然在我国已初具规模，但还存在认识、管理上的诸多问题。只有强化行业管理手段，弥补试验检测机构中存在的不足，切实建立检测行业诚信体系，才能促进我国公路检测市场健康有序地发展。

本书根据当前公路施工工艺，结合先进的检测设备及技术，浅谈在公路施工过程中对质量控制的一些技术及经验，旨在提高建设质量，供相关人员参考。

作者

2015 年 7 月

目　录

第 1 章　公路工程试验检测技术

1.1　概　述

公路交通作为我国经济建设中重点投资建设的行业，正以前所未有的规模和速度向前发展。目前，我国高速公路通车里程超过 10 万千米，公路通车总里程已超过 400 万千米，建成各类桥梁达 40 万座，先后在长江、黄河、珠江等河流上建成一批大跨径、深水基础的桥梁，已经修建特大桥 1800 多座，使我国在大跨径悬索桥、斜拉桥、拱桥和连续刚构桥建设方面跨入世界先进行列。可以预计，今后公路工程建设仍将保持一段高速发展时期，公路工程建设质量也将越来越受到重视。随着公路建设管理体制的改革，利用世界银行贷款和采用多渠道筹集资金建设的项目越来越多，工程建设普遍实行招投标和工程监理制度，形成了政府管理、社会监督和企业自检的质量保证体系，而各级质量监督部门、建设监理机构以及承担建设施工任务的企业控制质量的主要手段则是依据国家和交通部颁布的有关法规、技术标准、规范和规程进行的试验检测。

1.1.1　试验检测的意义

公路工程试验检测机构的职能是对公路工程项目或产品进行检测，根据检测的结果判断公路工程质量或产品质量状态。试验检测工作是公路质量检测的重要组成部分，是公路工程质量评定验收的主要环节。公路工程试验检测技术融试验检测基本理论和测试操作技能及公路工程相关学科基础知识于一体，是工程设计参数、施工质量控制、施工验收评定、养护管理决策的主要依据。因此，完善工程试验检测机构的工作制度、制定试验检测工作细则、配置合理的试验检测人员，对公路工程试验检测工作具有重要的现实意义。

(1)公路工程试验检测工作有利于推广新技术、加强新工艺和新材料的应用。对于某种新工艺、新技术、新材料进行及时有效的检测，还可以对其适用性、可行性、先进性和有效性进行鉴别和了解，从而积累公路工程的施工经验，为推动整个行业的技术进步、提高公路工程试验检测工作质量作出积极的贡献。

(2)公路工程试验检测工作有利于充分利用当地出产的材料，可有效降低施工成本。例如：通过对施工地点的砂石、填料等的检测，可以确定这些材料是否符合施工要求，如果符合，则可进行就地取材。

(3)公路工程试验检测工作有利于对施工所用到的各种原材料的质量好坏进行科学的鉴定。通过合理有效的测试手段，施工所用材料的各种性能是否符合规定就变得更加明了，对于合理应用材料、提高工程质量具有重要作用。

(4)公路工程试验检测工作有利于增强施工质量评价的说服力，增强施工过程中质量控制工作和竣工后的评定验收工作的科学性。积极开展工程试验检测工作对于加快公路工程施工进度、降低工程造价、推动技术进步等都会起到积极的作用。因此，进一步完善公路工程试验检测工作势在必行，有关部门必须对其加以重视。

1.1.2 试验检测方法和规程

(1)按试验检测目的分类，试验检测方法可分为：

①作为学术研究手段进行的试验检测。

②作为设计依据参数进行的试验检测。

③作为工程质量控制检查或质量保证进行的试验检测。

④作为竣工验收评定进行的试验检测。

⑤作为积累技术资料进行的养护管理或后评估试验检测。

⑥作为工程质量事故调查分析进行的试验检测。

(2)现行交通运输部部颁公路工程试验检测规程有：

①JTG E20—2011　公路工程沥青及沥青混合料试验规程。

②JTG E30—2005　公路工程水泥混凝土试验规程。

③JTG E40—2007　公路土工试验规程。

④JTG E41—2005　公路工程岩石试验规程。

⑤JTG E42—2005　公路工程集料试验规程。

⑥JTG E50—2006　公路土工合成材料试验规程。

⑦JTG E51—2009　公路工程无机结合料稳定材料试验规程。

⑧JTG E60—2008　公路路基路面现场测试规程。

1.1.3 试验检测工作细则

每项试验检测方法应根据国家或部颁有关现行最新技术标准、操作规程和有关行业工作规范制定详细的实施细则。

1.1.3.1 制定实施细则的必要性

由于有些标准规定得不细，而有些质检机构的检测操作人员可能是刚刚上岗，虽然已通过本单位的考核，但不一定很熟练；更重要的是质检机构的工作就像工厂生产产品一样，每一步都应该按工艺要求进行详细的实施，为此必须制定有关实施细则。

1.1.3.2 实施细则的内容

(1)技术标准、规定要求。

(2)抽样方法及样本大小。

(3)检测项目、被测参数大小及允许变化范围。

(4)检测仪器设备的名称、型号、量程、准确度。

(5)检测人员组成和检测系统框图。

(6)对检测仪器的检查标定项目和结果。

(7)对检测仪器和样品或试件的基本要求。

(8)从保证计量检测结果可靠角度出发对环境条件的检查项目范围的规定。

(9)在检测过程中发生异常现象的处理办法。

(10)在检测过程中发生意外事故的处理办法。

(11)检测结果计算整理分析方法及允许变化范围的规定。

凡要求对整体工程项目或新产品进行质量判断的检测项目，均应进行抽样检测。凡送样检测的产品，检测结果仅对样品负责，不对整体产品质量作任何评价。

1.1.4 试验检测原始记录

原始记录是试验检测结果的如实记载，不允许随意更改，不许删减。原始记录应印成一定格式的记录表，其格式根据检测的要求不同可以有所不同。原始记录表应主要包括：产品名称、型号、规格；产品编号、生产单位；检测项目、检测编号、检测地点；温度、湿度；主要检测仪器名称、型号、编号；检测原始记录数据、数据处理结果；检测人、复核人；试验日期等。

记录表中还应包括所要求记录的信息及其他必要信息，以便在需要时能够判断检测工作在哪个环节可能出现差错；同时，根据原始记录提供的信息，能在一定准确度内重复所做的检测工作。试验检测原始记录一般不得用铅笔填写，内容应填写完整，应有试验检测人员和计算校核人员的签名。

原始记录如果确需更改，应在作废数据上画两条水平线，将正确数据填在其上方，更改人要签字盖章。原始记录应集中保管，保管期一般不得少于两年。原始记录也可以保存在计算机硬盘中。原始记录经过计算后的结果，即检测结果必须有人校核。校核者必须在本领域有5年以上工作经验。校核者必须认真核对检测数据，校核量不得少于所检测项目的5%。校核完毕后，校核者必须在试验检测记录和报告中签字，以示负责。

试验检测记录数据整理时应注意：

(1)记录数据时，应确定数据的有效位数，根据检测数据异常值的判定方法区分可剔除异常值和不可剔除异常值。经过整理后的数据应填入原始记录的相应部分。

(2)检测数据的有效位效应与检测系统的准确度相适应，不足部分以“0”补齐，以便测试数据位数相等。

(3)同一参数检测数据个数少于3时用算术平均值法时，建议采用数理统计方法，求算代表值。

(4)试验数据异常值的判断：对于每一单元内检测结果中的异常值用格拉布斯法；检测各试验室平均值中的异常值用狄克逊法。

1.2 试验检测工作制度

工作制度是否健全，制度能否坚持贯彻执行，反映了一个单位的管理水平。对质检机构来说，它必然会影响到检测工作的质量。为了保证检测质量，从全面质量管理的观点出发，应对影响检测结果的各种因素(包括人的因素和物的因素)进行控制。

1.2.1 岗位责任制

岗位责任制是质检机构的一项重要制度，它应明确组织机构框图中列出的各部门的职责范围和权限。各部门的职责范围应对质量检测机构计量认证评审内容及考核办法中规定的管理功能、技术功能全部覆盖，做到事事有人管。明确各部门的质量职责，明确各类人员的职责，尤其对检测中心负责人、技术负责人、质量负责人和各部门负责人、各项目负责人、计量检定负责人、检测报告签发等人员，应明确其职责范围、权限及质量责任。

1.2.1.1 各部门的职责

(1)检测办公室

安排检测计划;对外签订检测合同;收发、及保管文件;发送及登记检测报告;收发、保管及检后处理样品;购置检测仪器设备及标准件;收检测费,进行财务管理;打印试验检测报告,复制资料;负责人事管理及保卫、安全、卫生及日常管理工作;制订各类人员的培训计划,并组织人员考核。

(2)检测资料室

收集、保管国内外用于试验检测的产品标准、检测规范、检测细则、检测方法和计量认证规程、暂行校验方法及专用设备鉴定资料;保管检测报告、原始记录;保管产品技术资料、设计文件、图纸及其他有关资料;保存抽样记录、样品发放及处理记录;保存全部文件及有关产品质量检测的政策、法令、法规。

(3)仪器设备室

负责计量标准器具和标准件的计量检定及日常维护保养;负责全部试验检测仪器设备的维修及保养等工作,及时检查在用检测仪器的状况;负责新购置检测仪器设备的验收工作;保管试验检测仪器设备的维修、使用、报废记录;保管检测仪器设备的计量检定证书和试验检测仪器设备的说明书;建立并保管检测仪器设备台账;负责大型精密设备的日常维修;制定试验检测仪器设备检定周期表并付诸实施。

1.2.1.2 各类人员的岗位职责

(1)试验检测中心主任

贯彻执行上级有关的政策、方针、法规、条例和制度;确定本单位的方针和目标,决定本单位的发展规划和工作计划;对中心的检测工作计划完成情况及检测工作的质量负责;建立健全质量管理体系和质量保证体系,切实保证能公正、科学、准确地进行各类检测工作;协调各部门的工作,使之纳入全面质量管理的轨道;批准经费使用计划、奖金发放计划;批准检测报告;主持事故分析会和质量分析会;督促、检查各部门岗位责任制的执行情况;考核各类人员的工作质量;主管中心的人事工作及人员培训考核、提职、晋级工作;检查质量管理手册的执行情况,主持质量管理手册的制定、批准、补充和修改。

(2)试验检测技术负责人

在中心主任领导下,全面负责中心的技术工作;掌握本领域检测技术的发展方向,制订测试技术的发展计划;批准测试大纲、检测实施细则、检测操作规程、非标准设备和检测仪器的暂行校验方法;主持综合性非标准检测系统的鉴定工作;深入各试验检测室,随时了解并解决检测过程中存在的技术问题;组织各类人员的培训、负责各类人员的考核;签发检测报告。

(3)试验检测质量保证负责人

全面负责检测工作质量,定期向中心主任和技术负责人报告测试工作质量情况;负责质量事故的处理;负责检测质量争议的处理并向中心主任和技术负责人报告结果;制定质量政策及方针;检查各类人员的检测质量、工作质量;负责质量管理手册的贯彻执行。

(4)试验检测室主任

对本室工作全面负责;确定本室的质量方针及质量目标,组织完成各项试验检测任务;掌握本专业国内外的现状及发展趋势,根据需要和可能,提出新的检测方案;提出计量检测仪器设备的购置、更新、改造计划;提出计量检测仪器设备的维修、降级和报废计划;负责本室各类人员的技术培训和考核;对本室各类事故提出处理意见;审查本室制定的检测大纲、检测细则;审阅各类检测报告及原始记录;考核本室人员的工作情况及质量状况;对本室人员晋级提出建议;负责本室的行政管理事务。

(5)试验检测人员

对各自负责的试验检测工作的质量负责;严格按照检测规范、检测大纲、实施细则进行各项检测工作,确保检测数据的准确可靠;上报检测仪器设备的核定、维修计划,有权拒绝使用不合格检测仪器或超过检定周期的仪器;不断更新专业知识,掌握本专业检测技术及检测仪器的发展趋势和现状;按期填写质量报表,填写检测原始记录及检测证书;有权拒绝行政或其他方面的干预;有权越级向上级领导反映各级领导违反检测规程或对检测数据弄虚作假的现象;按时填写仪器设备操作使用记录;严格遵守检测人员纪律和试验室管理制度。

(6)资料保管人员

负责做好保密工作,严格遵守保密制度,不得随意复制散发检测报告,不得泄露原始数据,不得做损害用户的事;负责办理各类资料入库时登记手续,并且登记分类进行,入库手续齐全,送交人、整理人、接收人均应签名;负责对各类资料的查找工作,为检测人员做好技术服务工作;负责随时收集最新的技术标准、检测规程、规范、细则、方法;负责对过期资料的销毁工作,应严格履行报批手续,并造册登记入档;丢失检测资料应视为质量事故处理,负责填写事故报告,并视情节轻重接受必要的处分;负责做好防火、防盗、防蛀工作,以防资料的损坏。

(7)样品保管人员

负责样品入库时外观检查、封样标记完整性检查并清点数量,核实无误后,登记入库,入库登记本应有样品保管人员签字;负责样品分类管理,未检、已检样品应有明显的标记,不同单位送交的样品应有区分标志;负责样品桶、样品箱、样品袋的清洁完好，不得用留有他物或未经清洗的用具存放样品；样品保管人员应将各类样品立账、设卡，做到账、物、卡三者相符；负责保存样品室的环境条件符合该样品的贮存要求，不使样品变质、损坏，不使其降低或丧失性能；负责样品的领取和发放，领取者和发放者都应检查样品是否完好并签名；负责样品的检后处理及备用样品的处理，应按有关规定办理手续，经办人及主管人员应签名；负责做好样品保管室的防火、防盗工作。

1.2.2 检测仪器的管理制度

专管共用的检测仪器设备的保管人由试验检测中心确定，使用人在使用仪器设备前应征得保管人同意并填写使用记录。使用前后，由使用人和保管人共同检查仪器设备的技术状态，经确认以后，办理交接手续。专管专用的检测仪器设备的使用人即为保管人。检测仪器设备的保管人应参加新购进仪器验收安装、调试工作，填写并保管仪器设备档案，填写并保管仪器设备使用记录，负责仪器设备降级使用及报废申请等事宜。

使用贵重、精密、大型仪器设备者，均应经培训考核合格，取得操作许可证。精密、贵重、大型仪器设备的安放位置不得随意变动，如确实需要变动，应事先征得仪器设备室的同意。重新安装后，应对其安装位置、安装环境、安装方式进行检查，并重新进行检定或校准。

检测仪器设备的保管人应负责所保管设备的清洁卫生，不用时，应罩上防尘罩。长期不用的电子仪器，每隔3个月应通电一次，每次通电时间不得少于半小时。

检测仪器设备不得挪作他用，不得从事与检测无关的工作。

仪器设备室除对所有仪器设备按周期进行计量检定外，还应进行不定期的抽查，以确保其功能正常，性能完好，精度满足检测工作的要求。

全部仪器设备的使用环境均应满足说明书的要求。

1.2.2.1 仪器设备的借用

(1)计量标准器具一律不外借，一般不能直接用于检测。

(2)试验检测中心内部仪器的借用，由各室自行商定，但仪器设备所有权的调动应经中心领导同意，并在设备技术档案上备案。

(3)外单位借用仪器设备应办理书面手续。

1.2.2.2 仪器设备购置、验收、维修、降级和报废

计量标准器具的购置由仪器设备室提出申请，试验检测中心主任批准后交办公室办理。测试仪器设备、标准物质的购置计划由各检测室提出，仪器设备室

审核，经试验检测中心主任批准后交办公室办理。计量标准器具、标准物质、测试仪器设备到货后验收合格的仪器设备，由仪器设备室填写设备卡片。测试仪器设备的维修由仪器设备室归口管理。各专业检测室根据检测仪器设备的技术状态和使用时间，填写仪器设备维修申请书，由仪器设备室在规定时间内进行维修。在计量检定中发现仪器设备损坏或性能下降时，由仪器设备室直接进行维修，维修情况应填入设备档案。修理后的仪器设备均由仪器设备室根据校定结果分别贴上合格(绿)、准用(黄)或停用(红)标志，其他人员均不得私自更改。

材料试验机、疲劳试验机、振动台等试验设备的清洗和换油工作由各专业检测室的设备保管人负责，并在设备档案内详细记载。

凡降级使用的仪器设备均应由各专业检测室提出申请，由仪器设备室确定其实际检定精度，提出使用范围的建议，经试验检测中心主任核准批准后实施。降级使用情况应记入设备档案。

凡报废的仪器设备均应由各专业检测室填写仪器设备报废申请单，经确认后，由试验检测中心主任批准，并填入设备档案。已报废的仪器设备，不应存放在试验室内，其档案由资料室统一保管。

1.2.3 检测事故分析报告制度

1.2.3.1 检测过程中按事故处理的情况

(1)样品丢失，零部件丢失，样品损坏。

(2)样品生产单位提供的技术资料丢失或失密。

(3)由于检测人员、检测仪器设备、检测条件不符合检测工作的要求，试验方法有误，数据差错而造成的检测结论错误。

(4)检测过程中发生人身伤亡。

(5)检测过程中发生仪器设备损坏。

1.2.3.2 事故的分类

凡违反上述各项规定所造成的事故均为责任事故可按经济损失的大小、人身伤亡情况分成小事故、大事故和重大事故。

1.2.3.3 发生事故后的处理要求

(1)大或重大事故发生后，应立即采取有效措施，并保护现场，通知有关人员处理事故。

(2)事故发生后 3 天内，由发生事故部门填写事故报告单，报告办公室。

(3)事故发生后 5 天内，由中心负责人主持，召开事故分析会，对事故的直接责任者作出处理，对事故作善后处理并制定相应的办法，以防类似事故再次发生。

(4)大或重大事故发生后1周内,试验检测中心应向上级主管部门补交事故处理专题报告。

1.2.4 技术资料文件的管理制度

长期保存的技术资料由资料室负责收集、整理、保存,其他各项技术资料由主管部门整理、填写技术资料目录,并对卷内资料进行编号,由资料室装订成册。技术资料入库时应办理交接手续,统一编号,填写资料索引卡片。检测人员需借阅技术资料时,应办理借阅手续。与检测无关的人员不得查阅检测报告和原始记录。检测报告和原始记录不允许复制。

资料室工作人员要严格为用户保守技术机密,否则以违反纪律论处。

长期保存的技术资料有:国家、地区、部门有关产品质量检测工作的政策、法令、文件、法规和规定;产品技术标准、相关标准、参考标准(国外和国内的)、检测规程、规范、大纲、细则、操作规程和方法(国外的、国内的或自编的);计量检定规程、暂行校验方法;仪器设备说明书、计量合格证,仪器、仪表、设备的验收、维修、使用、降级和报废记录;仪器设备明细表和台账;产品检验委托书、设计文件及其他技术资料。

定期保存的技术资料有:各类原始记录;各类检测报告;用户反馈意见及处理结果;样品入库、发放及处理登记本。保管期不少于2年。

超过保管期的技术资料应分门别类造册登记,经试验检测中心主任批准后才能销毁。

1.2.5 试验室管理制度

(1)试验室是进行检测、检定工作的场所,必须保持清洁、整齐、安静。

(2)试验室内禁止随地吐痰、吸烟、吃东西。禁止将与检测工作无关的物品带入试验室。在恒温恒湿室内,禁止喝水、用湿布擦地、开启门窗。

(3)要求换鞋、换衣的试验室,无论任何人进入,都要按规定更换工作服、鞋.

(4)试验室应建立卫生值日制度,每天有人打扫卫生,每周彻底清扫一次,每季度彻底清扫一次空调通风管。

(5)下班后与节假日,必须切断电源、水源,确保试验室的安全。

(6)仪器设备的零部件要妥善保管,连接线、书、操作手册和原始记录表等应专柜保管。

(7)带电作业应由两人以上操作,地面应采取绝缘措施。电烙铁应放在烙铁架上,电源线应排列整齐,不得横跨过道。

(8)试验室内设置消火栓和灭火桶等消防设施。灭火桶应经常检查,任何人不得私自挪动位置,更不得挪作他用。

1.3 试验检测人员配置及检测机构资质要求

试验检测机构的人员配置应合理,人员的配置包括行政管理人员、试验检测技术人员和其他工作人员三类,其中试验检测技术人员应由不同学科和不同职称的技术人员组成。检测部门人员、仪器设备、机构等应有相应的资质等级证书。

1.3.1 检测机构技术负责人、质量保证负责人及其他人员配置

检测机构的技术负责人要对整个检测机构的工作全部负责,业务上应该有较高的水平。另一方面,由于技术负责人在一定程度上决定了检测工作的质量,当技术负责人变动时,应检查在技术负责人变动后该机构的工作水平。

检测机构的技术负责人应有工程师以上职称,具有10年以上专业工作的经验,精通所管辖的业务。

质量保证负责人协助技术负责人对整个检测机构的全部检测工作的质量负责,在技术负责人不在时代行其职权。小的质检机构中,质量保证负责人可由技术负责人兼任。

质量保证负责人不一定要求精通所管辖的每一项具体工作,但必须熟悉本单位的主要业务,并且有一定的质量管理方面的知识。

质量保证负责人必须是该机构的主要负责人之一,这有助于质量工作中的有关决定的贯彻执行。

技术负责人、质量保证负责人及质量检测管理人员,应熟悉国家、部门、地方关于产品质量检测方面的政策、法令、法规、规定;应熟悉工程技术标准;应熟悉抽样理论,能熟练地应用各类抽样标准,确定其样本大小;具备编制审定检测实施细则、审查检测报告的能力;熟悉掌握检测质量管理理论,具有对检测工作进行质量诊断的能力;熟悉国内外工程质量的检测方法、检测技术的现状及发展趋势,掌握国内外检测仪器设备的信息;能不断学习新知识,不断进行知识更新。

检测机构的人员应按所进行的业务范围进行配置,各类工程技术人员、工程师以上人员不得低于20%。

各业务岗位人员的配置应与所从事的检测项目相匹配,重要的检测项目应有两人,每人可兼做几个项目。

1.3.1.1　对试验检测人员的要求

(1)操作人员应熟悉检测任务,了解被测对象和所用检测仪器设备的性能。检测人员必须经过考核合格,取得上岗操作证后,才能上岗操作。凡使用精密、贵重、大型检测仪器设备者,必须熟悉检测仪器的性能,具备使用该仪器的知识,经过考核合格,取得操作证书才能操作。

(2)检测人员应掌握所从事检测项目的有关技术标准,了解本领域国内外测试技术、检测仪器的现状及发展方向,具备制定检测大纲、采用国内外最新技术检测工作的能力。

(3)检测人员应了解误差理论、数理统计方面的知识,能独立进行数据处理工作。

(4)检测人员应对检测工作、数据处理工作持严肃的态度,以数据说话,不受行政或其他方面影响的干扰。

1.3.1.2　对检测人员考核的主要内容

(1)工程质量检测专业知识

了解所用仪器设备的结构原理、性能及正确使用维护等知识;掌握所检测工程项目的质量标准和有关技术指标;具有实际操作和数据处理的能力。

(2)计量基础知识

了解计量法常识、国际单位制基本内容、误差理论基本知识。

1.3.1.3　计量检定人员的要求

(1)凡从事计量检定工作的人员,必须具备从事计量检定工作所必备的知识和技能,且经上级计量行政部门考核合格并取得“检定员证”,才能从事所考核合格项目的计量检定工作。见习人员或学徒工、代培人员不得独立从事检定工作,不得在检定证书上签字。

(2)计量检定复核人员应真正起到复核的作用,复核人员必须是从事该项目2年以上具有工程师职称的人员或从事该项目5年以上的助理工程师。

(3)计量检定人员必须具备高中以上文化程度。计量检定人员应不断学习新知识,随时了解国内外本领域计量技术的现状及检测仪器设备的信息。

1.3.1.4　对计量检定人员考核的主要内容

(1)计量基础知识

了解计量法常识、国际单位制基本内容、误差理论基本知识。

(2)计量专业知识

了解本专业所用标准器具的结构原理和正确使用维护等知识;掌握本专业的检定系统和检定规程;具有实际操作和数据处理能力。

1.3.1.5 试验检测人员纪律

(1)认真学习贯彻国家、部门、地方有关质量方面的文件、政策、法令、法规,严格按产品技术标准、试验检测规程进行各项测试工作。

(2)坚持原则、忠于职守,遵守质检机构规定的各项规章制度。

(3)不准利用职权和工作条件接受受检企业或单位的礼品。

(4)不准擅自多抽或少抽样品,不准违章处理或使用样品。

(5)不准受贿,不准假公济私、弄虚作假。

(6)作风正派,秉公办事。

1.3.2 试验检测机构的资质要求

(1)试验技术及检测人员均应通过交通行业的培训,并应持有经交通行政主管部门批准的相应资格证书。技术主管应具有工程师以上技术职称。

(2)试验检测机构仪器设备(包括标准物质)均应经相应质量技术监督部门的计量认证、审查验收并取得合格证。

(3)试验检测机构应具有相应交通行政主管部门批准的公路工程试验检测机构的相应等级资质证书,并在规定范围内进行试验检测工作。

1.4 试验检测数据分析与处理

各种试验检测数据是工程质量检测评定的依据,试验检测采集得到的大量原始数据必须经过分析处理,如有些数据要经过无量纲化处理之后才具备可比性,况且数据中还存在各种误差,甚至还有一些要剔除的错误数据。所以,原始数据一定要进行分析处理,才能取得真实的试验检测成果。

1.4.1 数据的分析

1.4.1.1 真值

真值即真实值,是指在一定条件下,被测量客观存在的实际值。真值通常是个未知量,一般所说的真值是指理论真值、规定真值和相对真值。

(1)理论真值:理论真值也称“绝对真值”,如平面三角形三内角之和恒为180°。

(2)规定真值:国际上公认的某些基准量值,如1960年国际计量大会规定“1 m等于真空中氪86原子的2P10和5d5能级之间跃迁时辐射的1650763.73

个波长的长度”。1982年国际计量局召开的米定义咨询委员会提出新的米定义为“米等于光在真空中1/299792458秒时间间隔内所经路径的长度”。这个米基准就当作计量长度的规定真值。规定真值也称“约定真值”。

(3)相对真值:计量器具按精度不同分为若干等级,上一等级的指示值即为下一等级的真值,此真值称为“相对真值”。例如,在力值的传递标准中,用二等标准测力机校准三等标准测力计,此时二等标准测力机的指示值即为三等标准测力计的相对真值。

1.4.1.2 误差

(1)误差的表示方法

根据表示方法的不同,误差分为绝对误差和相对误差。

1)绝对误差

绝对误差是指实测值与被测真值之差,即:

$$\Delta L=L-L_0$$

式中:ΔL——绝对误差;

L——实测值;

L_0——被测真值。

但是,大多数情况下,真值是无法得知的,因而绝对误差也无法得到。一般只能应用一种更精密的量具或仪器进行测量,所得数值称为“实际值”,它更接近真值,并用它代替真值计算误差。

绝对误差具有以下一些性质:

①它是有单位的,与测量时采用的单位相同。

②它能表示测量的数值是偏大还是偏小以及偏离程度。

③它不能确切地表示测量所达到的精确程度。

2)相对误差

相对误差是指绝对误差与被测真值(或实际值)的比值。

相对误差不仅表示测量的绝对误差,而且能反映出测量时所达到的精度。相对误差具有以下一些性质:

①它是无单位的,通常以百分数表示,而且与测量时所采用的单位无关。而绝对误差则不然,测量单位改变,其值亦变。

②能表示误差的大小和方向,因为相对误差大时绝对误差亦大。

③能表示测量的精确程度。当测量所得绝对误差相同时,则测量的量大者精度就高。

因此,通常都用相对误差来表示测量误差。

(2)误差的来源

在任何测量过程中,无论采用多么完善的测量仪器和测量方法,也无论在测量过程中怎样细心和注意,都不可避免地存在误差。产生误差的原因是多方面的,可以归纳如下:

1)装置误差

主要由设备装置的设计制造、安装、调整与运用引起的误差。如试验机示值误差,等臂天平不等臂,仪器安装不垂直、偏心等。

2)环境误差

由于各种环境因素达不到要求的标准状态所引起的误差。如混凝土养护条件达不到标准的温度、湿度要求等。

3)人员误差

测试者生理上的最小分辨力和固有习惯引起的误差。如对准示值读数时,始终偏左或偏右,偏上或偏下,偏高或偏低。

4)方法误差

测试者未按规定的操作方法进行试验所引起的误差。如强度试验时试块放置偏心,加荷速度过快或过慢等。

需要指出,以上几种误差来源,有时是联合作用的,在进行误差分析时,可作为一个独立的误差因素来考虑。

(3)误差的分类

误差就其性质而言,可分为系统误差、随机误差(或称“偶然误差”)和过失误差(或称“粗差”)。

1)系统误差

在相同条件下,多次重复测试同一量时,误差的数值和正负号有较明显的规律。系统误差通常在测试之前就已经存在,而且在试验过程中,始终偏离一个方向,在同一试验中其大小和符号相同。例如,试验机示值的偏差等。系统误差容易识别,并可通过试验或用分析方法掌握其变化规律,在测量结果中加以修正。

2)随机误差

在相同条件下,多次重复测试同一量时,误差的数值和正负号没有明显的规律,它是由许多难以控制的微小因素造成的。例如,原材料特性的正常波动,试验条件的微小变化等。由于每个因素出现与否,以及这些因素所造成的误差大小、方向事先无法知道,有时大、有时小,有时正、有时负,其发生完全出于偶然,因而很难在测试过程中加以消除。但是,完全可以掌握这种误差的统计规律,用概率论与数理统计方法对数据进行分析和处理,可以获得可靠的测量结果。

3)过失误差

过失误差明显地歪曲试验结果,如测错、读错、记错或计算错误等。含有过失误差的测量数据是不能采用的,必须利用一定的准则从测得的数据中剔除。因此,在进行误差分析时,只考虑系统误差与随机误差。

1.4.1.3 有效数字

(1)在正常测量时一般只能估读到仪器最小刻度的十分之一,故在记录测量结果时,只允许末位有估读得来的不确定数字,其余数字均为准确数字,称这些所记的数字为“有效数字”。

(2)有效数字的概念可表述为:由数字组成的一个数,除最末一位数是不确切值或可疑值外,其余均为可靠性正确值,则组成该数的所有数字包括末位数字在内称为“有效数字”。除有效数字外,其余数字为多余数字。

(3)从计算数学的观点,有效数字可用来描述一个近似数的精度,一个数的相对(绝对)误差都与有效数字有关,有效数字的位数越多,相对(绝对)误差就越小。

(4)对于“0”这个数字,根据它在数中的位置不同,可能是有效数字,也可能是多余数字。归纳起来有以下规律:

1)整数前面的“0”无意义,是多余数字。

2)处于数中间位置的“0”是有效数字。

3)处于数后面位置的“0”是否为有效数字可分为以下三种情况:

①数后面的“0”,若把多余数字的“0”用10的乘幂来表示,使其与有效数字分开,这样在10的乘幂前面所有数字包括“0”皆为有效数字。

②作为测量结果并注明误差值的数值,其表示的数值等于或大于误差值的所有数字,包括“0”皆为有效数字。

③上面两种情况外的数后面的“0”则很难判断是有效数字还是多余数字,因此,应避免采用这种不确切的表示方法。

在测量或计量中应取多少位有效数字,可根据下述准则判定:

①对不需要表明误差的数据,其有效位数应取到最末一位数字为可疑数字(也称“不确切数字”或“参考数字”)。

②对需要表明误差的数据,其有效位数应取到与误差同一数量级。

1.4.1.4 数字修约的规则

(1)修约间隔

修约间隔是指确定修约保留位数的一种方式。修约间隔的数值一经确定,修约值即应为该数值的整数倍。例如,指定修约间隔为0.01,修约值即应在0.01的整数倍中选取,相当于将数值修约到两位小数。又如,指定修约间隔为

100,修约值即应在100的整数倍中选取,相当于将数值修约到“百”数位。

0.5单位修约是指修约间隔为指定数位的0.5单位,即修约到指定数位的0.5单位。

0.2单位修约是指修约间隔为指定数位的0.2单位,即修约到指定数位的0.2单位。

(2)数值修约进舍规则

拟舍弃数字的最左一位数字小于5时,则舍去,即保留的各位数字不变。

拟舍弃数字的最左一位数字大于5;或者是5,而且后面的数字并非全部为0时,则进1,即保留的末位数加1。

拟舍弃数字的最左一位数字为5,而后面无数字或全部为0时,若所保留的末位数为奇数(1,3,5,7,9)则进一,为偶数(2,4,6,8,0)则舍弃。

负数修约时,先将它的绝对值按上述三条规定进行修约,然后在修约值前面加上负号。

0.5单位修约时,将拟修约数值乘以2,按指定数位依进舍规则修约,所得数值再除以2。

0.2单位修约时,将拟修约数值乘以5,按指定数位依进舍规则修约,所得数值再除以5。

上述数值修约规则(有时称之为“奇升舍偶法”)与常用的“四舍五入”的方法区别在于:用“四舍五入”法对数值进行修约,从很多修约后的数值中得到的均值偏大;而用上述的修约规则,进舍的状况具有平衡性,进舍误差也具有平衡性,若干数值经过这种修约后,修约值之和变大的可能性与变小的可能性是一样的。

(3)数值修约注意事项

拟修约数字应在确定修约后的一次修约获得结果,而不得多次按进舍规则连续修约。

在具体实施中,有时测量与计算部门先将获得数值按指定的修约数位多一位或几位报出,而后由其他部门判定。为避免产生连续修约的错误,应按下列步骤进行:

1)报出数值最右的非0数字为5时,应在数值后面加“(+)”号或“(−)”号或不加符号,以分别表明已进行过舍、进或未舍未进。

2)如果判定报出值需要进行修约,当拟舍弃数字的最左一位数字为5,而后面无数字或全部为0时,数值后面有“(+)”号者进1,数值后面有“(−)”号者舍去,其他仍按进舍规则进行。

1.4.1.5 计算法则

(1)加法运算

应以各数中有效数字末位数的数位最高者为准(小数即以小数部分位数最少者为准),其余数均比该数向右多保留一位有效数字。

(2)乘法运算

应以各数中有效数字末位数的数位最少者为准,其余数均多取一位有效数字,所得积或商也多取一位有效数字。

(3)平方或开方运算

其结果可比原数多保留一位有效数字。

(4)对数运算

所取对数位数应与真数有效数字位数相等。

1.4.2 数据的统计特征与概率分布

1.4.2.1 总体与样本

在工程质量检验中,对无限总体中的个体逐一考察其某个质量特征显然是不可能的;即使对有限总体,所含个体数量虽不大,但要作全部破坏性考察也是很难实现的。所以,除特殊项目外,主要通过抽取总体中的一小部分个体加以检测,以便了解和分析总体质量状况。这就是通常所说的“抽样检验”。

总体又称“母体”,是统计分析中所需研究对象的全体。而组成总体的每个单元称为“个体”。例如,在沥青混合料拌和工地上,需要确定某公司运来的一批沥青质量是否合格,则这批沥青就是总体。总体分为有限总体和无限总体。从总体中抽取一部分个体就是样本(又称“子样”)。样本容量是样本中所含样品的数量,通常用 n 来表示。

1.4.2.2 数据的统计特征量

用来表示统计数据分布及其某特征的特征量分为两类:一类表示数据的集中位置,例如算术平均值、中位数等;一类表示数据的离散程度,例如级差、标准偏差等。有时还需要把这两类基本特征量联合起来说明问题,例如变异系数等。

(1)算术平均值

算术平均值是表示一组数据集中位置最有用的统计特征量,经常用样本的算术平均值来代表总体的平均水平。总体平均值用 μ 表示,样本的算术平均值则用 $\bar{x}$ 表示,$\bar{x}\approx\mu$。如果一个样本数据为 $x_1,x_2,\cdots,x_n$,那么,样本的算术平均值为:

$$\overline{x} = \frac{1}{n}(x_1 + x_2 + \cdots + x_n) = \frac{1}{n}\sum_{i=1}^{n} x_i \tag{1-1}$$

(2)中位数

在一组数据 $x_1, x_2, \cdots, x_n$ 中，按其大小次序排列，以排在正中间的一个数表示总体的平均水平，称为“中位数”，或称“中值”，用 $\tilde{x}$ 表示。n 为奇数时，正中间的数只有一个，即为中位数；n 为偶数时，正中间的数有两个，取这两个数的平均值作为中位数。即：

$$\tilde{x} = \begin{cases} x_{\frac{n+1}{2}} & (n\text{ 为奇数}) \\ \frac{1}{2}(x_{\frac{n}{2}} + x_{\frac{n+1}{2}}) & (n\text{ 为偶数}) \end{cases} \tag{1-2}$$

(3)级差

为了解数据波动范围，在一组数据中最大值与最小值之差，称为“级差”，记作 R，则有：

$$R = x_{\max} - x_{\min} \tag{1-3}$$

(4)标准偏差

标准偏差有时也称“标准离差”“标准差”“均方差”，它是衡量样本数据波动性（离散程度）的指标。在质量检验中，总体的标准偏差 σ 一般不易求得。样本的标准偏差 s 可按下式计算：

$$s = \sqrt{\frac{(x_1 - \overline{x})^2 + (x_2 - \overline{x})^2 + \cdots + (x_n - \overline{x})^2}{n-1}} = \sqrt{\frac{\sum_{i=1}^{n}(x_i - \overline{x})^2}{n-1}} = \sqrt{\frac{1}{n-1}\left(\sum_{i=1}^{n} x_i{}^2 - n\overline{x}^2\right)} \tag{1-4}$$

(5)变异系数

标准偏差是反映样本数据的绝对波动状况，当测量较大的量值时，绝对误差一般较大；而测量较小的量值时，绝对误差一般较小。因此，用相对波动的大小，即变异系数更能反映样本数据的波动性。

变异系数用 C_v 表示，是标准偏差 s 与算术平均值 $\overline{x}$ 的比值，即：

$$C_v = s/\overline{x} \times 100\% \tag{1-5}$$

1.4.3 正态分布

数据按其性质可分计量值和计数值两大类。计量值数据是指可以连续取值的数据，如长度、质量、强度和对角线偏差等。计数值数据是指不能连续取值，只能用个数计数的数据，如不合格品数、不合格品率和表面缺陷数等，其中不合格品率 1%,1.1%,1.2%,…看起来似乎是可以连续取值的计量值,但实际它是计数值。所以,判别一个数据是计量值还是计数值在于给出该数据的代数式的分子,即分子为计量值,那么用该数学式求得的数据就是计量值;分子是计数值,求得的数据就是计数值。

计量值的概率分布为正态分布,计数值的概率分布为超几何分布、二项分布和泊松分布等。正态分布是应用最多、最广泛的一种概率分布曲线,它是其他概率分布的基础。所谓"正态"也叫"常态",即常见的状态。凡是计量值数据,它们的概率分布,都将遵从正态分布,用 Y 来表示正态分布的概率密度函数如下:

$$Y = f(x) = \frac{1}{\sqrt{2\pi}\sigma}e^{-\frac{(x-\mu)^2}{2\sigma^2}} \quad (-\infty < x < +\infty) \tag{1-6}$$

式中:x——随机变量,曲线的横坐标值;

$f(x)$——相应的值出现的概率密度,曲线的纵坐标值;

μ——总体平均值;

σ——总体标准偏差;

π——圆周率($\pi \approx 3.1416$);

e——自然对数的底(e≈2.7183)。

平均值 μ 是 $f(x)$ 曲线的位置参数,决定曲线最高点的横坐标。标准偏差 σ 是 $f(x)$ 曲线的形状参数,它的大小反映了曲线的宽窄程度。σ 愈大,曲线低而宽,随机变量在平均值 μ 附近出现的密度愈小;σ 愈小,曲线高而窄,随机变量在平均值 μ 附近出现的密度愈大。

1.5 公路工程质量检验评定方法及依据

1.5.1 概述

为了加强公路工程质量管理,统一公路工程质量检验标准和评定标准,保证工程质量,交通部制定了《公路工程质量检验评定标准》(JTG F80/1—2012)。该标准适用于公路工程施工单位、工程监理单位、建设单位、质量检测机构和质量监督部门对公路工程质量的管理、监控和检验评定。

《公路工程质量检验评定标准》为交通部行业标准,其适用范围主要针对四级及四级以上公路的新建和改建工程。对于公路的大中修工程,由于交通部已专门制定了大中修工程的质量检验评定标准,故该标准不再要求大中修工作参照执行。

根据设计任务、施工管理和质量检验评定的需要,应在施工准备阶段将建设项目划分为单位工程、分部工程和分项工程。施工单位、工程监理单位和建设单位应按相同的工程项目划分进行工程质量的监控和管理。

1.5.1.1 单位工程

在建设项目中,根据签订的合同,具有独立施工条件的工程可分为单位工程。每个合同段范围的路基工程、路面工程、交通安全设备分别作为一个单位工程;特大桥、大桥、中桥、隧道以每座作为一个单位工程(特大桥、大桥、特长隧道、长隧道分为多个合同段施工时,以每个合同段作为一个单位工程);互通式立体交叉的路基、路面、交通安全设施按合同段纳入相应单位工程;桥梁工程按特大桥、大桥、中桥分别作为一个单位工程。

1.5.1.2 分部工程

在单位工作中,应按结构部件、路段长度及施工特点或施工任务划分为若干个分部工程。每个合同段的路基土石方、排水、小桥、涵洞、支挡、路面面层、标志、防护栏等分别作为一个分部工程;桥梁上部、下部各作为一个分部工程;隧道衬砌、总体各作为一个分部工程。

1.5.1.3 分项工程

在单位工程中,应按不同的施工方法、材料、工序及路段长度等分为若干个分项工程。

1.5.2 工程质量评分

工程质量检验评分以分项工程为单元,采用100分制进行。在分项工程评分的基础上,逐级计算各相应分部工程、单位工程、合同段和建设项目评分值。

施工单位应对各分项工程按《公路工程质量检验评定标准》所列基本要求,实测项目和外观鉴定进行自检,按“分项工程质量检验评定表”及相关施工技术规范提交真实、完整的自检资料,对工程质量进行自我评定。

工程监理单位应按规定要求对工程质量进行独立抽检,对施工单位检评资料进行签认,对工程质量进行评定。

建设单位根据对工程质量的检查及平时掌握的情况,对工程监理单位所做的工程质量评分及等级进行审定。

质量监督部门、质量检测机构可依据《公路工程质量检验评定标准》对公路工程质量进行检测评定。

1.5.2.1 分项工程质量评分

分项工程质量检验内容包括基本要求、实测项目、外观鉴定和质量保证资料等四个部分。基本要求具有质量否决权，只有在其使用的原材料、半成品、成品及施工工艺符合基本要求的规定，且无严重外观缺陷和质量保证资料真实并基本齐全时，才能对分项工程质量进行检验评定。

涉及结构安全和使用功能的重要实测项目为关键项目，其合格率不得低于90%（属于工厂加工制造的交通工程安全设施及桥梁金属构件不低于95%，机电工程为100%）且检测值不得超过规定极值，否则必须进行返工处理。

实测项目的规定极值是指任一单位检测值都不能突破的极限值，不符合要求时该实测项目为不合格。

分项工程的评定分值满分为100分，按实测项目采用加权平均法计算。存在外观缺陷或资料不全时，须予减分。

$$分项工程得分=\frac{\sum[检查项目得分\times权值]}{\sum 检查项目权值}$$

（1）基本要求检查

分项工程所列基本要求，对施工质量优劣具有关键作用，应按基本要求对工程进行认真检查。经检查不符合基本规定要求时，不得进行工程质量的检验和评定。

（2）实测项目计分

对规定检查项目采用现场抽样方法，按照规定频率和下列计分方法对分项工程的施工质量直接进行检测计分。

检查项目除按数理统计方法评定的项目以外，均应按单点（组）测定值是否符合标准要求进行评定，并按合格率计分。

$$检查项目合格率=\frac{检查合格的点(组)数}{该检查项目的全部检查点(组数)}\times100\%$$

$$检查项目得分=检查项目合格率\times100$$

对于路基路面的压实、弯沉值、路面结构层厚度、水泥混凝土抗压和抗弯拉强度、半刚性材料强度及路面横向力系数等检查项目，则应按要求采用有关数理统计方法进行评定计分。除路面横向力外，其余均为分项工程中的关键项目，不符合要求则该分项工程评为不合格。

（3）外观缺陷减分

对工程外表状况应逐项进行全面检查，如发现缺陷，应进行减分。对于较严重的外观缺陷，施工单位须采取措施进行整修处理。

（4）资料不全减分

分项工程的施工资料和图表残缺，缺乏最基本的数据，或有伪造涂改者，不予检验和评定。资料不全者应予减分，减分幅度可按《公路质量检验评定标准》

3.3.4条所列各款逐款检查，视资料不全情况减1～3分。

1.5.2.2 分部工程和单位工程质量评分

进行分部工程和单位工程评分时，采用加权平均法确定相应的评分值。

$$分部(单位)工程得分=\frac{\sum[分项(分部)工程评分值\times相应权值]}{\sum分项(分部)工程权值}$$

1.5.2.3 合同段和建设项目工程质量评分

合同段和建设项目工程质量评分值按《公路工程竣(交)工验收办法》计算。

$$合同段工程质量得分=\frac{\sum[单位工程得分\times单位工程投资额]}{\sum单位工程投资额}$$

合同段工程质量鉴定得分=合同段工程质量得分—内业资料扣分

$$建设项目工程质量得分=\frac{\sum[合同段工程质量鉴定得分\times合同段工程投资额]}{\sum合同段工程投资额}$$

1.5.2.4 质量保证资料

施工单位应有完整的施工原始记录、试验数据、分项工程自查数据等质量保证资料，并进行整理分析，负责提交齐全、真实和系统的施工资料和图表。工程监理单位负责提交齐全、真实和系统的监理资料。质量保证资料应包括以下六个方面：

(1)所用原材料、半成品和成品质量检验结果。

(2)材料配比、拌和、加工控制检验和试验数据。

(3)地基处理、隐蔽工程施工记录和大桥、隧道施工监控资料。

(4)各项质量控制指标的试验记录和质量检验汇总图表。

(5)施工过程中遇到的非正常情况记录及其对工程质量影响分析。

(6)施工过程中如发生质量事故，经处理补救后，达到设计要求的认可证明文件等。

1.5.3 工程质量等级评定

工程质量评定等级分为合格与不合格，应按分项、分部、单位工程、合同和建设项目逐级评定。

1.5.3.1 分项工程质量等级评定

分项工程评分值不小于75分者为合格，小于75分者为不合格；机电工程、属于工厂加工制造的桥梁金属构件不小于90分者为合格，小于90分者为不合格。

评定为不合格的分项工程，经加固、补强或返工、调测，满足设计要求后，可以重新评定其质量等级，但计算分部工程评分值时按其复评分值的90%计算。

1.5.3.2 分部工程质量等级评定

所属各分项工程全部合格，则该分部工程合格；所属任一分项工程不合适，则该分部工程为不合格。

1.5.3.3 单位工程质量等级评定

所属各分部工程全部合格，则该单位工程合格；所属任一分部工程不合格，则该单位工程为不合适。

1.5.3.4 合同段和建设项目质量等级评定

合同段和建设项目所含单位工程全部合格，其工程质量等级为合格；所属任一单位工程不合格，则合同段和建设项目为不合格。

第 2 章　土工与集料试验检测

2.1　土工材料的试验检测

在工程建设中，土可以用作填筑材料，如作为土坝、路基、路面的构筑物；也可作为建筑物周围的介质或环境，如隧道、涵洞及地下建筑等；还可以作为建筑物地基，用以承受建筑物传来的荷载，如在土层上修建房屋、桥梁、道路等。土和建筑物是密不可分的，因此人们把建筑工程统称为"土木工程"。然而，由于土是固体颗粒、气体和水所组成的三相松散体，三相成分的比例不同，所运用的环境不同，使其物理和力学特性变得十分复杂。所以，对土进行试验和检测是土木工程设计、施工和科研必不可少的工作。

2.1.1　土的三相组成

土是由地壳表面的岩石经过物理风化、化学风化和生物风化作用之后的产物。

在工程建设中，土有很多不同的功能。如在土层上修建桥梁、道路、堤坝时，土是用来支撑建筑物传来的荷载，这时土是被用作地基；对路堤、土坝等土工构筑物，土则被用作建筑材料；对于隧道、涵洞及地下建筑物，这时土成为建筑物周围的介质或环境。对于土的不同用途，在测试的内容上亦有所不同。

土是由固体颗粒（固相）、水（液相）及气体（气相）三种物质组成的集合体。

2.1.1.1　固相

土的固相物质分为无机矿物颗粒和有机质，称为"土体的骨架"。矿物颗粒由原生矿物和次生矿物组成。

2.1.1.2　液相

土的液相是指土孔隙中存在的水。水在土中以三种状态存在：固态、液态和气态。

2.1.1.3　气相

土中气相主要指土孔隙中充填的空气。土的含气量与含水量有密切关系。根据土孔隙中占优势的是气体还是水，土的性质就会有很大的不同。路基的压实就是土颗粒重新排列，土中气体被挤出的过程。

2.1.2　土的物理性质指标

土是固体颗粒、水和气体三相组成的集合体，这三种物质在体积上和质量上的比例关系不同，则会反映出土的物理状态上的变化。土中孔隙体积大，土就松；土中水分多，则土就软。所以，研究土的状态，首先要分析土的三相比例关系，并利用土的三相在体积上和重量（质量）上的相对比值，作为衡量土的基本物理性质的指标。

为了便于理解，把土中交错分布的固体颗粒、水和气体分别集中起来，按体积划分为固相、液相、气相三部分，称为“三相图”，如图 2-1 所示。

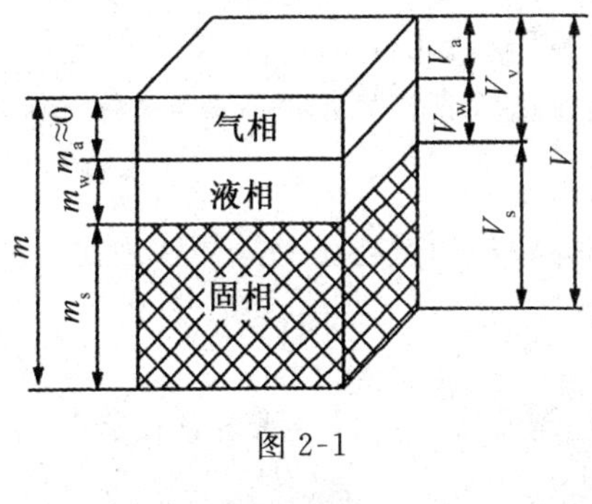

图 2-1

水的单位体积的质量（$\rho_w = \frac{m_w}{V_w}$），一般采用 1 g/cm^3 已足够准确，因此在数值上 $m_w = v_w$。

土样的体积为：　　$V = V_s + V_w + V_a$

土样的质量为：　　$m = m_s + m_w + m_a$

因 $m_a \approx 0$，故　　$m = m_s + m_w$

以下表述土的物理性质指标。

2.1.2.1　土的密度 ρ

土的密度是指土体单位的质量，从三相图中可知：

$$\rho = \frac{m}{V}\ (\mathrm{kN/m^3}) \tag{2-1}$$

土的密度变化范围一般 16～22 kN/m³。

2.1.2.2　土颗粒的比重(或称“土粒密度”)G_s

土颗粒的比重是指土的固体颗粒的单位体积的质量与水在 4 ℃时单位体积的质量之比。

$$G_s = \frac{m_s/V_s}{m_w/V_{w4\,℃}} \tag{2-2}$$

土粒密度：

$$\rho_s = \frac{m_s}{V_s} \tag{2-3}$$

土颗粒的比重取决于土的矿物成分，其变化范围一般为 26.0～27.5。

2.1.2.3　土的含水量 w

土的含水量是指土中水的质量与固体颗粒质量之比，通常以百分数表示。

$$w = \frac{m_w}{m_s} \times 100\% \tag{2-4}$$

含水量是表示土湿度的指标。土的天然含水量变化范围很大，从干砂接近于零，一直到饱和黏土的百分之几百。

上述三项指标是通过试验直接测定的指标，被称为“基本物理性质指标”。

2.1.2.4　干密度 ρ_d

干密度是指土的固体颗粒质量与土的总体积之比。

$$\rho_d = \frac{m_s}{V}\ (\mathrm{kN/m^3}) \tag{2-5}$$

土的干密度越大，土越密实。所以干密度常用作填土压实的控制指标。

2.1.2.5　饱和密度 ρ_{sat}

饱和密度是指土孔隙中全部被水充满时土的密度。

$$\rho_{sat} = \frac{m_s + V_v \cdot \rho_w}{V}\ (\mathrm{kN/m^3}) \tag{2-6}$$

2.1.2.6　浮密度(或称“浸水密度”)ρ'

浮密度是指土浸在水中受到水的浮力作用时的单位体积的质量。

$$\rho' = \frac{m_s - V_s \cdot \rho_w}{V}\ (\mathrm{kN/m^3}) \tag{2-7}$$

或

$$\rho' = \rho_{sat} - \rho_w\ (\mathrm{kN/m^3}) \tag{2-8}$$

2.1.2.7 孔隙比 e

孔隙比是指土中孔隙的体积与固体颗粒体积之比。

$$e = \frac{V_v}{V_s} \tag{2-9}$$

孔隙比是一个应用十分广泛的指标，可用来评价土的紧密程度。

2.1.2.8 孔隙率 n

孔隙率是指土中孔隙体积与总体积之比。

$$n = \frac{V_v}{V} \times 100\% \tag{2-10}$$

孔隙比与孔隙率之间存在下述换算关系：

$$n = \frac{e}{1+e} \tag{2-11}$$

2.1.2.9 饱和度 S_r

饱和度是指孔隙中水的体积与孔隙体积之比。

$$S_r = \frac{V_w}{V_v} \times 100\% \tag{2-12}$$

饱和度用来描述土中水充满孔隙的程度，$S_r = 0$ 时，土是完全干燥的；$S_r = 1$ 时，土为完全饱和的。按饱和度可以把砂土划分为三种状态：①$0 < S_r \leqslant 0.5$：稍湿的；②$0.5 < S_r \leqslant 0.8$：潮湿的；③$0.8 < S_r \leqslant 1.0$：饱和的。

2.1.3 土的三相指标的换算

2.1.3.1 换算关系

上述后六项物理指标，可以通过前三项试验测定指标由三相图换算求出，如表 2-1 所示。

表 2-1 三相指标的换算关系

指标	符号	物理表达式	换算关系式
干密度	ρ_d	$\rho_d = \frac{m_s}{V}$	$\rho_d = \frac{\rho}{1+w}$
饱和密度	ρ_{sat}	$\rho_{sat} = \frac{m_s + V_v \cdot \rho_w}{V}$	$\rho_{sat} = \frac{\rho(G_s - \rho_w)}{G_s(1+w)} + \rho_w$
浮密度	ρ'	$\rho' = \frac{m_s - V_s \cdot \rho_w}{V}$	$\rho' = \frac{\rho(G_s - \rho_w)}{G_s(1+w)}$

续表

指标	符号	物理表达式	换算关系式
孔隙比	e	$e=\frac{V_v}{V_s}$	$e=\frac{G_s(1+w)}{\rho}-1$
孔隙率	n	$n=\frac{V_v}{V}\times 100\%$	$n=1-\frac{\rho}{G_s(1+w)}$
饱和度	S_r	$S_r=\frac{V_w}{V_v}\times 100\%$	$S_r=\frac{\rho G_s\cdot w}{\rho_w[G_s(1+w)-\rho]}$

2.1.3.2　利用三相草图换算示例

已知三个试验指标 ρ,ρ_s,w,可假定土的总体积 $V=1$,则由定义可知:土的质量为 ρ;土粒的质量为 $\frac{\rho}{1+w}$;土粒的体积为 $\frac{\rho}{\rho_s(1+w)}$;孔隙体积为 $1-\frac{\rho}{\rho_s(1+w)}$;水的体积则为 $\frac{w\rho}{\rho_w(1+w)}$。至此便可按物理定义写出各换算公式。

如已知的指标是 ρ_s,w 和 e,则可知假定 $V_s=1$ 更为方便。根据定义求得:孔隙体积 $V_v=e$;土粒的质量为 ρ_s;水的质量为 $\rho_s\cdot w$;水的体积为 $\frac{\rho_s\cdot w}{\rho_w}$。至此即可换算各有关指标:

$$\rho=\frac{\rho_s(1+w)}{1+e} \tag{2-13}$$

$$\rho_d=\frac{\rho_s}{1+e} \tag{2-14}$$

$$S_r=\frac{w\rho_s}{e\rho_w} \tag{2-15}$$

$$\rho_{sat}=\frac{\rho_s+e\rho_w}{1+e} \tag{2-16}$$

$$\rho'=\frac{\rho_s-\rho_w}{1+e} \tag{2-17}$$

2.1.4　土工试验项目

2.1.4.1　概述

在公路工程中,为适应公路不同工程的需要,而要测定土的基本工程性质,可将土工试验项目分为四个方面:

(1)物理性质试验:含水量、密度、比重、颗粒分析和相对密实度。

(2)水理性质试验:界限含水量、稠度、膨胀、收缩和毛细上升高度。

(3)力学性质试验:渗透性、击实性、压缩性、黄土湿陷性、直接剪切、三轴剪切、无侧限抗剪、土基承载比及回弹模量。

(4)化学性质试验:酸碱度、烧失量、有机质含量、可溶盐含量、阳离子交换量和矿物成分等。

上述各项试验项目根据不同的研究对象而选择有所侧重,可参考表2-2。

表 2-2　　土的物理力学试验项目选择参考表

工程类别 / 项目选择 / 试验项目		桥涵		隧道		挡墙			路基				黄土及黄土状土
									深挖	松软基	高填方	沼泽	
		砂类土	黏质土	黏质土	黄土	砂质土	黏质土	黄土状土	黏质土	黏质土	黏质土	黏质土	
天然含水量			+	+	+		+	+	+	+	+	+	+
天然密度			+	+	+		+	+	+	+	+	+	+
比重			+	+	+		+	+	+				+
天然孔隙比			+	+	+		+	+	+				+
孔隙率			*	*	*		*	*					
饱和度													
界限含水量			+	+	+		+	+	+	+	+	+	+
稠度									+		+		
相对密实度		+				+							
颗粒分析		+	*			+							+
毛管水上升高度									*		+		
渗透系数			*			+				+			
膨胀试验				*					+				
击实试验									+	+			+
回弹模量									+	+			+
压缩试验			+		+					+		+	
相对湿陷系数					+			+					+
剪切试验	固结排水剪									*		+	+
	不固结不排水剪			+	+								
	固结不排水剪								+	*	+		

续表

工程类别 / 项目选择 / 试验项目	桥涵		隧道		挡墙			路基				黄土及黄土状土
								深挖	松软基	高填方	沼泽	
	砂类土	黏质土	黏质土	黄土	砂质土	黏质土	黄土状土	黏质土	黏质土	黏质土	黏质土	
十字板剪切试验									+		*	
无侧限抗压强度								+				
天然坡 干燥					+							
天然坡 水下					+							

注：表中"＋"者，表示初步设计、施工设计试验项目；"＊"者为视需要而做的试验项目。

2.1.4.2　土的物理性质试验

交通运输部《公路土工试验规程》(JTG E40—2007)对土的含水量试验、密度试验、比重试验、颗粒分析试验、相对密度试验、界限含水量试验等物理性质试验的目的和适用范围、所需仪器设备、试验步骤、试验结果整理及试验报告作了整体要求。相关试验项目的注意事项要求如下：

(1)含水量试验

1)烘干法

烘干法是测定含水量的标准方法，适用于黏质土、粉质土、砂类土和有机质土类。

2)微波加热法

微波加热法测定含水量时，应与标准烘干法进行比对，确定两者之间关系，以便于修正。

3)含石膏土和有机质土的含水量测试法

含石膏土和有机质土的烘干温度在110 ℃时，含石膏土会失去结晶水，含有机质土其有机成分会燃烧，测试结果将与含水量定义不符。这种试样的干燥宜用真空干燥箱在近乎1个大气压力作用下将土干燥，或将烘箱温度控制在60～70 ℃，干燥8 h以上为好。

4)无机结合料稳定土的含水量测试法

无机结合料在国外常称为"水硬性结合料"。它主要指水泥、石灰、粉煤灰和石灰或水泥粉煤灰，所用术语水泥稳定土、石灰稳定土、石灰粉煤灰稳定土等的总称为"无机结合料稳定土"。

如水泥与水拌和就要发生水化作用，在较高温度下水化作用发生较快。因此，如将水泥混合料放在原为室温的烘箱内，再启动烘箱升温，则在升温过程中水泥与水的水化作用发生放热反应，使得出的含水量往往偏小，所以应提前将烘箱升温到 110 ℃，使放入的水泥混合料一开始就能在 105～110 ℃的环境下烘干。另外，烘干后冷却时应用硅胶作干燥剂。

(2)密度试验

密度试验常用的方法有环刀法、灌砂法、蜡封法、核子仪法，其中灌砂法是公路工程密度测试的最基本方法，核子仪法则需要比对后才能使用。

(3)液塑限试验

液塑限试验是测试土的界限含水量的方法，含水量对黏质土的工程性质(如强度、压缩性等)有极大的影响。当土从很湿逐渐变干时，会表现出几个不同的物理状态，土也就有不同的工程性质。

当黏质土含水量极高时，土成泥浆，呈黏滞流动的液体。当施加剪力时，泥浆将连续地变形，土的抗剪强度极低。当含水量逐渐降低到某一值，土会显示出一定的抗剪强度，并且在外力作用下，可以塑成任何形状，并且不发生裂缝，解除外力后，土仍保持已有的变形而不恢复原状。这些特征与液体完全不同，它表现为塑性体的特征。土从液体状态向塑性体状态过渡的界限含水量称为“液限”，记为 w_L 。

当含水量继续降低时，土能承受较大的剪切应力，在外力作用下不再具有塑性体特征，而呈现具有脆性的固体特征。土由塑性体状态向脆性固体状态过渡的界限含水量称为“塑限”，记为 w_P 。

液限和塑限，在国际上称为“阿太堡界限”(Atterberg Limit)，它们是黏质土的重要物理性质指标。

黏质土的塑性大小，可用土处于塑性状态的含水量变化范围来衡量。此范围即液限与塑限之差值，称为“塑性指数”，记为 I_P 。

$$I_P = w_L - w_P$$

塑性指数一般在习惯上用不带百分数符号的数值表示。塑性指数越大，表示土越具有高塑性。

2.1.4.3　土的击实试验

(1)击实试验的原理

击实是指采用人工或机械对土施加夯压能量(如打夯、碾压、振动碾压等方式)，使土颗粒重新排列紧密。对于粗粒土，颗粒的紧密排列增强了颗粒表面摩擦力和颗粒之间嵌挤形成的咬合力；对于细粒土，颗粒的靠紧增强了颗粒间的分子引力，从而使土在短时间内得到新的结构强度。

击实试验方法详见《公路土工试验规程》(T0131—2007)。

(2)土的击实特性

由击实试验结果可以得到土的含水量与干密度关系曲线,如图 2-2 所示。从图中可以看出:

①击实曲线只有一个峰点。这说明在一定击实功作用下,只有当土的含水量为某一定值(称为"最佳含水量")时,土才能被击实至最大干密度。若土含水量小于或大于最佳含水量时,则所得的干密度都小于最大值。

②当土含水量偏干时,含水量的变动对干密度的影响要比含水量偏湿时的影响更为明显,由图上可看出曲线的左段较右段陡。

③图右上侧的一根曲线称为"饱和曲线",它表示当土在饱和状态时的含水量与干密度之间的关系。

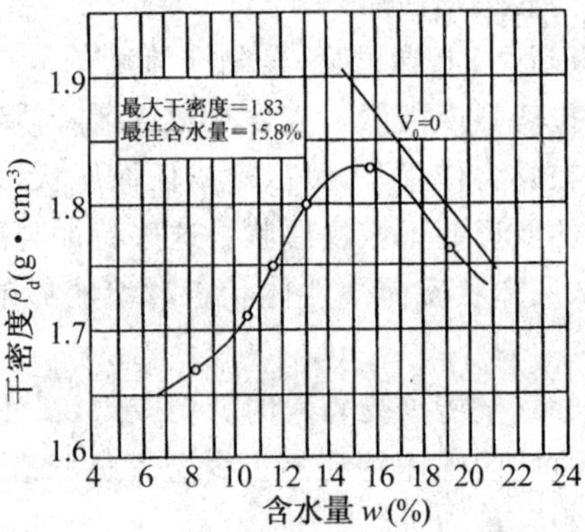

图 2-2　土的击实曲线

事实上,当土的含水量接近和大于最佳值时,土内孔隙中的空气越来越多的处于与大气隔离的封闭状态,击实作用已不能将这些气体排出,亦即击实土不可能达到完全饱和的状态。因此,击实曲线必然位于饱和曲线左下侧。当土的含水量偏低时,土处于疏松状态,此时土中的孔隙大都被与大气连通的气体充满,土中含水较少。压实时,锤击或碾压的功能需要克服粒间气体的排除及内摩阻力和黏结力,才能使颗粒产生相互的位移和靠近。含水量偏低时,气体易于被挤出,故土体的密度容易被击实增大。当含水量增多并接近最佳含水量时,土中所含的水量有利于在击实功的作用下,克服摩阻力和黏结力而发生相互位移使土密实。故只有在最佳含水量时,土才能被击实至最大干密度。

(3)影响压实的因素

1)含水量对整个压实过程的影响

由击实曲线可知,严格的控制最佳含水量是关键。但是,不同的土类其最佳含水量和最大干密度也是不同的。一般地,粉粒和黏粒含量多,土的塑性指数愈大,土的最佳含水量也愈大,同时其最大干密度愈小。因此,一般砂类土的最佳含水量小于黏质土,而砂类土的最大干密度也大于黏质土。

2)击实功对最佳含水量和最大干密度的影响

对同一种土用不同的击实功进行击实试验后表明:击实功愈大,土的最大干密度也愈大,而土的最佳含水量则愈小。但是这种增大击实功是有一定限度的,超过这一限度,即使增加击实功,土的干密度的增加也不明显。

3)不同压实机械对压实的影响

光面压路机、羊足碾和振动压路机等,它们的压实效果各不相同,作用于不同土类时,其效果也不同。

4)土粒级配的影响

在路基、路面基层材料等的施工表明,粒料的级配对所能达到的密实度有明显的影响。均匀颗粒的砂,单一尺寸的砾石和碎石,都很难碾压密实。只有在良好级配的条件下才能达到要求的密实度,也才能满足强度和稳定度的要求。

5)压实遍数的影响

在含水量合适的情况下,压实遍数增多,压实效果提高。

2.1.4.4 土的化学性质试验

土的化学性质试验,是运用分析化学的原理和测试技术,测定土中存在的各种盐类、有机质含量、土的矿物组成成分、石灰的钙镁含量和石灰、水泥稳定土或粒料中的剂量等。土的化学性质试验方法的基本原理是容量分析法,是将一种已知准确浓度的试剂,滴加到含有被测物质的溶液中,直到试剂的用量与被测物质的含量相当时,即二者的毫克当量数相等时,由试剂的准确浓度及用量计算出被测物质的含量。这种已知准确浓度的试剂称为“标准溶液”。标准溶液是从滴定管滴加到含有被测物质的溶液中,这种滴加的过程叫“滴定”,所以容量分析法又叫“滴定法”,它分为酸碱滴定法、氧化还原法、容量沉淀法、络合滴定法。

《公路土工试验规程》(JTG E40—2007)规定了酸碱度试验、烧失量试验、有机质含量试验、易溶盐试验、中溶盐石膏试验、难溶盐碳酸钙试验、阳离子交换量试验及矿物成分试验的试验设备及操作方法。

2.1.5 土的工程分类

2.1.5.1 土的工程分类的依据

为了能大致地判断土的基本性质,合理地选择研究内容及方法,有必要对土进行科学的分类。在工程实践中需要的是适合于工程用途的土的工程分类,即按土的主要工程特性进行分类。在分类中最常用的指标是粒度成分和反映塑性的指标。

2.1.5.2 《公路土工试验规程》中土的工程分类

(1)土的工程分类(简称"分类")适用于公路工程用土的鉴别、定义和描述,以便于对土的性状作定性评价。

(2)应以土的下列特征作为土分类依据:

①土颗粒组成特征。

②土的塑性指标:液限(w_L)、塑限(w_P)和塑性指数(I_P)。

③土中有机质存在情况。

(3)本分类应按筛分法(T0115—1993)确定各粒组的含量;按液限塑限联合测定法(T0118—2007)确定液限和塑限;按规程中的 3.4.8 判别有机质存在情况。

(4)本分类将土分为巨粒土、粗粒土、细粒土和特殊土,分类总体系如图 2-3 所示。

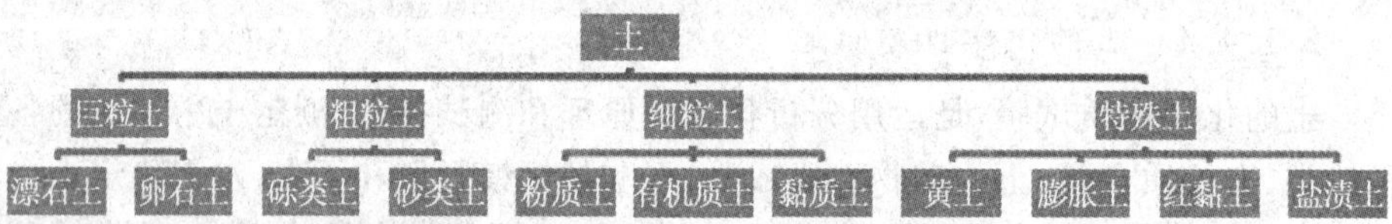

图 2-3 土的分类总体系

(5)土颗粒组成特征应以土的级配指标的不均匀系数(C_u)和曲率系数(C_c)表示。

不均匀系数(C_u)反映粒径分布曲线上的土粒分布范围,按下式计算:

$$C_u = \frac{d_{60}}{d_{10}} \tag{2-18}$$

曲率系数(C_c)反映粒径分布曲线上的土粒分布形状,按下式计算:

$$C_c = \frac{(d_{30})^2}{d_{10} \times d_{60}} \tag{2-19}$$

式中: d_{10} , d_{30} , d_{60} ——分别为土的粒径分布曲线上对应通过率 10%,30%,60% 的粒径,mm。

(6) 细粒土应根据塑性图分类。土的塑性图是以液限(w_L)为横坐标、塑性指数(I_P)为纵坐标构成的。

(7)土的成分代号详见《公路工程土工试验规程》。

2.2 集料的试验检测

2.2.1 集料的基本概念

2.2.1.1 集料分类

集料是粒径不同的碎石、砾石等粒状材料的总称,在混合料中起骨架和填充作用。依据不同方式可将集料划分成不同的类型:

(1)根据集料形成的过程可分为经自然风化、地质作用形成的卵石和人工机械加工而成的碎石。

(2)根据粒径大小可分为粗集料和细集料。

(3)根据化学成分可分为酸性集料和碱性集料。

2.2.1.2 集料粒径

根据粒径的大小将集料分成粗、细两种类型,不同用途粗、细集料粒径的划分采用不同的划分尺寸。用于水泥混凝土的粗、细集料分界尺寸是 4.75 mm,而用于沥青混合料时,该界限为 2.36 mm。粒径大于该分界尺寸(包括该尺寸)的颗粒是粗集料,其余则是细集料。

容易引起混淆的两个概念:集料最大粒径和集料公称最大粒径。

(1)集料最大粒径:指集料 100%都要求通过的最小标准筛筛孔尺寸。

(2)集料公称最大粒径:指集料可能全部通过或允许有少量筛余(筛余量不超过 10%)的最小标准筛筛孔尺寸。

这两个定义涉及的粒径有着明显区别,通常集料公称最大粒径比最大粒径要小一个粒级。工程中所指的最大粒径往往是指公称最大粒径,这一点在今后的应用中要加以区分。

2.2.1.3 标准筛

对集料颗粒大小的划分和相应筛分试验都要依靠标准筛来进行。标准筛由一组多个不同大小孔径的套筛组成。根据现行规范的规定,砂石材料所用标准筛的筛孔形状全部为方形孔,相应的筛孔尺寸由大到小依次为 75 mm、63 mm、53 mm、37.5 mm、31.5 mm、26.5 mm、19 mm、16 mm、13.2 mm、9.5 mm、

4.75 mm、2.36 mm、1.18 mm、0.6 mm、0.3 mm、0.15 mm 和 0.075 mm。

需要说明的是，长期以来我国一直将所用标准筛分成沥青混合料用标准筛和水泥混凝土用标准筛两套系统，这种做法与国际上的做法有较大的区别。随着与国际通行方法的接轨，将两套标准筛逐步统一为沥青混合料用标准筛。如近年交通部颁布的规范、规程就先后取消了原有的水泥混凝土用标准筛，取而代之为上述所列标准筛。但由于规范修订时间上的差异，目前可能在一些现行规范中看到仍在使用已淘汰的标准筛，实际操作时应加以注意。

2.2.1.4 集料的取样量和试验用量

对颗粒状的集料，无论是在现场取样或进行某项试验时的取样，其数量的多少对最终结果的准确性都有很大的影响。所以对集料现场取样量以及具体某项试验所需的集料用量都要严格按照规范的要求进行操作。

集料取样量的多少取决于集料将要进行的试验项目，还取决于集料公称粒径的大小。当试验项目内容越多，集料公称粒径越大时，要求的取样量就越大。试验用量的多少取决于具体试验要求和公称粒径的大小。不同试验项目需要不同的试验数量，同时随公称粒径的增加，相应的试验项目所需的集料用量加大。

2.2.2 集料的技术性质和技术要求

2.2.2.1 粗集料的技术性质

(1)粗集料的物理性质

1)物理常数

粗集料的物理常数包括不同密度以及与密度有关的空隙率等内容。

①表观密度(又称“视密度”)

表观密度是指粗集料在规定条件下单位表观体积里(指粗集料自身实体体积和闭口孔隙体积之和)的质量，计算公式为：

$$\rho'_t = \frac{m_s}{V_s + V_n} = \frac{M}{V_s + V_n} \tag{2-20}$$

式中：ρ'_t——粗集料的表观密度，g/cm^3；

M——粗集料的质量，g；

m_s——粗集料自身实体质量，g，由于在空气中称重，孔隙中的气体质量为0，所以该质量就等于集料的质量，即 $m_s = M$；

V_s——粗集料实体体积，cm^3；

V_n——粗集料闭口孔隙体积，cm^3。

②毛体积密度

毛体积密度是指粗集料在规定条件下单位毛体积(包括粗集料自身实体体积、闭口孔隙体积和开口孔隙体积之和)的质量,计算公式为:

$$\rho_h = \frac{m_s}{V_s + V_n + V_i} = \frac{M}{V_h} \tag{2-21}$$

式中:ρ_h——粗集料的毛体积密度,g/cm³;

V_t——粗集料的开口孔隙体积,cm³;

V_h——粗集料的毛体积(即 $V_h = V_s + V_n + V_i$),cm³。

其他符号意义同上。

③表干密度

表干密度是指粗集料在规定条件下单位毛体积的表干质量,这里表干质量是指粗集料表面干燥,而开口孔隙中吸饱水时的质量。表干密度的计算公式为:

$$\rho_s = \frac{m_f}{V_s + V_n + V_i} = \frac{m_f}{V_f} \tag{2-22}$$

式中:ρ_s——粗集料的表干密度,g/cm³;

m_f——粗集料的表干质量,g。

其他符号意义同上。

④堆积密度

堆积密度是指粗集料按照一定方式装填于容器中,包括粗集料自身实体体积、孔隙(闭口和开口之和)以及颗粒之间的空隙体积在内的单位体积下的质量,计算公式为:

$$\rho'_f = \frac{m_s}{V_s + V_p + V_v} = \frac{M}{V_f} \tag{2-23}$$

式中:ρ'_f——粗集料的堆积密度,g/cm³;

V_p——粗集料的孔隙体积,cm³,包括闭口和开口孔隙,即 $V_p = V_n + V_i$;

V_v——空隙体积,cm³;

V_f——粗集料的堆积体积,cm³,包括粗集料自身实体体积(V_s)、孔隙体积(V_p)和空隙体积(V_v)三者之和,即 $V_f = V_s + V_p + V_v$。

⑤空隙率

空隙率是指粗集料按照一定方式堆积时空隙体积占试样总体积的百分率,计算公式为:

$$n = (1 - \frac{\rho'_f}{\rho_t}) \times 100 \tag{2-24}$$

式中:n——粗集料按照一定方式堆积所形成的空隙率,%;

ρ'_f——粗集料的堆积密度,g/cm³;

ρ'_t——粗集料的表观密度，g/cm^3。

2)级配

集料中组成颗粒的分级和搭配状况称为“级配”，通过采用标准筛的筛析试验来确定粗集料的级配状况。由筛分试验结果求得集料级配相关参数，包括分计筛余百分率、累计筛余百分率和通过百分率等。各参数的定义和计算方法同细集料的筛分试验和计算过程。

3)坚固性

粗集料的坚固性也是用来表征材料耐候性的一项指标，即集料抵抗多次由硫酸钠结晶膨胀循环后造成的破坏作用的性能。由于硫酸钠从溶解的离子状态转化为结晶体，会产生一定的晶胀作用，类似于水在负温时结冰产生的冻胀作用，但这种晶胀作用程度要比冻胀作用更为显著。因此通过一定的试验方法，检验集料经历数次硫酸钠结晶产生的晶胀作用后，其性能的变化程度(如质量损失、强度降低等)来评定集料耐候性的好坏。

(2)粗集料的力学性质

路用粗集料的力学性质主要指抗压碎能力和磨耗性两大指标，当粗集料用于表层路面时，还涉及磨光值、磨耗值和冲击值等指标。

1)压碎值

作为衡量石料强度的一项指标，粗集料的压碎值是指在连续施加荷载的试验条件下，集料抵抗压碎的能力，以此来评价路用粗集料的相对承载能力。试验结果采用被压碎到小于一定粒径质量占整个试验用材料质量的百分率来表示，计算公式如下：

$$C_{ru} = \frac{m_1}{m_0} \times 100 \qquad (2\text{-}25)$$

式中：C_{ru}——粗集料的压碎值，%；

m_0——试验用粗集料总质量，g；

m_1——试验中被压碎到小于一定粒径(2.36 mm)的质量，g。

2)磨耗性

磨耗性是评价集料抵抗撞击、摩擦作用的能力。现行规范采用的检测评定方法是洛杉矶磨耗试验法，即通过专用洛杉矶磨耗仪，在一定条件下待测集料经受撞击、摩擦考验，检测出集料受综合作用后形成的小于一定粒径的质量占原试样质量的百分率，以此作为磨耗性评价结果，计算公式为：

$$Q_{ab} = \frac{m_1 - m_2}{m_1} \times 100 \qquad (2\text{-}26)$$

式中：Q_{ab}——集料的磨耗率，%；

m_1——试验用烘干集料试样质量，g；

m_2——试验后在 1.7 mm 筛上的筛余量，g。

3)冲击值

车辆高速行驶过程中急制动或车辆产生颠簸时，都可能对路面产生冲击作用。集料抵抗连续重复冲击荷载作用的性能称为“冲击韧性”。集料的冲击韧性采用集料冲击值(AIV)表示。冲击值越小，表示集料的抗冲击性能越好。

4)磨耗值

采用磨耗值指标评定表层路面中的集料抵抗车轮磨耗的能力，试验方法采用道端磨耗试验机测定集料的磨耗值(AAV)。磨耗值越小，表示集料抗磨耗性能越好。

5)磨光值

路用集料在使用过程中不仅要表现出较高的承载能力，而且还要有较高的耐磨光性，以满足长期使用时高速行驶车辆对路面抗滑性的要求。这种抗滑性用集料的磨光值(PSV)来表示。磨光值越高，抗滑性越好。

2.2.2.2 细集料的技术性质

细集料包括天然砂、人工砂和石屑等。

(1)物理常数

细集料的表观密度、堆积密度和空隙率等物理常数的含义与粗集料完全相同，但因粒径较小，试验检测时所需试样的数量相对较少，且精度要求较高。

(2)级配

级配是集料中各级粒径颗粒的分配情况，通过筛分试验确定细集料颗粒粒级的分布状况。

细集料的筛分试验是称取一定数量的砂样，在规定的标准套筛上进行筛分，分别称出砂样在各个筛上的存留质量，然后再根据下述定义和公式计算出与级配有关的参数。

1)分计筛余百分率

分计筛余百分率是指某号筛上的筛余质量占试样总质量百分率，按下式计算：

$$a_i=\frac{m_i}{M}\times 100 \tag{2-27}$$

2)累计筛余百分率

累计筛余百分率是指某号筛的分计筛余百分率和大于该筛号的各筛分计筛余百分率之和，按下式求得：

$$A=a_1+a_2+a_3+\cdots+a_i \tag{2-28}$$

3)通过百分率

通过百分率是指通过某号筛的试样质量占试样总质量的百分率，在数值上等于100减去某号筛的累计筛余百分率。

$$P_i=100-A \tag{2-29}$$

式中：a_i——某号筛的分计筛余百分率，%；

m_i——某号筛上的筛余质量，g；

M——筛分试验试样总质量，g；

A_i——累计筛余百分率，%；

P_i——通过百分率；%。

(3)粗度

粗度是评价砂粗细程度的一种指标，通常用细度模数表示。细度模数由规定的数个筛上的累计筛余百分率通过计算得到。细度模数越大，表示砂的颗粒越粗。以水泥混凝土用砂为例，相应的细度模数计算公式为：

$$u_{\mathrm{f}}=\frac{(A_{2.36}+A_{1.18}+A_{0.60}+A_{0.30}+A_{0.15})-5A_{4.75}}{100-A_{4.75}} \tag{2-30}$$

式中：u_{f}——砂的细度模数；

$A_{4.75},A_{2.36},\cdots,A_{0.15}$——指定各筛的累计筛余百分率，%。

根据细度模数大小，将砂分成如下四级：

粗砂：细度模数为3.7～3.1；

中砂：细度模数为3.0～2.3；

细砂：细度模数为2.2～1.6；

特细砂：细度模数为1.5～0.7。

(4)有害物质

通常集料中多多少少带有一些杂质，对集料的使用造成一定的消极影响。尤其是对水泥混凝土用砂，当其中的有害杂质超出一定数量时，会对水泥的水化、硬化带来一定危害，实际应用时应对砂中杂质的含量有所限制。

有害物质包括泥或泥块、有机质、云母、轻物质以及三氧化硫等。

2.2.2.3 集料的技术要求

现行的公路施工技术规范分别就路面及桥涵所用粗集料、细集料的技术指标作了明确规定，施工过程中，各种集料的技术指标必须满足规范要求。

2.2.3 集料试验检测方法

交通部于2005年8月颁布实施了新的《公路工程集料试验规程》(JTG E42—2005)，与原《公路工程集料试验规程》(JTJ058—2000)相比，作了重大修改。本次修订的重点是针对原规程中水泥混凝土与沥青混合料对集料的测试方法和要求不同这一点,本着尽可能统一的原则进行修订。修订的主要内容有:

(1)对所有试验规程中的集料全部统一为方孔筛规格。

(2)修改完善了集料试样的取样方法,使其更具有代表性。

(3)对粗集料的水筛试验方法进行了修订,增加了集料混合料筛分试验方法。

(4)统一了粗集料石料压碎值试验方法。

(5)统一了粗集料的洛杉矶磨耗试验方法。

(6)修订了粗集料磨光值试验方法。

(7)修订了细集料各种相对密度的试验方法,使适用范围扩大为石屑、机制砂、天然砂。删除了表面吸水率部分的内容。

(8)统一了天然砂筛分后细度模数的计算方法。

(9)修订了细集料砂当量试验方法。

(10)增补了细集料的亚甲蓝试验方法。

(11)增补了矿渣活性及膨胀性试验方法。

(12)增补了细集料压碎指标试验方法。

(13)删去原 T0315“水泥混凝土用粗集料压碎值试验”、T0318“砾石磨耗试验(狄法尔法)”、T0319“碎石磨耗试验(狄法尔法)”、T0329“细集料表观密度试验(李氏比重瓶法)”、T0342“细集料含水率快速试验(碳化钙气压法)”等基本上不再使用的方法。

另外,本次修订每一项试验项目后,紧接着附以该项目的条文说明,便于参考。粗、细集料的试验检测方法及步骤详见规程。

2.2.4 矿质混合料的组成设计

2.2.4.1 级配类型和级配曲线

(1)级配类型

矿质混合料就是粒径粗细不同的集料按照一定的方法进行级配设计,组成符合某种级配要求的混合料以达到较高的密实度,根据搭配组成的结果,可得到以下几种不同级配形式:

1)连续级配

连续级配是某一矿料在标准套筛中进行筛分后,矿料的颗粒由大到小连续分布,每一级都占有适当的比例。这种由大到小逐级粒径都有,并按比例互相搭配组成的矿质混合料,称为“连续级配混合料”。

2)间断级配

在矿料颗粒分布的整个区间里,从中间剔除一个或连续几个粒级,形成一种不连续的级配,称为“间断级配”。

3)连续开级配

整个矿料颗粒分布范围较窄,从最大粒径到最小粒径仅在数个粒级上以连续的形式出现,形成所谓的“连续开级配”。

(2)级配曲线

为了直观形象地表示矿料各粒径的颗粒分布状况,常常采用级配曲线的方式来描述矿料级配。做法是以通过量的百分率为纵坐标,筛孔尺寸(同时也表示矿料的粒径)为横坐标,将各筛上的通过量绘制在坐标图中,然后用曲线将各点连接起来,成为所谓的“级配曲线”。

由于公路规范标准中,筛孔分布是按 1/2 递减的方式设置,在描绘横坐标的筛孔位置时,造成前疏后密的问题,以致到小孔径时无法清楚地将其位置确定。所以,在绘制级配曲线的横坐标时采用对数坐标(而相应纵坐标上的通过量仍采用常数坐标),以方便级配曲线图的绘制。

2.2.4.2 *矿料的级配理论*

针对连续级配各级粒径矿料数量的计算大多采用最大密度曲线理论。该理论认为当矿料的颗粒级配曲线愈接近抛物线,则其密度愈大。根据该理论,当矿料的级配曲线为抛物线时,最大密度理想曲线可用颗粒粒径与通过量用下式表示:

$$p^2 = kd \tag{2-31}$$

式中:p——各级颗粒粒径的通过量,%;

d——矿料各级颗粒粒径,mm;

k——常数,mm^{-1}。

当颗粒粒径 d 等于最大粒径 D 时,则通过量 $p=100(\%)$,即 $d=D$ 时,$p=100$。所以:

$$k = 100^2 \cdot \frac{1}{D}$$

当希望计算任何一级颗粒粒径 d 的通过量 p 时,计算公式为:

$$p = 100\sqrt{\frac{d}{D}}$$

式中:d——希望计算的某级颗粒粒径,mm;

D——矿质混合料的最大粒径,mm;

p——希望计算的某级颗粒的通过量,%。

上式是最大密度理想曲线的级配组成计算公式，根据此公式可以计算出某矿料达到最大密度时，各级颗粒粒径的通过量。

但在实际应用过程中，这一公式的指数并不一定固定为0.5。对于沥青混合料，当指数是0.45时的密度最大；对于水泥混凝土，指数为0.25～0.45时工作性更好。因此，矿料的级配计算公式的指数通常为0.3～0.7，允许矿料的级配曲线在一定的范围内变动，所以上述最大密度曲线公式采用 n 次幂的通式来表达，即：

$$p = 100\left(\frac{d}{D}\right)^n \tag{2-32}$$

因此当某一矿料的最大粒径、相应的指数确定时，该矿料在各级上的颗粒数量(即通过量)就可依据此公式计算得到。

由于矿料在轧制生产过程中的不均匀性，以及混合料在配制时的波动误差等原因，使所配制的混合料难以与理论级配完全吻合一致。因此，必须允许配料时的合成级配可以在一定的范围内波动，从而提出级配范围的概念。即分别根据两个不同的指数 n_1 和 n_2 所确定的级配结果，以及由各级配所绘制的级配曲线，构成级配范围。实际级配合成操作时，只要得出的合成级配结果位于要求的级配范围内，则认为该合成级配基本满足设计级配的要求。

2.2.4.3 矿料的组成设计方法

矿料级配设计的内容就是通过一定的方法，确定混合料中各规格集料的用量比例，来满足某一级配的要求。级配设计常用的方法有试算法和图解法两类。

第3章 水泥及水泥混凝土试验检测

3.1 水泥的试验检测

水泥为水硬性胶凝材料，可以和砂石材料一同配制成水泥混凝土和砂浆，用于道桥工程构筑物和砌筑材料。

3.1.1 水泥试样准备方法

对同一水泥厂生产的同期出厂的同品种、同等级的水泥，以一次运进的同一出厂编号的水泥为一批，但一批的总量不超过 500 t。随机地从不少于 3 个车罐中各取等量水泥，经拌和均匀后，再从中称取不少于 12 kg 水泥作为检验试样。

对同一水泥厂生产的同期出厂的同品种、同等级的水泥，以一次运进的同一出厂编号的水泥为一批，但一批的总量不超过 200 t。随机地从不少于 20 袋中各取等量水泥，经拌和均匀后，再从中称取不少于 12 kg 水泥作为检验试样。

对来源固定，质量稳定，且又掌握其性能的水泥，视运进水泥的情况，可不定期地采集试样进行强度检验。如有异常情况应作相应项目的检验。

对已运进的每批水泥，视存放情况应重新采集试样复验其强度和安定性。存放期超过 3 个月的水泥，使用前必须复验，并按照结果使用。

取得的水泥试样应首先充分拌匀，然后通过 0.9 mm 方孔筛，记录筛余物情况，但要防止过筛时混进其他水泥。

3.1.2 水泥的试验检测

3.1.2.1 水泥细度试验(负压筛析法)

(1)试验目的

1)采用80 μm筛检验水泥细度,以评价水泥的物理性能。

2)适用于硅酸盐水泥、普通水泥、矿渣水泥、火山灰水泥、粉煤灰水泥以及指定采用本标准的其他品种水泥。

(2)试验仪器

1)负压筛析仪(见图3-1)

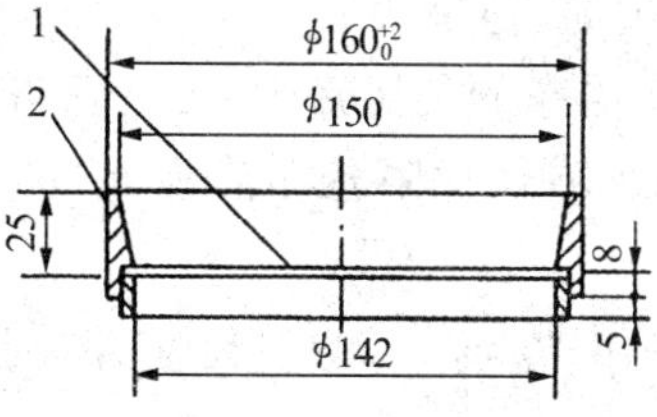

图3-1 负压筛析仪

1—筛网;2—筛框

①负压筛析仪由筛座、负压筛、负压源及收尘器组成,其中筛座由转速为(30±2)r/min的喷气嘴、负压表、控制板、微电机及壳体等部分构成,如图3-2所示。

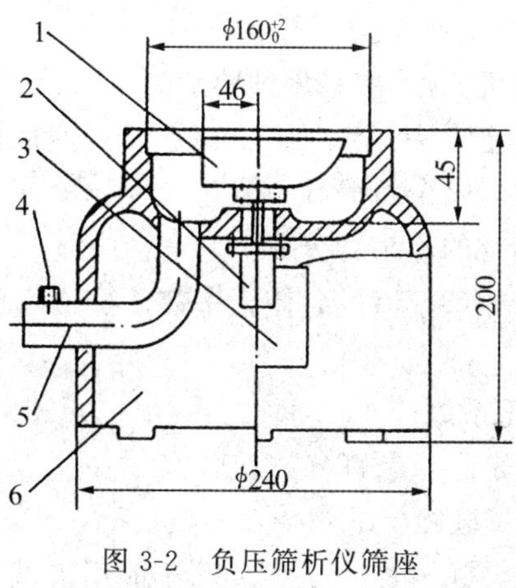

图3-2 负压筛析仪筛座

1—喷气嘴;2—微电机;3—控制板开口;4—负压表;
5—负压源及收尘器接口;6—壳体

②筛析仪负压可调范围为 4000～6000 Pa。

③喷气嘴上口平面与筛网之间距离为 2～8 mm。

④负压源和收尘器，由功率 600 W 的工业吸尘器和小型旋风收尘筒或由其他具有相当功能的设备组成。

2)天平

最大称量为 100 g，分度值不大于 0.05 g。

(3)试验方法

1)按取样要求进行样品处理。

2)筛析试验前，应把负压筛放在筛座上，盖上筛盖，接通电源，检查控制系统，调节负压至 4000～6000 Pa 范围内。

3)称取试样 25 g，置于洁净的负压筛中，盖上筛盖，放在筛座上，开动筛析仪连续筛析 2 min，在此期间如有试样附着在筛盖上，可轻轻地敲击，使试样落下。筛毕，用天平称量筛余物。

4)当工作负压小于 4000 Pa 时，应清理吸尘器内水泥，使负压恢复正常。

(4)试验结果

水泥试样筛余百分数按式(3-1)计算，结果精确到 0.1%。

$$F = \frac{m_s}{m} \times 100 \tag{3-1}$$

式中：F——水泥试样的筛余百分数，%；

m_s——水泥筛余物的质量，g；

m——水泥试样的质量，g。

为使试验结果具有可比性，应采用试验筛修正系数方法修正。

试验筛修正系数测定方法：用一种已知 80 μm 标准筛筛余百分数的粉状试样(该试样不受环境影响，筛余百分数不发生变化)作为标准样。按上述试验步骤测定标准样在试验筛上的筛余百分数。

试验筛修正系数按式(3-2)计算，修正系数计算精确至 0.01。

$$C = F_n / F_t \tag{3-2}$$

式中：C——试验筛修正系数；

F_n——标准样给定的筛余百分数，%；

F_t——标准样在试验筛上的筛余百分数，%。

注：修正系数 C 超 0.80～1.20 的试验筛不能用来做水泥细度检验。

水泥试样筛余百分数结果修正按式(3-3)计算。

$$F_c = C \times F \tag{3-3}$$

式中：F_c——水泥试样修正后的筛余百分数，%；

C,F ——意义同前。

3.1.2.2 水泥标准稠度用水量试验

现行标准规定，水泥标准稠度用水量是采用标准法维卡仪测定的，以在规定时间试杆沉沉入净浆距底板(6±1)mm 的水泥净浆稠度为标准稠度净浆。此时的拌和用水量为标准稠度用水量。

(1)试验目的

测定水泥标准稠度用水量，是为测定水泥凝结时间和安定性时，水泥采用标准稠度条件下的净浆进行试验，以使不同水泥具有可比性。

(2)试验仪器

1)标准维卡仪(见图 3-3)，即水泥标准稠度和凝结时间测定仪。

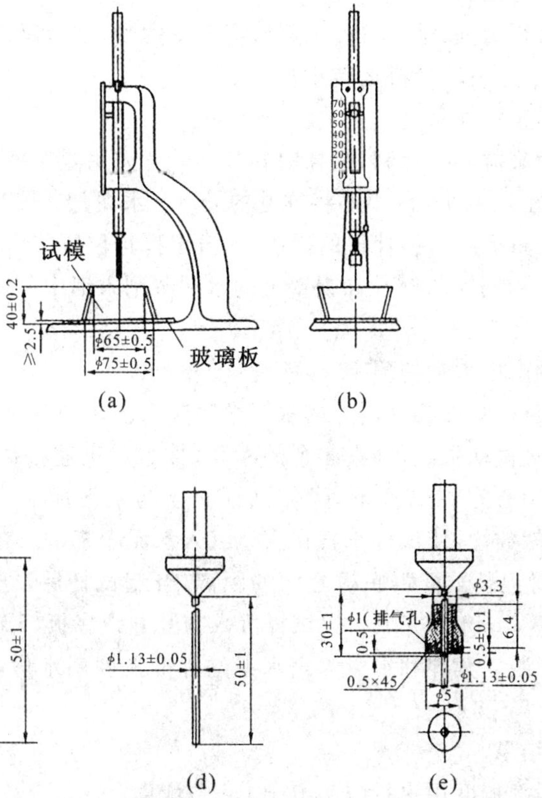

图 3-3 测定水泥标准稠度和凝结时间用的维卡仪

(a)初凝时间测定用立式试模的侧视图；(b)终凝时间测定用反转试模前视图

(c)标准稠度试杆；(d)初凝用试针；(e)终凝用试针

①该仪器是由铁座和可以自由滑动的金属圆棒构成。

②标准稠度测定用试杆。

③测定凝结时间时取下试杆，用试针代替。

2)试模为深(40±0.2)mm、顶内径(65±0.5)mm、底内径(75±0.5)mm的截顶圆锥体。每只试模应配备一个边长或直径约100 mm、厚度4～5mm的平板玻璃底板或金属底板。

3)水泥净浆搅拌机。

4)量水器：精度±0.5 mL。

5)天平：最大称量不小于1000 g，分度值不大于1 g。

(3)试验方法

1)试验准备工作

试验前必须做到：维卡仪的金属棒能自由滑动；维卡仪调整至试杆接触玻璃板时指针对准零点；搅拌机运转正常。

2)水泥净浆的拌制

用水泥净浆搅拌机拌制，搅拌锅和搅拌叶片先用湿布擦过，将拌和水倒入搅拌锅内，然后在5～10 s内小心将称好的500 g水泥加入水中，防止水和水泥溅出；拌和时，先将锅放在搅拌机的锅座上，升至搅拌位置。启动搅拌机，低速搅拌120 s，停拌15 s，同时将叶片和锅壁上的水泥浆刮入锅中间，接着高速搅拌120 s停机。

3)标准稠度用水量的测定

拌和结束后，立即将拌制好的水泥净浆装入已置于玻璃底板上的试模中，用小刀插捣，轻轻振动数次，刮去多余的净浆；抹平后迅速将试模和底板移到维卡仪上，并将其中心定在试杆下，降低试杆直至与水泥净浆表面接触，拧紧螺丝1～2 s后，突然放松，使试杆垂直自由地沉入水泥净浆中。在试杆停止沉入或释放试杆30 s时记录试杆距底板之间的距离，升起试杆后，立即擦净。整个操作应在搅拌后1.5 min内完成。以试杆沉入净浆并距底板(6±1)mm的水泥净浆为标准稠度净浆。其拌和水量为该水泥的标准稠度用水量，按水泥质量的百分比计。

(4)试验结果

水泥的标准稠度用水量(P)，按式(3-4)计算：

$$P=\frac{m_w}{500\times\rho_w}\times 100\% \tag{3-4}$$

式中：P ——标准稠度用水量；

m_w——拌和用水量，mL；

500——水泥试样，g；

ρ_w——水的密度(设水在4 ℃时密度为1 g/mL)。

3.1.2.3 水泥凝结时间试验

凝结时间的测定，我国国标规定采用标准法维卡仪测定。在标准法维卡仪上，以测试从水泥全部加入水中起，至试针沉入标准稠度净浆中距底板之间的距离为(4±1)mm时所经历的时间为初凝时间；从水泥全部加入水中起，至试针沉入净浆试体0.5 mm时(即环形附件开始不能在试体上留下痕迹时)所经历的时间为终凝时间。

(1)试验目的

测定水泥的凝结时间，用以评价水泥的性能；同时，对水泥混凝土等混合材料的施工也具有重要的指导意义。

(2)试验仪器

1)标准法维卡仪

测定凝结时间时取下试杆，换用试针，组成凝结时间测定仪。

2)湿气养护箱

湿气养护箱应能使温度控制在(20±1)℃，相对湿度不低于90%。

(3)试验方法

1)测定前的准备工作

调整凝结时间测定仪的试针接触玻璃板时，指针对准标尺零点。

2)试件的制备

①在玻璃底板上及试模内侧稍稍涂上一层机油，然后将试模放在玻璃底板上。

②按水泥标准稠度用水量试验中水泥净浆的拌制方法制成标准稠度净浆，并一次装满试模，振动数次刮平，立即放入湿气养护箱中。记录水泥全部加入水中的时间作为凝结时间的起始时间。

3)初凝时间的测定

试件在湿气养护箱中养护至加水后30 min时进行第一次测定。测定时，从湿气养护箱中取出试模放到试针下，降低试针与水泥净浆表面接触。拧紧螺丝1～2 s后，突然放松，试针垂直自由地沉入水泥净浆，观察试针停止下沉或释放试针30 s时指针的读数。当试针沉至距底板(4±1)mm时，为水泥达到初凝状态；由水泥全部加入水中至初凝状态的时间为水泥的初凝时间。

4)终凝时间的测定

为准确观测试针沉入的状况，在终凝针上安装了一个环形附件。在完成初凝时间测定后，立即将试模连同浆体以平移的方式从玻璃板取下，翻转180°后以直径大端向上、小端向下放在玻璃板上，再放入湿气养护箱中继续养护，临近终凝时间时每隔 15 min 测定一次，当试针沉入试体 0.5 mm 时，即环形附件开始不能在试体上留下痕迹时，为水泥达到终凝状态；由水泥全部加入水中至终凝状态的时间为水泥的终凝时间。

3.1.2.4　水泥安定性试验

水泥安定性是表征水泥硬化后体积变化均匀性的物理性能指标。我国现行规定有两种测定方法：雷氏法和试饼法。雷氏法是观测由两个试针的相对位移所指示的水泥标准稠度净浆体积膨胀的程度，为标准法；试饼法是观测水泥标准稠度净浆试饼的外形变化程度，为代用法。如测定结果有争议时以雷氏法为准。

(1)试验目的

测定水泥安定性，可以观测水泥硬化后体积变化的均匀性，用以评定水泥的技术性能；还可以间接地反映出引起水泥体积安定性不良的化学因素。

(2)试验仪器

1)雷氏夹(见图 3-4)

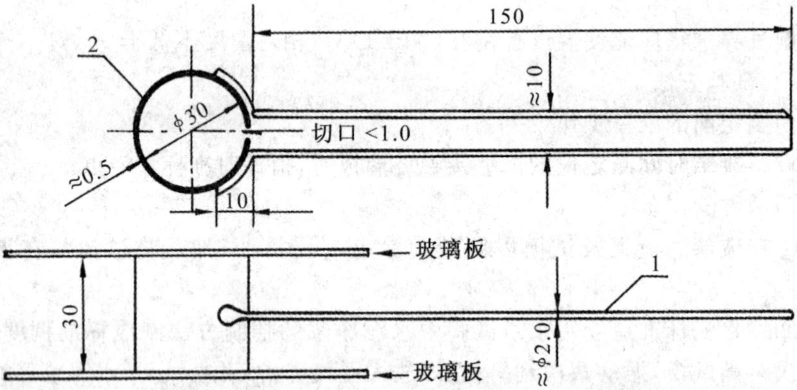

图 3-4　雷氏夹

1—指针；2—环模

检验原理：当一根指针的根部先悬挂在一根金属丝或尼龙丝上，另一根指针的根部再挂上 300 g 质量的砝码时，两根指针针尖的距离增加应在(17.5±2.5)mm 范围内，即 $2x$=(17.5±2.5)mm(见图 3-5)。每个雷氏夹需配备质量为 75～85 g 的玻璃板两块。

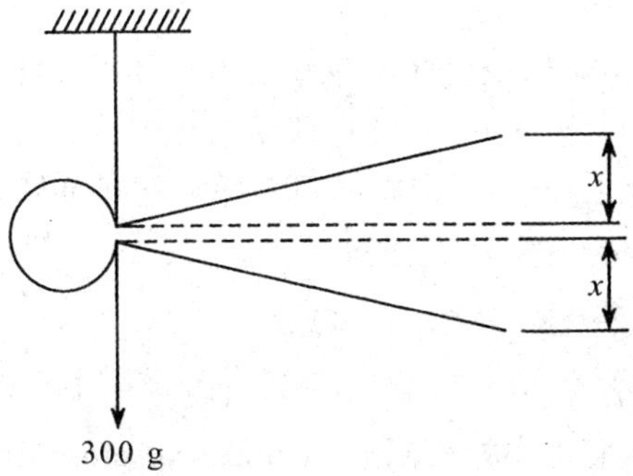

图 3-5　雷氏夹受力示意图

2)沸煮箱

沸煮箱的有效容积约为 410 mm×240 mm×310 mm,篦板的结构应不影响试验结果,篦板与加热器之间的距离大于 50 mm。沸煮箱能在(30±5)min 内将箱内的试验用水由室温升至沸腾状态并保持 3 h 以上,整个试验过程中不需补充水量。

3)雷氏夹膨胀值测定仪

该测定仪的标尺最小刻度为 0.5 mm。

(3)试验方法

1)测定前的准备工作

每个试样需成型两个试件,在玻璃板表面和雷氏夹内表面要稍稍涂上一层油。

2)雷氏夹试件的成型

将预先准备好的雷氏夹放在已稍擦油的玻璃板上,并立刻将已制好的标准稠度净浆一次装满雷氏夹。装浆时一只手轻轻扶持雷氏夹,另一只手用宽约 10 mm的小刀插捣数次,然后抹平,盖上稍涂油的玻璃板,接着立刻将试件移至湿气养护箱内养护(24±2)h。

3)沸煮

①调整好沸煮箱内的水位,使能保证在整个煮沸过程中都超过试件,不需中途添补试验用水,同时又能保证在(30±5)min 内升至沸腾并恒沸(180±5)min。

②脱去玻璃板取下试件,先测量雷氏夹指针尖端间的距离(A),精确到 0.5 mm,接着将试件放入沸煮箱水中的试件架上,指针朝上,然后在(30±5)min 内加热至沸并恒沸(180±5)min。

③沸煮结束后,立即放掉沸煮箱中的热水,打开箱盖,待箱体冷却至室温,取出试件进行判别。

(4)试验结果

测量雷氏夹指针尖端的距离(C),准确至0.5 mm。当两个试件煮后增加距离(C—A)的平均值不大于5.0 mm时,即认为该水泥安定性合格;当两个试件的(C—A)值相差超过4.0 mm时,应用同一样品立即重做一次试验。若结果还是如此,则认为该水泥为安定性不合格。

3.1.2.5　水泥胶砂强度试验(ISO法)

水泥胶砂强度检测方法(ISO法),是采用质量比为1∶3的水泥和标准砂,用0.5的水灰比,按标准制作方法制成40 mm×40 mm×160 mm的标准棱柱体试件。在标准养护条件下,达规定龄期(3 d、28 d)时,测定水泥的抗压和抗折强度。

(1)试验目的

本方法适用于测定硅酸盐水泥、普通硅酸盐水泥、矿渣硅酸盐水泥、火山灰硅酸盐水泥、粉煤灰硅酸盐水泥等的抗折与抗压强度,用以评定水泥的强度等级。

(2)试验仪器与材料

1)仪器

①试验筛:金属丝网试验筛。

②搅拌机:行星式搅拌机(见图3-6)。

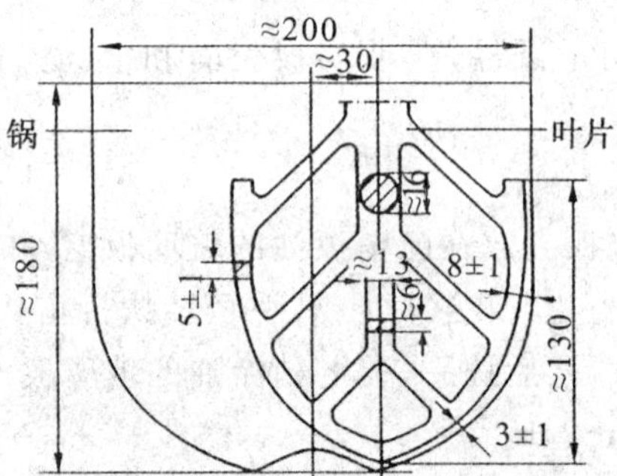

图3-6　搅拌机

③胶砂振动台(见图3-7)。

④试模:试模由三个水平的模槽组成,可同时成型三条截面为40 mm×40 mm,长160 mm的菱形试体,其材质和制造尺寸应符合要求(见图3-8)。

为了控制料层厚度和刮平胶砂,应备有两个播料器和一个金属刮平直尺。

⑤雾室或湿箱。

⑥抗折强度试验机。

⑦抗压强度试验机、抗压强度试验机用夹具。

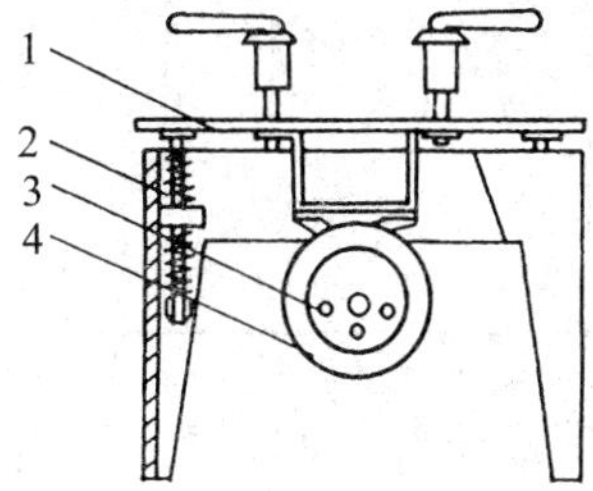

图 3-7　胶砂振动台

1—台面;2—弹簧;3—偏重机;4—电动机

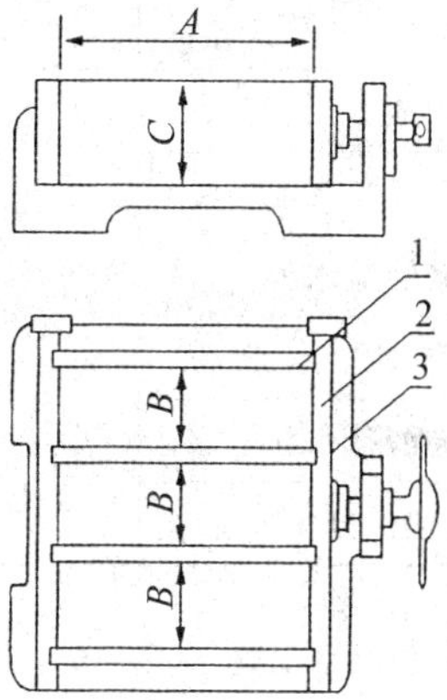

图 3-8　水泥胶砂试模

1—隔板;2—端板;3—底座

2)材料

①中国 ISO 标准砂:可以单级分包装,也可以各级预配合以(1350±5)g 量的塑料袋混合包装,但所用塑料袋材料不得影响强度试验结果。

②水泥:当试验水泥从取样至试验要保持 24 h 以上时,应把它储存在基本装满和气密的容器里,这个容器应不与水泥起反应。

③水:仲裁试验或其他重要试验用蒸馏水,其他试验可用饮用水。

(3)试验方法

1)胶砂的制备

①配合比:胶砂的质量配合比应为一份水泥、三份标准砂和半份水(水灰比为 0.5)。一锅胶砂成三条试体,每锅材料需要量如表 3-1 所示。

②配料:水泥、砂、水和试验用具的温度与试验室相同,称量用的天平精度应为±1 g。当用自动滴管加 225 mL 水时,滴管精度应达到±1 mL。

③搅拌:每锅胶砂用搅拌机进行机械搅拌。先使搅拌机处于待工作状态,然后按以下的程序进行操作:

a. 把水加入锅里,再加入水泥,把锅放在固定架上,上升至固定位置。

b. 然后立即开动机器,低速搅拌 30 s 后,在第二个 30 s 开始的同时均匀地将砂子加入。当各级砂是分装时,从最粗粒级开始,依次将所需的每级砂量加完。把机器转至高速再拌 30 s。

表 3-1　每锅胶砂的材料数量

水泥品种＼材料量	水泥(g)	标准砂(g)	水(g)
硅酸盐水泥	450±2	1350±5	225±1
普通硅酸盐水泥			
矿渣硅酸盐水泥			
粉煤灰硅酸盐水泥			
复合硅酸盐水泥			
石灰石硅酸盐水泥			

c.停拌 90 s,在第一个 15 s 内用一胶皮刮具将叶片和锅壁上的胶砂刮入锅中间,在高速下继续搅拌 60 s。各个搅拌阶段,时间误差应在±1 s 以内。

2)试件的制备

①胶砂制备后立即进行成型。将空试模和模套固定在振动台上,用一个适当勺子直接从搅拌锅里将胶砂分两层装入试模。装第一层时,每个槽里约放 300 g 胶砂,用大播料器垂直架在模套顶部沿每个模槽来回一次将料层播平,接着振实 60 次。再装入第二层胶砂,用小播料器播平,再振实 60 次。移走模套,从振动台上取下试模。用一金属直尺以近似 90°的角度架在试模模顶的一端,然后沿试模长度方向以横向锯割动作慢慢向另一端移动,一次将超过试模部分的胶砂刮去,并用同一直尺以近乎水平的情况下将试体表面抹平。

②在试模上做标记或加字条标明试件编号。

3)试件的养护

①脱模前的处理和养护:去掉留在模子四周的胶砂。立即将做好标记的试模放入雾室或湿箱的水平架子上养护,湿空气应能与试模各边接触。养护时不应将试模放在其他试模上,且应一直养护到规定的脱模时间时取出脱模。脱模前,用防水墨汁或颜料笔对试体进行编号和做其他标记。两个龄期以上的试体,在编号时应将同一试模中的三条试体分在两个以上龄期内。

②脱模:脱模应非常小心。对于 24 h 龄期的,应在破型试验前 20 min 内脱模。对于 24 h 以上龄期的,应在成型后 20～24 h 内脱模。

已确定作为 24 h 龄期试验(或其他不下水直接做试验)的已脱模试体,应用湿布覆盖至做试验为止。

③水中养护:将做好标记的试件立即水平或竖直放入(20±1)℃的水中养护,水平放置时刮平面应朝上。试件应放在不易腐烂的箅子上,并彼此间保持一

定间距，以让水与试件的六个面接触。养护期间试件之间间隔或试体上表面的水深不得小于 5 mm。

每个养护池只养护同类型的水泥试件。先用自来水装满养护池（或容器），随后随时加水保持适当的恒定水位，不允许在养护期间全部换水。

除 24 h 龄期或延迟至 48 h 脱模的试体外，任何到龄期的试体应在试验（破型）前 15 min 从水中取出。揩去试体表面沉积物，并用湿布覆盖至试验为止。

④强度试验试体的龄期：试体龄期是从水泥加水搅拌开始试验时算起。不同龄期强度试验在下列时间里进行：24 h±15 min；48 h±30 min；72 h±45 min；7 d±2 h；>28 d±8 h。

4）强度测试

①抗折强度测定：将试体一个侧面放在试验机支撑圆柱上，试件长轴垂直于支撑圆柱，通过加荷圆柱以（50±10）N/s 的速率均匀地将荷载垂直地加在棱柱体相对侧面上，直至折断。

保持两个半截棱柱体处于潮湿状态直至抗压试验。

抗折强度 R_f 以 N/mm^2（MPa）表示，按式（3-5）计算：

$$R_f = \frac{1.5F_fL}{b^3} \tag{3-5}$$

式中：F_f ——折断时施加于棱柱体中部的荷载，N；

L ——支撑圆柱之间的距离，mm；

b ——棱柱体正方形截面的边长，mm。

②抗压强度测定：抗压强度试验通过抗压强度试验机和抗压强度试验机用夹具，在半截棱柱体的侧面上进行。半截棱柱体中心与压力机压板受压中心差应在±0.5 mm 内，棱柱体露在压板外的部分约有 10 mm。在整个加荷过程中以（2400±200）N/s 的速率均匀地加荷直至破坏。

抗压强度 R_c 以 N/mm^2（MPa）为单位，按式（3-6）计算：

$$R_c = \frac{F_c}{A} \tag{3-6}$$

式中：F_c ——破时的最大荷载，N；

A ——受压部分面积，mm^2（40 mm×40 mm=1600 mm^2）。

（4）试验结果

1）抗折强度

以一组三个棱柱体抗折结果的平均值作为试验结果。当三个强度中有超出平均值±10%时，应剔除后再取平均值作为抗折强度试验结果。

各试体的抗折强度记录至 0.1 MPa；计算平均值应精确至 0.1 MPa。

2)抗压强度

以一组三个棱柱体上得到的六个抗压强度测定值的算术平均值作为试验结果。如六个测定值中有一个超出六个平均值的±10%,就应剔除这个结果,而以剩下五个的平均数作为结果。如果五个测定值中再有超过它们平均数±10%的,则此组结果作废。

各个半棱柱体得到的单个抗压强度结果计算至 0.1 MPa;计算平均值应精确至 0.1 MPa。

(5)试验报告

报告应包括所有各单个强度结果(包括计算剔除的试验结果)和计算出的平均值。

3.2 普通水泥混凝土的试验检测

3.2.1 普通混凝土拌和物的工作性试验

新拌水泥混凝土,亦称"混凝土拌和物",是指尚未凝结硬化以前的水泥混凝土。新拌水泥混凝土应具备良好的工作性。工作性是新拌水泥混凝土的一项综合性的技术性质。依据现行测定方法,目前工作性主要通过坍落度(或维勃稠度)、保水性和黏聚性进行综合评价。

3.2.1.1 水泥混凝土拌和物的拌制方法

(1)试验目的

拌制水泥混凝土拌和物,以测定其工作性,同时也是测定混凝土其他性能的必要过程。

(2)试验仪器

1)拌和机:自由式或强制式拌和机。

2)拌板:1 m×2 m 的金属板。

3)铲子:手工拌和用。

4)量斗或其他容器:装水泥及各种集料用。

5)量筒:1000 mL。

6)抹布。

7)秤:称量 50 kg,感量 0.5 kg。

(3)试验方法

1)人工拌制

①清除拌板上黏着的混凝土,并用湿抹布润湿,同时用湿抹布将铁锹润湿,

然后按计算结果称取各种材料，分别装在各容器中。

②将称好的砂置于拌板上，然后倒上所需数量的水泥，用铲子拌和至均一颜色为止。

③加入所需数量的粗集料，将全部拌和物加以拌和，使粗集料在整个干拌和物中分配均匀。

④将拌和物收集成细长与椭圆形的堆，中心扒成长槽，将称好的水倒入约一半，将其与拌和物仔细拌匀不使水流散，再将材料堆成长堆，扒成长槽，倒入剩余的水，继续拌和，来回翻拌至少6遍。从加水完毕时起，拌和时间如表3-2所示。

表3-2　拌和时间表

拌和物体积(L)	<30	31～50	51～70
拌和时间(min)	4～5	5～9	9～12

2)机械拌制

①按计算结果将所需材料分别称好装在各容器中。

②使用拌和机前，应先用少量砂浆进行涮膛，再刮出涮膛砂浆，以避免正式拌和混凝土时，水泥砂浆黏附筒壁的损失。涮膛砂浆的水灰比及砂灰比与正式的混凝土配合比相同。

③将称好的各种原材料，按顺序往拌和机加入(石子、砂和水泥)，开动拌和机，将材料拌和均匀，在拌和过程中将水徐徐加入，全部加料时间不宜超过2 min，水全部加入后，继续拌和约2 min，而后将拌和物倾出在拌和板上，再经人工翻拌1～2 min，务使拌和物均匀一致。

3.2.1.2　坍落度与坍落扩展度试验方法

(1)试验目的

坍落度为表示混凝土拌和物稠度的一种指标，测定的目的是判定混凝土稠度是否满足要求，同时作为配合比调整的依据。

本试验适用于坍落度不小于10 mm，骨料最大粒径不大于40 mm的混凝土拌和物。

(2)试验仪具

1)坍落度筒：如图3-9所示，坍落度筒为铁板制成的截头圆锥筒，厚度不小于1.5 mm，内侧平滑，没有铆钉头之类的突出物，在筒上方约2/3高度处有两个把手，近下端两侧焊有两个踏脚板，保证坍落度筒可以稳定操作。

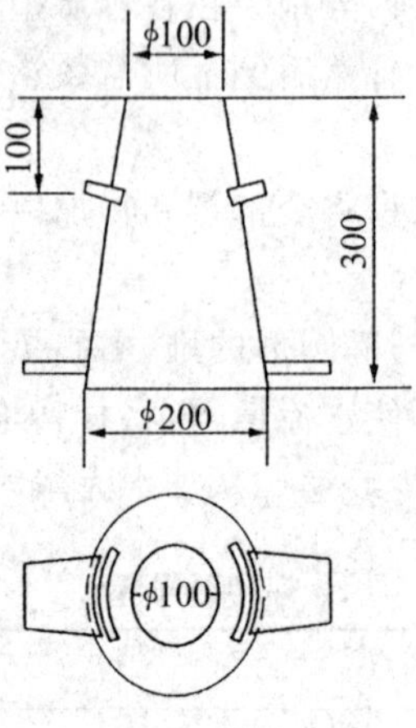

图 3-9　坍落度筒

2)捣棒:直径 16 mm,长约 650 mm,并具有半球形端头的钢质圆棒。

3)其他:小铲、木尺、小钢尺、抹刀和钢平板等。

(3)试验方法

1)润湿坍落度筒和底板,在坍落度筒内壁和底板上应无明水。底板应放置在坚实的水平面上,并把筒放在底板中心,然后用脚踩住两边的踏脚板,坍落度筒在装料时应保持固定的位置。

2)将拌制的混凝土试样分三层均匀地装入筒内,使捣实后每层高度为筒高的 1/3 左右。每层用捣棒插捣 25 次,插捣应沿螺旋方向由外向中心进行,每次插捣应在截面上均匀分布。插捣筒边混凝土时,捣棒可以稍稍倾斜。插捣底层时,捣棒应贯穿整个深度,插捣第二层和顶层时,捣棒应插透本层至下一层的表面;浇灌顶层时,混凝土应灌到高出筒口。插捣过程中,如混凝土沉落到低于筒口,则应随时添加。顶层插捣完后,刮去多余的混凝土,并用抹刀抹平。

3)清除筒边底板上的混凝土后,垂直平稳地提起坍落度筒。坍落度筒的提离过程应在 5～10 s 内完成;从开始装料到提坍落度筒的整个过程应不间断地进行,并在 150 s 内完成。

4)提起坍落度筒后,测量筒高与坍落后混凝土试体最高点之间的高度差,即为该混凝土拌和物的坍落度值。坍落度筒提离后,如混凝土发生崩坍或一边剪坏现象,则应重新取样另行测定;如第二次试验仍出现上述现象,则表示该混凝土和易性不好,应予记录备查。

5)测定坍落度的同时,可用目测方法评定混凝土拌和物的各项性质见表 3-3,并记录备查。

表 3-3　　　　混凝土拌和物目测性质评定标准表

目测性质	评定标准	分级		
棍度	按插捣混凝土拌和物时难易程度评定	上	中	下
		表示插捣容易	表示插捣时稍有石子阻滞的感觉	表示很难插捣
含砂情况	按拌和物外观含砂多少而评定	多	中	少
		表示用镘刀抹拌和物表面时，一两次即可使拌和物表面平整无蜂窝	表示抹五六次才可使表面平整无蜂窝	表示抹面困难，不易抹平，有空隙及石子外露等现象
保水性	指水分从拌和物中析出程度。评定方法：坍落度筒提起后如有较多的稀浆从底部析出，锥体部分的混凝土也因失浆而骨料外露，则表明此混凝土拌和物的保水性能不好；如坍落度筒提起后无稀浆或仅有少量稀浆自底部析出，则表示此混凝土拌和物的保水性良好			
黏聚性	观测拌和物各组成分相互黏聚情况。评定方法：用捣棒在已坍落的混凝土锥体侧面轻轻敲打，此时如果锥体逐渐下沉，则表示黏聚性良好；如锥体倒塌、部分崩裂或出现离析现象，则表示黏聚性不好			

6)当混凝土拌和物的坍落度大于 220 mm 时，用钢尺测量混凝土扩展后最终的最大直径和最小直径，在这两个直径之差小于 50 mm 的条件下，用其算术平均值作为坍落扩展度值；否则，此次试验无效。

如发现粗骨料在中央集堆或边缘有水泥浆析出，表示此混凝土拌和物抗离析性不好，应予记录。

(4)试验结果

混凝土拌和物坍落度和坍落扩展度值以 mm 为单位，测量精确至 1 mm，结果表达修约至 5 mm。

3.2.1.3　维勃稠度试验方法

(1)试验目的

本试验用维勃时间来测定水泥混凝土拌和物的稠度，适用于集料粒径不大于 40 mm，维勃稠度为 5～30 s 的混凝土拌和物的稠度测定。

(2)试验仪器

1)维勃稠度仪:如图 3-10 所示。

①圆柱形容器:金属圆筒,内径(240±3)mm,高 200 mm,壁厚 7.5 mm。容器应不漏水并有足够刚度,上有把手,底部外伸部分可用螺母将其固定在振动台上。

②坍落度筒:截头圆锥,筒底部直径(200±2)mm,顶部直径(100±2)mm,高度(300±2)mm,壁厚 1.5 mm,上下开口并与锥体轴线垂直,内壁光滑,筒外安有把手。

③圆盘:用透明塑料制成。

④振动台:工作频率 50 Hz、空载振幅 0.5 mm,上有固定螺丝。

2)捣棒、秒表、抹刀等。

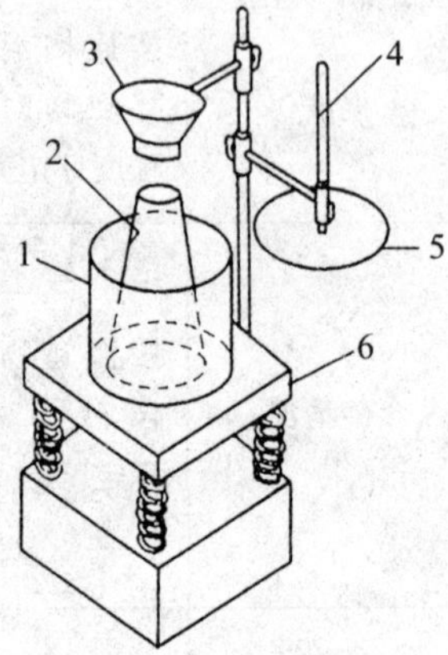

图 3-10 维勃稠度仪

1—圆柱形容器;2—坍落度筒;3—漏斗;4—测杆;5—透明圆盘;6—振动台

(3)试验方法

1)维勃稠度仪应放置在坚实水平面上,用湿布把容器、坍落度筒、漏斗内壁及其他用具润湿。

2)将漏斗提到坍落度筒的上方扣紧,校正容器位置,使其中心与漏斗中心重合,然后拧紧固定螺丝。

3)把按要求取样或制作的混凝土拌和物试样用小铲分三层经漏斗均匀地装入筒内,装料和插捣的方法同坍落度试验的要求。

4)移去漏斗,垂直提起坍落度筒,此时应注意不使混凝土试体产生横向的扭动。

5)把透明圆盘转到混凝土圆台体顶面,放松测杆螺钉,降下圆盘,使其轻轻接触到混凝土顶面。

6)拧紧定位螺钉,并检查测杆螺钉是否已经完全放松。

7)在开启振动台的同时用秒表计时,当振动到透明圆盘的底面被水泥浆布满的瞬间停止计时,并关闭振动台。

(4)试验结果

由秒表读出时间即为该混凝土拌和物的维勃稠度值,精确至 1 s。

3.2.2 普通混凝土的力学性质试验

3.2.2.1 水泥混凝土试件的成型与养护

(1)试验目的

为测定混凝土的力学性质,必须将混凝土拌和物制备成各种不同尺寸的试件。

(2)试验仪器

1)振动台:标准振动台,频率每分钟(3000±200)次,负荷下的振幅为0.35 mm,空载时的振幅应为0.5 mm。

2)试模:为铸铁或钢制成,内表面刨光磨光(粗糙度 $Ra=2.5\ \mu m$),平整度要求不超过100 mm。可以拆卸擦洗,内部尺寸允许偏差为:棱边长度不超过1 mm,直角则不超过0.5°。

(3)混凝土试件制作方法

1)混凝土试件制作规定

①试验前,试模内表面应涂一薄层矿物油或其他不与混凝土发生反应的脱模剂。

②在实验室拌制混凝土时,材料用量应以质量计,称量精度:水泥、掺和料、水和外加剂为±0.5%;骨料为±1%。

③取样或实验室拌制的混凝土应在板滞后尽量短的时间内成型,一般不宜超过15 min。

④根据混凝土拌和物的稠度确定混凝土成型方法,坍落度不大于70 mm的混凝土宜用振动振实;大于70 mm的宜用捣棒人工捣实。检验现浇混凝土或预制构件的混凝土,试件成型方法宜与实际采用的方法相同。

2)混凝土试件制作方法

①振动台振实法

a.取样或拌制好的混凝土拌和物应至少用铁锹再来回拌和三次。

b.将混凝土拌和物一次装入试模,装料时应用抹刀沿各试模壁插捣,并使混凝土拌和物高出试模口。

c.试模应附着或固定在振动台上,振动时试模不得有任何跳动,振动应持续到表面出浆为止;不得过振。

②人工插捣法

a.混凝土拌和物应分两层装入模内,每层的装料厚度大致相等。

b.插捣应按螺旋方向从边缘向中心均匀进行。在插捣底层混凝土时,捣棒应达到试模底部;插捣上层时,捣棒应贯穿上层后插入下层20~30 mm;插捣时捣棒应保持垂直,不得倾斜。然后应用抹刀沿试模内壁插拔数次。

c.每层插捣次数按在10000 mm^2截面积内不得少于12次。

d.插捣后应用橡皮锤轻轻敲击试模四周,直至插捣棒留下的空洞消失为止。

③插入式振捣棒振实法:

a.将混凝土拌和物一次装入试模,装料时应用抹刀沿各试模壁插捣,使混凝土拌和物高出试模口。

b. 宜用直径为 25 mm 的插入式振捣棒，插入试模振捣时，振捣棒应距试模底板 10～20 mm 且不得触及试模底板，振动应持续到表面出浆为止，且应避免过振，以防止混凝土离析。一般振捣时间为 20 s。振捣棒拔出时要缓慢，拔出后不得留有孔洞。

3）刮除试模上口多余的混凝土，待混凝土临近初凝时，用抹刀抹平。

（4）混凝土试件的养护方法

1）试件成型后应立即用不透水的薄膜覆盖表面。

2）采用标准养护的试件，应在温度为（20±5）℃的环境中静置一昼夜至两昼夜，然后编号、拆模。拆模后应立即放入温度为（20±2）℃，相对湿度为 95％以上的标准养护室中养护，或在温度为（20±2）℃的不流动的 $Ca(OH)_2$ 饱和溶液中养护。标准养护室内的试件应放在支架上，彼此间隔 10 ～ 20 mm，试件表面应保持潮湿，并不得被水直接冲淋。

3）同条件养护试件的拆模时间可与实际构件的拆模时间相同，拆模后，试件需保持同条件养护。

4）标准养护龄期为 28 d（从搅拌加水开始计时）。

3.2.2.2 水泥混凝土的抗压强度试验

（1）试验目的

测定混凝土立方体抗压强度，以确定混凝土的强度等级；也可以作为评定混凝土质量的主要指标；还可以为确定混凝土的试验室配合比提供依据。

（2）试验仪器

压力试验机：上下压板平整并有足够刚度，可以均匀地连续加荷，可以保持固定荷载，开机、停机均灵活自如，能够满足试件破坏吨位的要求。测量精度为 ±1％，试件破坏荷载应大于压力机全量程的 20％ 且不小于其 80％。

当混凝土强度等级 ≥ C60 时，试件周围应设防崩裂网罩。

（3）试验方法

1）试件从养护地点取出后应及时进行试验，将试件表面与上、下承压板面擦干净。

2）将试件安放在试验机的下压板或垫板上，试件承压面应与成型时的顶面垂直，试件的中心应与试验机下压板中心对准。开动试验机，当上压板与试件或钢垫板接近时，调整球座，使接触均衡。

3）在试验过程中应连续均匀地加荷，加荷速率应符合表 3-4 的规定。

表 3-4　　混凝土抗压试验加荷速率

强度等级	< C30	C30 ～ C60	≥ C60
加荷速率($MPa \cdot s^{-1}$)	0.3 ～ 0.5	0.5 ～ 0.8	0.8 ～ 1.0

4) 当试件接近破坏开始急剧变形时,应停止调整试验机油门,直至破坏,然后记录破坏荷载。

(4) 试验结果

混凝土立方体抗压强度应按式(3-7)计算,计算应精确至 0.1 MPa。

$$f_{cc} = \frac{F}{A} \tag{3-7}$$

式中:f_{cc}—— 混凝土立方体抗压强度,MPa;

F—— 试件破坏荷载,N;

A—— 试件承压面积,mm^2。

强度值的确定应符合下列规定:

1) 三个试件测值的算术平均值作为该组试件的强度值(精确至 0.1 MPa)。

2) 三个测值中的最大值或最小值中如有一个与中间值的差值超过中间值的 15% 时,则把最大值及最小值一并舍除,取中间值作为该组试件的抗压强度值。

3) 如最大值和最小值与中间值的差均超过中间值的 15%,则该组试件的试验结果无效。

混凝土强度等级 < C60 时,用非标准试件测得的强度值均应乘以尺寸换算系数,如表 3-5 所示。当混凝土强度等级 ≥ C60 时,宜采用标准试件。使用非标准试件时,尺寸换算系数应由试验确定。

表 3-5　　抗压强度尺寸换算系数表

试件尺寸(mm)	100 × 100 × 100	150 × 150 × 150	200 × 200 × 200
换算系数	0.95	1.00	1.05

3.2.2.3　水泥混凝土的抗折强度试验

(1) 试验目的

测定混凝土的抗折强度(抗弯拉强度),以提供设计参数、检查混凝土施工品质和确定抗折弹性模量试验加荷标准。

(2) 试验仪器

1) 试验机:50 ～ 300 kN 抗折试验机或万能试验机。

2）抗折试验装置：采用三分点处双点加荷和三点自由支承式混凝土抗折强度与抗折弹性模量试验装置，如图 3-11 所示。

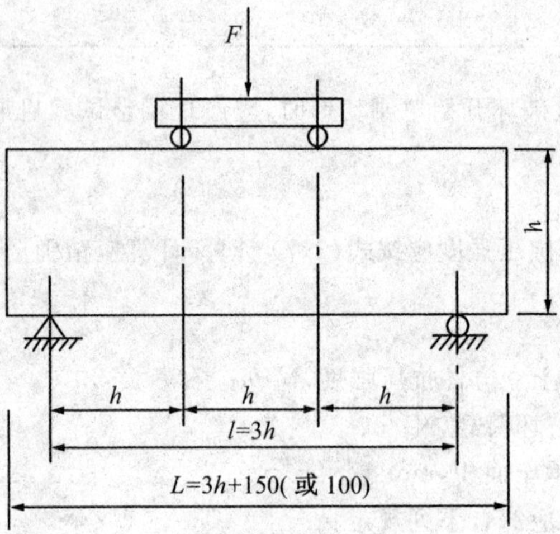

图 3-11　抗折试验装置

3）试件的支座和加荷头应采用直径为 20 ～ 40 mm、长度不小于(b＋10)mm 的硬钢圆柱(b 为试件宽度)，支座立脚点固定铰支，其他应为滚动支点。

(3) 试验方法

1）试件从养护地取出后应及时进行试验，将试件表面擦干净。

2）装置试件时的安装尺寸偏差不得大于 1 mm。试件的承压面应为试件成型时的侧面。支座及承压面与圆柱的接触面应平稳、均匀，否则应垫平。

3）施加荷载应保持均匀、连续，加荷速率应符合表 3-6 的规定。试件接近破坏时，应停止调整试验机油门，直至试件破坏，然后记录破坏荷载。

表 3-6　　混凝土抗折试验加荷速率

强度等级	＜ C30	C30 ～ C60	≥ C60
加荷速率($MPa \cdot s^{-1}$)	0.02 ～ 0.05	0.05 ～ 0.08	0.08 ～ 0.10

4）记录试件破坏荷载的试验机示值及试件下边缘断裂位置。

(4) 结果整理

若试件下边缘断裂位置处于两个集中荷载作用线之间，则试件的抗折强度按式(3-8) 计算，计算应精确至 0.1 MPa。

$$f_f = \frac{Fl}{bh^2} \tag{3-8}$$

式中：f_f—— 混凝土抗折强度，MPa；

F—— 试件破坏荷载，N；

l—— 支座间跨度，mm；

b—— 试件截面宽度，mm；

h—— 试件截面高度，mm。

确定抗折强度值的规定与抗压强度值的确定规定相同。

三个试件中若有一个折断面位于两个集中荷载之外，则混凝土抗折强度值按另两个试件的试验结果计算。若这两个测值的差值不大于这两个测值的较小值的15%时，则该组试件的抗折强度值按这两个测值的平均值计算，否则该组试件的试验无效。若有两个试件的下边缘断裂位置位于两个集中荷载作用线之外，则该组试件试验无效。

当试件尺寸为100 mm×100 mm×400 mm的非标准试件时，应乘以尺寸换算系数0.85；当混凝土强度等级 ≥ C60时，宜采用标准试件。使用非标准试件时，尺寸换算系数应由试验确定。

3.2.3 普通混凝土的毛体积密度试验

3.2.3.1 试验目的

测定捣实的混凝土拌和物的毛体积密度，作为评定混凝土质量的一项指标；同时，亦作为混凝土试验室配合比计算的依据。

3.2.3.2 试验仪器

(1) 容量筒：金属制成的圆筒，两旁装有提手。对骨料最大粒径不大于40 mm的拌和物采用容积为5 L的容量筒，其内径与内高均为(186 ± 2)mm，筒壁厚为3 mm；骨料最大粒径大于40 mm时，容量筒的内径与内高均应大于骨料最大粒径的4倍。容量筒上缘和内壁应光滑平整，顶面与底面应平行并与圆柱体的轴垂直。

容量筒容积的标定方法：采用一块能盖住容量筒顶面的玻璃板，先称出玻璃板和空筒的质量，然后向容量筒中灌入清水，当水接近上口时，一边不断加水，一边把玻璃板沿筒口徐徐推入盖严，应注意玻璃板下不带入任何气泡；然后擦净玻璃板面及筒壁外的水分，将容量筒连同玻璃板放在台秤上称其质量。两次质量之差(kg)即为容量筒的容积(L)。

(2) 台秤：称量50 kg，感量50 g。

(3) 其他：振动台、捣棒、金属直尺、抹刀、玻璃板等。

3.2.3.3　试验方法

(1) 用湿布将容量筒内外擦干净，称出容量筒质量，精确至 50 g。

(2) 混凝土的装料和捣实方法应根据拌和物的稠度而定。坍落度不大于 70 mm 的混凝土，用振动台振实为宜；大于 70 mm 的用捣棒捣实为宜。采用捣棒捣实时，应根据容量筒的大小决定分层与插捣次数：用 5 L 容量筒时，混凝土拌和物应分两层装入，每层的插捣次数应为 25 次；用大于 5 L 容量筒时，每层混凝土的高度不应大于 100 mm，每层的插捣次数应按每 10000 mm^2 截面积不小于 12 次计算。各层插捣应由边缘向中心均匀地插捣，插捣底层时捣棒应贯穿整个深度，插捣第二层时，捣棒应插透本层至下一层的表面；每一层捣完后用橡皮锤轻轻沿容器外壁敲打 5 ～ 10 次，进行振实，直至拌和物表面插捣孔消失并不见大气泡为止。

采用振动台振实时，应一次将混凝土拌和物灌到高出容量筒口。装料时可用捣棒稍加插捣，振动过程中如混凝土低于筒口，应随时添加混凝土，振动直至表面出浆为止。

(3) 用刮尺将筒口多余的混凝土拌和物刮去，表面如有凹陷应填平；将容量筒外壁擦净，称出混凝土试样与容量筒总质量，精确至 50 g。

3.2.3.4　试验结果

混凝土拌和物的毛体积密度应按式(3-9) 计算，精确至 10 $kg \cdot m^{-3}$。

$$\gamma_h = \frac{W_2 - W_1}{V} \times 1000 \tag{3-9}$$

式中：γ_h—— 混凝土拌和物的毛体积密度，10 $kg \cdot m^{-3}$；

W_1—— 容量筒质量，kg；

W_2—— 容量筒和试样的总质量，kg；

V—— 容量筒容积，L。

3.3　水泥砂浆的试验检测

3.3.1　水泥砂的浆稠度试验

3.3.1.1　试验目的

砂浆的稠度，亦称“流动性”，用沉入度表示。本方法适用于确定配合比或施工过程中控制砂浆的稠度，以达到控制用水量的目的。

3.3.1.2 试验仪器

(1) 砂浆稠度仪(见图3-12):由试锥、容器和支座三部分组成。试锥由钢材或铜材制成,试锥高度为145 mm、锥底直径为75 mm,试锥连同滑杆的质量为300 g;盛砂浆容器由钢板制成,筒高为180 mm,锥底内径为150 mm;支座分为底座、支架及稠度显示三个部分,由铸铁、钢及其他金属制成。

(2) 钢制捣棒:直径为10 mm、长为350 mm、端部磨圆。

(3) 秒表等。

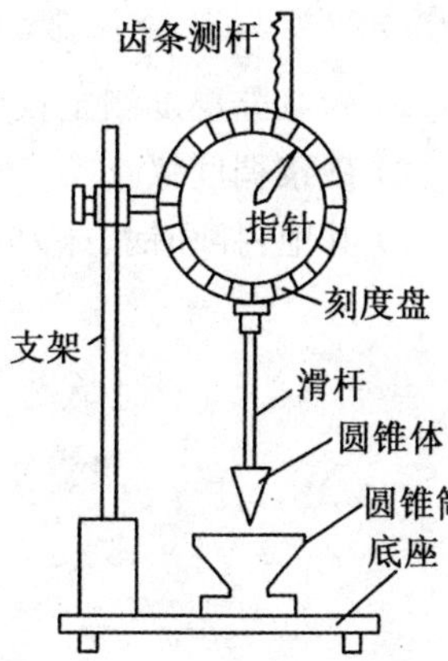

图3-12 砂浆稠度测定仪

3.3.1.3 试验方法

(1) 将盛浆容器和试锥表面用湿布擦干净,并用少量润滑油轻擦滑杆,然后将滑杆上多余的油用吸油纸擦净,使滑杆能自由滑动。

(2) 将砂浆拌和物一次装入容器,使砂浆表面低于容器口约10 mm,用捣棒自容器中心向边缘插捣25次,然后轻轻地将容器摇动或敲击5～6下,使砂浆表面平整,随后将容器置于稠度测定仪的底座上。

(3) 拧开试锥滑杆的制动螺丝,向下移动滑杆,当试锥尖端与砂浆表面刚接触时,拧紧制动螺丝,使齿条测杆下端刚接触滑杆上端,并将指针对准零点。

(4) 拧开制动螺丝,同时计时,10 s后立即固定螺丝,将齿条测杆下端接触滑杆上端,从刻度盘上读出下沉深度(精确至1 mm)即为砂浆的稠度值。

(5) 圆锥形容器内的砂浆,只允许测定一次稠度,重复测定时,应重新取样进行测定。

3.3.1.4 结果处理及精度要求

取两次试验结果的算术平均值为试验结果测定值,计算值精确至1 mm。两次试验结果之差如大于20 mm,则应另取砂浆搅拌后重新测定。

3.3.2 砂浆的分层度试验

砂浆的保水性是用分层度表示。分层度的测定方法是:将砂浆装入规定的容器中,测出沉入度;静置30 min后,再取容器下部1/3部分的砂浆,测其沉入度。前后两次沉入度之差即为分层度,以cm计。分层度愈大,表明砂浆保水性愈差。

3.3.2.1 试验目的

测定砂浆的分层度,以确定其保水的能力。

3.3.2.2　试验仪器

(1) 砂浆分层度测定仪(见图 3-13)

(2) 砂浆稠度仪。

(3) 其他:拌和锅、抹刀、木槌等。

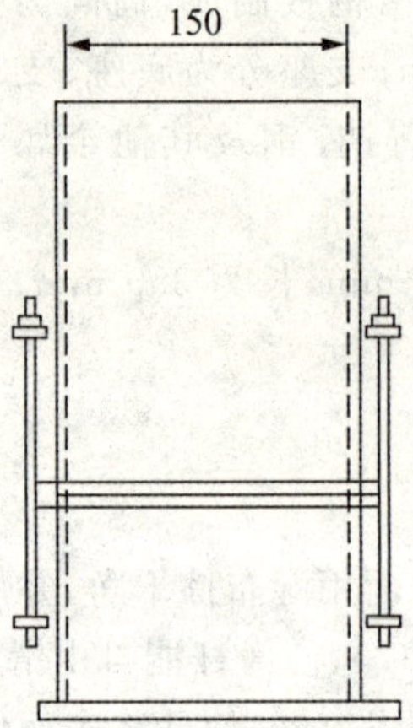

图 3-13　砂浆分层度测定仪

3.3.2.3　试验方法

(1) 将试样一次装入分层度筒内,待装满后,用木槌在容器周围距离大致相等的四个不同地方轻轻敲击 1 ～ 2 次,如砂浆沉落到低于筒口,则应随时添加,然后刮去多余砂浆,并抹平。

(2) 按测定砂浆流动性的方法,测定砂浆的沉入度值,以 mm 计。

(3) 静置 30 min 后,去掉上面 200 mm 砂浆,剩余的砂浆倒出,放在搅拌锅中拌 2 min。

(4) 再按测定流动性的方法,测定砂浆的沉入度,以 mm 计。

3.3.2.4　试验结果

以前后两次沉入度之差定为该砂浆的分层度,以 mm 计。

砌筑砂浆的分层度不得大于 30 mm。保水性良好的砂浆,其分层度应为 10 ～ 20 mm。分层度大于 20 mm 的砂浆容易离析,不便于施工;但分层度小于 10 mm 者,硬化后易产生干缩开缝。

3.3.3 砂浆的抗压强度试验

3.3.3.1 试验目的

本方法适用于测定砂浆立方体的抗压强度，以检验其力学性能。

3.3.3.2 试验仪器

(1) 试模：为 70.7 mm × 70.7 mm × 70.7 mm 立方体，由铸铁或钢制成，应具有足够的刚度并拆装方便；试模的内表面应机械加工，其不平度应为每 100 mm 不超过 0.05 mm；组装后各相邻面的不垂直度不应超过 ±0.5°。

(2) 捣棒：直径 10 mm，长 350 mm 的钢棒，端部应磨圆。

(3) 压力试验机：采用精度（示值的相对误差）不大于 ±2% 的试验机，其量程应能使试件的预期破坏荷载值不小于全量程的 20%，也不大于全量程的 80%。

(4) 垫板：试验机上、下压板及试件之间可垫以钢垫板，垫板的尺寸应大于试件的承压面，其不平度应为每 100 mm 不超过 0.02 mm。

3.3.3.3 试验方法

(1) 制作砌筑砂浆试件时，将无底试模放在预先铺有吸水性较好的纸的普通黏土砖上（砖的吸水率不小于 10%，含水率不大于 20%），试模内壁事先涂刷薄层机油或脱模剂。

(2) 放于砖上的湿纸，应为湿的新闻纸（或其他未粘过胶凝材料的纸），纸的大小要以能盖过砖的四边为准，砖的使用面要求平整，凡砖四个垂直面粘过水泥或其他胶结材料后，不允许再使用。

(3) 向试模内一次注满砂浆，用捣棒均匀由外向里按螺旋方向插捣 25 次，为了防止低稠度砂浆插捣后可能留下孔洞，允许用油灰刀沿模壁插数次，使砂浆高出试模顶面 6 ～ 8 mm。

(4) 当砂浆表面开始出现麻斑状态时（15 ～ 30 min），将高出部分的砂浆沿试模顶面削去抹平。

(5) 试件制作后应在（20 ± 5）℃ 温度环境下停置一昼夜，当气温较低时，可适当延长时间，但不应超过两昼夜，然后对试件进行编号并拆模；试件拆模后，应在标准养护条件下，继续养护至 28 d，然后进行试压。

(6) 标准养护的条件是：水泥混合砂浆温度应为（20 ± 3）℃，相对湿度应为 60% ～ 80%；水泥砂浆和微沫砂浆温度应为（20 ± 3）℃，相对湿度应为 90% 以上；养护期间，试件彼此间隔不少于 10 mm。

(7) 试件从养护地点取出后，应尽快进行试验，以免试件内部的温、湿度发生显著变化。试验前先将试件擦拭干净，测量尺寸，并检查其外观。试件尺寸测量精确至 1 mm，并据此计算试件的承压面积。如实测尺寸与公称尺寸之差不超过 1 mm，可按公称尺寸进行计算。

(8) 将试件安放在试验机的下压板上(或下垫板上)，试件的承压面应与成型时的顶面垂直，试件中心应与试验机下压板(或下垫板) 中心对准。开动试验机，当上压板与试件(或上垫板) 接近时，调整球座，使接触面均衡受压。承压试验应连续而均匀地加荷，加荷速度应为 0.5 ～ 1.5 kN/s(砂浆强度为 5 MPa 及 5 MPa 以下时，取下限为宜；砂浆强度为 5 MPa 以上时，取上限为宜)，当试件接近破坏而开始迅速变形时，停止调整试验机油门，直至试件破坏，然后记录破坏荷载。

3.3.3.4　试验结果

水泥砂浆立方体抗压强度按式(3-10) 计算，结果精确至 0.1 MPa。

$$f_{m,cu}=\frac{N_u}{A} \tag{3-10}$$

式中：$f_{m,cu}$—— 砂浆立方体抗压强度，MPa；

N_u—— 立方体试件破坏压力，N；

A—— 试件承压面积，mm^2。

以六个试件测值的算术平均值作为该组试件的抗压强度值，平均值计算精确至 0.1 MPa。

当六个试件的最大值或最小值与平均值的差超过 20% 时，以中间四个试件的平均值作为该组试件的抗压强度值。

第4章　沥青及沥青混合料试验检测

4.1　沥青分类

沥青是一种结构和组成都十分复杂的有机混合物，它的分类如下：

(1) 按产源不同划分成经地质开采加工后得到的地沥青或通过化学工业加工制作获得的焦油沥青。由于石油沥青的产量大，可加工改造的程度高，并能够较好地满足现代道路交通运输特点，是目前道路工程中最主要的沥青品种。

(2) 按原油成分中所含石蜡数量的多少划分成石蜡基沥青（含石蜡 5% 以上）、沥青基沥青（含石蜡 2% 以下）和混合基沥青（含石蜡 2% ～ 5%）等。

(3) 按加工方法分类，经过不同的加工工艺，得到多种性能有明显差别的沥青品种。有直馏沥青、溶剂脱沥青、氧化沥青和裂化沥青。

4.2　石油沥青的技术性质

4.2.1　黏滞性

沥青黏度是一个很重要的参数，该参数也是目前我国进行沥青标号划分的依据。

4.2.1.1　针入度

针入度是表征黏稠沥青条件黏度的一种指标，在表示沥青黏稠度大小的同时，针入度还用于沥青标号的划分。针入度值是在规定的温度条件下，以规定质量的标准针经过规定的时间贯入沥青试样的深度，以 0.1 mm 计。通常我国将这些试验条件规定为：温度 25 ℃、标准针质量 100 g、贯入时间 5 s，所以针入度通

常记作 $P_{25\ ℃,100\ g,5\ s}$。通过针入度试验测得的针入度值愈大，表示沥青愈软。

4.2.1.2　软化点

沥青材料是一种非晶质有机高分子材料，它由液态凝结为固态，或由固态溶化为液态时，没有明确的固化点或液化点，通常采用规定试验条件下的硬化点和滴落点来表示其状态的转变。在工程实际中，为保证沥青不致因温度升高而产生流动的状态，取滴落点和硬化点之间温度间隔的 87.21% 当作软化点。目前软化点的测定大多采用环球法，软化点是沥青材料热稳定性的指标。

试验研究认为，许多沥青在软化点时的针入度值往往为 800(0.1 mm) 单位，所以可以认为软化点是沥青呈相同黏度时所要达到的温度，即“等黏温度”。这样一来，表示沥青热稳定性的软化点指标就与沥青的黏度指标产生了联系。因此，软化点既是反映沥青材料热稳定性的一个指标，也是沥青条件黏度的一种表示方式。

4.2.2　延性

沥青的延性是指当其受到外力的拉伸作用时，所能承受的塑性变形的总能力，是表示沥青内部凝聚力(内聚力)的一种量度。通常采用延度作为沥青的条件延性指标，并通过延度试验测定相应的延度值。延度试验是将沥青试样制成“8”字形标准试件，在规定的拉伸速度和温度条件下将其拉断的操作过程。将该过程拉伸距离定义为延度，试验结果以 cm 计。目前，试验温度常定为 15 ℃ 或 10 ℃，拉伸速度一般为 5 cm/min。

可见，延度在一定程度上反映了沥青在某一条件下的变形能力。有研究发现，低温(10 ℃、5 ℃ 等)时的延度大小与沥青在低温时的抗裂性有一定关系。如果低温延度值大，则在低温环境下沥青的开裂性就相对较小。

针入度、软化点和延度等被称为沥青的“三大指标”，是目前我国在路用领域中对沥青提出的最基础指标。

4.2.3　感温性

在不同温度条件下，沥青黏度会呈现出明显的状态变化，这种随温度的改变产生黏度变化的特点称为沥青的“感温性”。对于路用沥青，温度和黏度的关系是沥青的一项极其重要的性能。表示沥青这种感温性的常用指标是针入度指数(PI)。针入度指数表示软化点之下的沥青感温性，其近似结果可采用式(4-1) 计算获得。

$$\mathrm{PI}=\frac{30}{1+50A}-10 \tag{4-1}$$

式中：PI—— 针入度指数；

A—— 针入度温度感应系数，由沥青的针入度和软化点确定：

$$A = \frac{\lg 800 - \lg P_{25\ ℃,100\ g,5\ s}}{T - 25} \tag{4-2}$$

式中：$P_{25\ ℃,100\ g,5\ s}$—— 在 25 ℃、100 g、5 s 条件下测得的针入度，0.1 mm；

T—— 环球法测定的软化点，℃。

针入度指数愈大，表明沥青对温度的敏感性愈小，也就是说在温度升高时，沥青状态改变的程度较小。具体表现为：夏季高温时沥青不易变软，有一定的抗车辙变形能力；但另一方面，冬季沥青较硬，开裂的可能性增加。PI <-2 时，沥青的温度敏感性大；PI $>+2$ 时，温度敏感性小。为了兼顾高低温要求，一般宜选用针入度指数 PI 为 $-1 \sim +1$ 的沥青作为路用沥青。

4.2.4 黏附性

沥青克服外界不利影响因素（如环境对沥青的老化、水对沥青膜的剥离等）在集料表面的附着能力称为沥青的“黏附性”。该黏附性能直接影响沥青路面的使用质量和耐久性，是评价沥青技术性能的一项重要指标。

沥青的黏附性好坏首先与沥青自身特点密切相关，随着沥青稠度的增加或沥青中一些类似沥青酸的活性物质的增加，其黏附性加大。同时，集料的亲水性程度也直接决定着沥青和集料之间黏附性的优劣，使用憎水碱性石料时的黏附性优于使用亲水酸性石料的黏附性，所以采用碱性的石灰岩集料拌制的沥青混合料，其黏附性明显好于采用酸性的花岗岩拌制的沥青混合料。

目前，沥青与集料之间黏附性好坏的常规评价方法是水煮法或水浸法，通过考察集料表面的沥青膜抵御水的剥离能力来界定。

4.2.5 耐久性

路用沥青在储运、加热、拌和、摊铺、碾压、交通荷载和自然因素的作用下，会产生一系列的物理化学变化，从而使沥青逐渐改变其原有性能而变硬变脆，使沥青的路用性能明显变差，这种变化称为沥青的“老化”。

引起沥青直接老化的因素有：① 热的影响：热能加速沥青内部组分的挥发变化，促进沥青化学反应，最终导致沥青性能的劣化；② 氧的影响：空气中的氧被沥青吸收后产生氧化反应，改变沥青的组成比例引起老化；③ 光的影响：日光特别是紫外光照射沥青后，使沥青产生光化学反应，促使沥青的氧化过程加速；④ 水的作用：水在与光、热和氧共同作用时，引起沥青加速老化；⑤ 渗流硬化：沥青中轻组分渗流到矿料的孔隙中导致沥青的硬化。

目前评价沥青抗老化能力的试验方法大多是模拟沥青在拌和过程中加热条件下产生的老化效果，规范规定的检测方法是薄膜烘箱加热试验法。

4.3 道路石油沥青的技术要求

新颁布的《公路沥青路面施工技术规范》(JTG F40—2004) 对沥青的技术要求作了一定的变动。一方面，废除了原有的重交通道路石油沥青(AH 型) 和中、轻(A 型) 道路石油沥青这种划分方法，采用唯一的道路石油沥青取而代之。另一方面，提出了诸如 PI 值，60 ℃ 动力黏度和 10 ℃ 延度等一些能够进一步反映沥青性质的选择性指标，以及不同标号沥青所适应的气候条件等内容。道路沥青技术要求如表 4-1 所示。

表 4-1　　道路石油沥青技术要求

指标	等级	160号③	130号③	110号			90号					70号②					50号	30号③
针入度(25 ℃,100 g,5 s)(0.1 mm)		140～200	120～140	100～120			80～100					60～80					40～60	20～40
适用的气候分区		注③	注③	2-1	2-2	3-2	1-1	1-2	1-3	2-2	2-3	1-3	1-4	2-2	2-3	2-4	1-4	注③
针入度指数 PI	A	−1.5～+1.0																
	B	−1.8～+1.0																
软化点(R&B)(℃),≥	A	38	40	43			45			44		46		45			49	55
	B	36	39	42			43			42		44		43			46	53
	C	35	37	41			42					43					45	50
60 ℃动力黏度①(Pa·s),≥	A	—	60	120			160			140		180		160			200	260
10 ℃延度①(cm)≥	A	50	50	40			45	30	20	30	20	20	15	25	20	15	15	10
	B	30	30	30			30	20	15	20	15	15	10	20	15	10	10	8
15 ℃延度①(cm)≥	A	100																
	B																	
	C	80	80	60			50					40					30	20
蜡含量(蒸馏法)(%),≤	A	2.2																
	B	3.0																
	C	4.5																

续表

指标	等级	160号[3]	130号[3]	110号	90号	70号[2]	50号	30号[3]
闪点(COC)(℃),≥		230			245	260		
溶解度(%),≥		99.5						
15 ℃密度(g/cm³)		实测记录						
薄膜烘箱加热试验 TFOT(或旋转薄膜烘箱加热试验 RTFOT)后[4]								
质量变化(%),≤		±0.8						
残留针入度比(%),≥	A	48	54	55	57	61	63	65
	B	45	50	52	54	58	60	62
	C	40	45	48	50	54	58	60
残留 10 ℃延度[1](cm),≥	A	12	12	10	8	6	4	—
	B	10	10	8	6	4	2	—
残留 15 ℃延度[1](cm),≥	C	40	35	30	20	15	10	—

①经建设单位同意,表中 PI 值、60 ℃动力黏度、10 ℃延度可作为选择性指标,也可不作为施工质量条件。

②70 号沥青可根据需要,要求供应商提供针入度范围为 60～70 或 70～80 的沥青,也可要求提供针入度范围为 40～50 或 50～60 的沥青。

③30 号沥青仅适用于沥青稳定基层。130 号或 160 号沥青除寒冷地区可直接在中、低级公路应用外,通常用作乳化沥青、稀释沥青、改性沥青的基质沥青。

④老化试验以 TFOT 为准,也可以 RTFOT 代替。

在新技术标准中，依据表4-1中不同的技术指标，将沥青再划分成三个等级，不等级的沥青具有不同的适用范围。该范围详细内容如表4-2所示。

表4-2　　不同等级的道路石油沥青的适用范围

沥青等级	适用范围
A级沥青	各个等级的公路，适用于任何场合和层次
B级沥青	① 高速公路、一级公路沥青层上部80～100 cm以下的层次，二级及二级以下公路的各个层次 ② 用作改性沥青、乳化沥青、改性乳化沥青、稀释沥青的基质沥青
C级沥青	三级及三级以下公路的各个层次

4.4　沥青的试验检测

4.4.1　沥青的针入度试验

沥青的针入度是指在规定温度和时间内，附加一定质量的标准针垂直贯入沥青试样的深度，以0.1 mm表示。一般若非特别注明，规定的试验条件是指：试验温度为25 ℃，标准针的质量（包括标准针、针的连杆及附加砝码的质量）为(100 ± 0.05)g，时间为5 s。

4.4.1.1　试验目的

测定沥青的针入度，以评价黏稠石油沥青的黏滞性，并确定沥青标号。还可以进一步计算沥青的针入度指数PI，用以描述沥青的温度敏感性。

4.4.1.2　试验仪器

(1) 针入度仪（见图4-1）：凡能保证针和针连杆在无明显摩擦下垂直运动，且指示标准针贯入试样深度准确至0.1 mm的仪器均可使用。针和针连杆组合件总质量为(50 ± 0.05)g，另附(50 ± 0.05)g的砝码一只，即试验时总质量为(100 ± 0.05)g。为提高测试精密度，宜采用自动针入度仪进行测试。针入度仪通常由以下部分组成：

1) 标准针：不锈钢制成，质量为(2.5 ± 0.05)g。

2) 盛样皿：由金属制成，圆柱形平底。小盛样皿的内径为55 mm，深为35 mm（适用于针入度小于200的试样）；大盛样皿内径为70 mm，深为45 mm（适用于针入度为 200 ～ 350 的试样）。对于针入度大于 350 的试样需使用特殊盛样皿，其深度不小于 60 mm，试样体积不小于 125 mL。

(2) 恒温水浴：容量不小于 10 L，控温准确度为 0.1 ℃。水槽中应设有一带孔的搁架，该搁架应位于水面下不小于 100 mm，距水槽底不少于 50 mm 处。

(3) 平底玻璃皿：容量不小于 1 L，深度不小于 80 mm。内设有一不锈钢三脚支架，使盛样皿稳定。

(4) 温度计：0 ～ 50 ℃，分度为 0.1 ℃。

(5) 秒表：分度为 0.1 s。

(6) 盛样皿盖：平板玻璃，直径不小于盛样皿开口尺寸。

(7) 溶剂：三氯乙烯。

(8) 其他：电炉或砂浴、石棉网、金属锅或瓷把坩埚。

图 4-1　针入度仪

4.4.1.3　试验方法

(1) 沥青试样准备方法

1) 将装有试样的盛样器带盖放入恒温烘箱中，当石油沥青试样中含有水分时，烘箱温度宜为 80 ℃ 左右，加热至沥青全部熔化后供脱水用。当石油沥青中无水分时，烘箱温度宜为软化点温度以上 90 ℃，通常为 135 ℃ 左右。沥青试样不得直接采用电炉或煤气炉明火加热。

2) 当石油沥青试样中含有水分时，将盛样器皿放在可控温的砂浴、油浴、电热套上加热脱水，不得已采用电炉、煤气炉加热脱水时必须加放石棉垫。加热时间不超过 30 min，并用玻璃棒轻轻搅拌，防止局部过热。在沥青温度不超过 100 ℃ 的条件下，仔细脱水至无泡沫为止，最后的加热温度不超过软化点以上 100 ℃（石油沥青）或 50 ℃（煤沥青）。

3) 将盛样器中的沥青通过 0.6 mm 的滤筛过滤。

(2) 制备试样方法：过滤后不等冷却立即一次将试样灌入盛样皿中，试样深度应超过预计针入度值 10 mm，并盖上盛样皿，以防落入灰尘。盛有试样的盛样皿在 15 ～ 30 ℃ 室温中冷却 1 ～ 1.5 h（小盛样皿）、1.5 ～ 2 h（大盛样皿）或 2 ～ 2.5 h（特殊盛样皿）后移入保持规定试验温度 ±0.1 ℃ 的恒温水槽中 1 ～ 1.5 h（小盛样皿）、1.5 ～ 2 h（大盛样皿）或 2 ～ 2.5 h（特殊盛样皿）。

(3) 调整针入度仪使之水平，检查针连杆和导轨，以确认无水和其他外来物，无明显摩擦。用三氯乙烯或其他溶剂清洗标准针，并拭干。将标准针插入针连杆,用螺丝固紧。

(4) 取出达到恒温的盛样皿,并移入水温控制在试验温度±0.1 ℃(可用恒温水槽中的水)的平底玻璃皿中的三脚架上,试样表面以上的水层深度不少于10 mm。

(5) 将盛有试样的平底玻璃皿置于针入度仪的平台上。慢慢放下针连杆,用适当位置的反光镜或灯光反射观察,使针尖恰好与试样表面接触。拉下刻度盘的拉杆,使与针连杆顶端轻轻接触,调节刻度盘或深度指示器的指针指示为零。

(6) 开动秒表,在指针正指5 s的瞬时,用手紧压按钮,使标准针自动下落贯入试样,经规定时间,停压按钮使针停止移动。

(7) 拉下刻度盘拉杆与针连杆顶端接触,读取刻度盘指针或位移指示器的读数,准确至0.5(0.1 mm)。

(8) 同一试样平行试验至少应做三次,各测试点之间及与盛样皿边缘的距离不应少于10 mm。每次试验后应将盛有盛样皿的平底玻璃皿放入恒温水槽,使平底玻璃皿中水温保持试验温度。每次试验应换一根干净的标准针或将标准针取下用蘸有三氯乙烯溶剂的棉花或布揩净,再用干棉花或布擦干。

(9) 测定针入度大于200(0.1 mm)的沥青试样时,至少用三支标准针,每次试验后将针留在试样中,直至三次平行试验完成后,才能将标准针取出。

4.4.1.4 试验报告

同一试样三次平行试验结果的最大值和最小值之差在表4-3所列允许偏差范围内时,计算三次试验结果的平均值,取整数作为针入度试验结果,以0.1 mm为单位。

表4-3 平行试验结果极差的允许偏差范围

针入度(0.1 mm)	允许差值(0.1 mm)
0 ~ 49	2
50 ~ 149	4
150 ~ 249	12
250 ~ 500	20

当试验值不符合此要求时,应重新进行试验。

4.4.1.5 精密度与允许差

当试验结果小于50(0.1 mm)时,重复性试验的允许差为2(0.1 mm),复现性试验的允许差为4(0.1 mm);当试验结果等于或大于50(0.1 mm)时,重复性试验的允许差为平均值的4%,复现性试验的允许差为平均值的8%。

4.4.2 沥青的延度试验

沥青的延度是指规定形态的沥青试样,在规定温度下以一定速度受拉伸至断开时的长度,以cm表示。通常采用的试验温度为25 ℃、15 ℃、10 ℃或5 ℃,拉伸速度为(5±0.25)cm/min。当低温采用(1±0.05)cm/min拉伸速度时,应在报告中注明。

4.4.2.1 试验目的

测定沥青的延度,可以评价黏稠沥青的塑性变形能力。

4.4.2.2 试验仪器

(1) 延度仪:将试件浸没于水中,能保持规定的试验温度及按照规定拉伸速度拉伸试件,且试验时无明显振动的延度仪均可使用。

(2) 试模:由黄铜制成,由两个端模和两个侧模组成,其形状如图4-2所示。

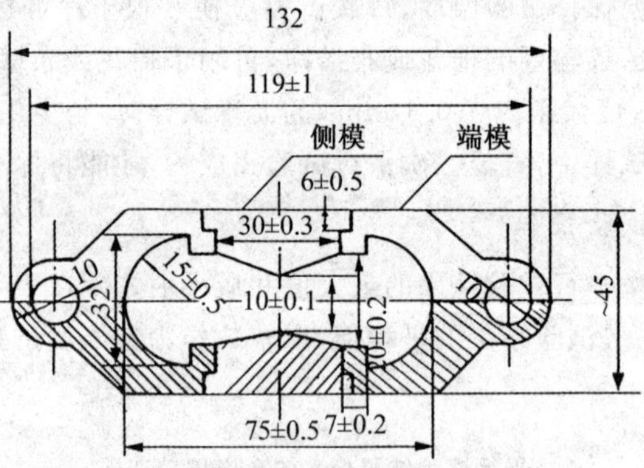

图4-2 沥青延度试模(mm)

(3) 试模底板:玻璃板或磨光的铜板、不锈钢板。

(4) 恒温水槽:容量不小于10 L,控制温度的准确度为0.1 ℃,水槽中设有带孔搁架,搁架距水槽底不得少于50 mm。试件浸入水中深度不小于100 mm。

(5) 温度计:0～50 ℃,分度为0.1 ℃。

(6) 砂浴或其他加热炉具。

(7) 甘油滑石粉隔离剂(质量比为2∶1)。

(8) 其他:平刮刀、石棉网、酒精、食盐等。

4.4.2.3　试验方法

(1) 制备试样

1) 将隔离剂拌和均匀,涂于清洁干燥的试模底板和两个侧模的内侧表面,并将试模在试模底板上装妥。

2) 按规定方法准备试样(同沥青针入度试验),将试样仔细自试模的一端至另一端往返数次缓缓注入模中,最后略高出试模。注意:灌模时勿使气泡混入。

3) 试件在室温中冷却 30 ～ 40 min,然后置于规定试验温度 ±0.1 ℃ 的恒温水槽中,保持 30 min 后取出,用热刮刀刮除高出试模的沥青,使沥青面与试模面齐平。沥青的刮法是自模的中间刮向两端,且表面应刮得平滑。将试模连同底板再浸入规定试验温度的水槽中 1 ～ 1.5 h。

(2) 检查延度仪拉伸速度是否符合规定要求,然后移动滑板使其指针正对标尺的零点。将延度仪注水,并保温达试验温度 ± 0.1 ℃。

(3) 将保温后的试件连同底板移入延度仪的水槽中,从底板上取下试件,将试模两端的孔分别套在滑板及槽端固定板的金属柱上,取下侧模。水面距试件表面应不小于 25 mm。

(4) 开动延度仪,并注意观察试样的延伸情况。在试验时,如发现沥青细丝浮于水面或沉入槽底,则应在水中加入酒精或食盐调整水的密度至与试样密度相近后,再重新试验。

(5) 试件拉断时,读取指针所指标尺上的读数,以 cm 表示。在正常情况下,试件延伸时应成锥尖状,拉断时实际断面接近于零。如不能得到这种结果,则应在报告中注明。

4.4.2.4　试验报告

同一试样,每次平行试验不少于三个,如三个测定结果均大于 100 cm,试验结果记作"＞100 cm";特殊需要也可分别记录实测值。如三个测定结果中,有一个以上的测定值小于 100 cm,若最大值或最小值与平均值之差满足重复性试验精度要求,则取三个测定结果的平均值的整数作为延度试验结果,若平均值大于 100 cm,记作"＞100 cm";若最大值或最小值与平均值之差不符合重复性试验精度要求时,试验应重新进行。

4.4.2.5　精密度与允许差

当试验结果小于 100 cm 时,重复性试验的允许差为平均值的 20%;复现性试验的允许差为平均值的 30%。

4.4.3 沥青的软化点试验

沥青软化点是指沥青试样在规定尺寸的金属环内，上置规定尺寸和重量的钢球，放于水或甘油中，以规定的速度（5 ± 0.5 ℃/min）加热，至钢球下沉至规定距离时的温度，以 ℃ 表示。

4.4.3.1 试验目的

测定沥青的软化点，可以评定黏稠沥青的热稳定性。

4.4.3.2 试验仪器

（1）环与球法软化点仪：环与球法软化点仪由下列几个部分组成：

1）钢球：直径为 9.53 mm，质量为（3.5 ± 0.05）g。

2）试样环：用黄铜或不锈钢等制成，其形状尺寸如图 4-3 所示。

3）钢球定位环：用黄铜或不锈钢制成，形状尺寸如图 4-4 所示。

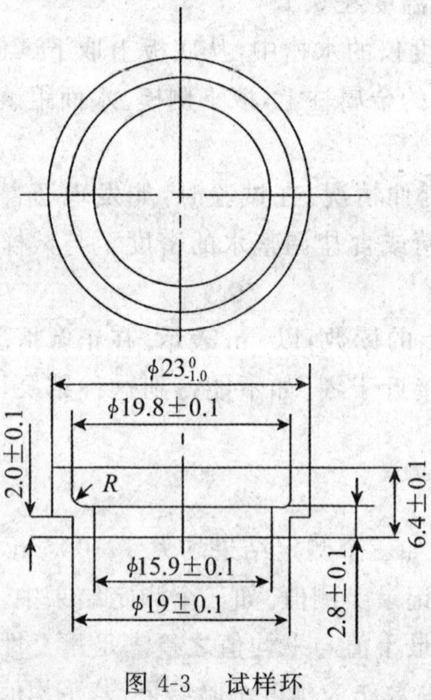

图 4-3 试样环

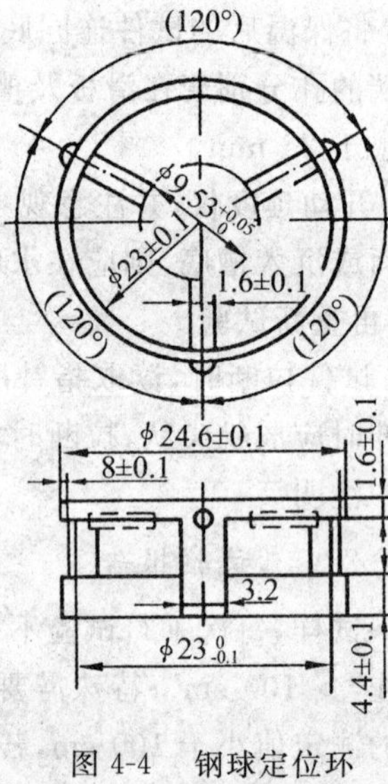

图 4-4 钢球定位环

4）金属支架：由两个主杆和三层平行的金属板组成。上层为一圆盘，直径略大于烧杯直径，中间有一圆孔，用于插放温度计。中层板上有两个孔，以供放置试样环，中间有一小孔可支持温度计的测温端部。一侧立杆距环上面 51 mm 处刻有水高标记。环下面距下层板为 25.4 mm，而下底板距烧杯底不小于 12.7 mm，也不得大于 19 mm。三层金属板和两个主杆由两螺母固定在一起。

5）耐热玻璃烧杯：容积为 800 ～ 1000 mL，直径不小于 86 mm，高度不小于 120 mm。

6) 温度计:刻度 0 ～ 80 ℃,分度为 0.5 ℃。

(2) 试样底板:金属板或玻璃板。

(3) 环夹:由薄钢条制成,用以夹持金属环,以便刮平试样表面。

(4) 平直刮刀。

(5) 甘油滑石粉隔离剂。

(6) 加热炉具:装有温度调节器的电炉或其他加热炉具。应采用带有振荡搅拌器的加热电炉,振荡子置于烧杯底部。

(7) 恒温水槽:控温的准确度为 0.5 ℃。

(8) 其他:新煮沸过的蒸馏水、石棉网。

4.4.3.3 试验方法

(1) 制备试样

1) 将试样环置于涂有隔离剂的金属板上,按规定方法准备好沥青试样,然后缓缓注入试样环内至略高出环面为止。如估计软化点高于 120 ℃,则试样环和金属底板均应预热至 80 ～ 100 ℃。

2) 试样在室温冷却 30 min 后,用环夹夹着试样环,并用热刮刀刮除环面上的试样,与环面齐平。

(2) 试验步骤

1) 试样软化点在 80 ℃ 以下者,试验步骤如下:

① 将装有试样的试样环连同金属板置于(5 ± 0.5)℃ 水的恒温水槽中至少 15 min;同时将金属支架、钢球、钢球定位环等亦置于相同水槽中。

② 烧杯内注入新煮沸并冷却至 5 ℃ 的蒸馏水,水面略低于立杆上的深度标记。

③ 从恒温水槽中取出盛有试样的试样环放置在支架中层板的圆孔中,并套上定位环;然后将整个环架放入烧杯中,调整水面至深度标记,并保持水温为(5 ± 0.5)℃。环架上任何部分不得附有气泡。将温度计由上层板中心孔垂直插入,使端部测温头底部与试样环下面齐平。

④ 将烧杯移至放有石棉网的加热炉具上,然后将钢球放在定位环中间的试样中央,立即开动振荡搅拌器,使水微微振荡,并开始加热,使杯中水温在 3 min 内调节至维持每分钟上升(5 ± 0.5) ℃。在加热过程中,应记录每分钟上升的温度值,如温度上升速度超出此范围时,则试验应重做。

⑤ 试样受热软化逐渐下坠,至与下层底板表面接触时,立即读取温度,准确至 0.5 ℃。

2) 试样软化点在 80 ℃ 以上者,试验步骤如下:

① 将装有试样的试样环连同金属底板置于装有(32 ± 1)℃ 甘油的恒温槽中至少 15 min;同时将金属支架、钢球、钢球定位环等亦置于甘油中。

② 在烧杯内注入预先加热至 32 ℃ 的甘油，其液面略低于立杆上的深度标记。

③ 从恒温槽中取出装有试样的试样环，按上述方法进行测定，准确至 1 ℃。

4.4.3.4　试验报告

同一试样平行试验两次，当两次测定值的差值符合重复性试验精密度要求时，取其平均值作为软化点试验结果，准确至 0.5 ℃。

4.4.3.5　精密度或允许差

当试样软化点小于 80 ℃ 时，重复性试验的允许差为 1 ℃，复现性试验的允许差为 4 ℃。

当试样软化点等于或大于 80 ℃ 时，重复性试验的允许差为 2 ℃，复现性试验的允许差为 8 ℃。

4.5　沥青混合料的分类

现行《公路沥青路面施工技术规范》JTG F40—2004 将热拌沥青混合料种类分为表 4-4 所示的几种形式。

表 4-4　热拌沥青混合料种类

<table>
<tr><th rowspan="3">混合料类型</th><th colspan="3">密集配</th><th colspan="2">开级配</th><th>半开级配</th><th rowspan="3">公称最大粒径(mm)</th><th rowspan="3">最大粒径(mm)</th></tr>
<tr><th colspan="2">连续级配</th><th>间断级配</th><th colspan="2">间断级配</th><th rowspan="2">沥青稳定碎石</th></tr>
<tr><th>沥青混凝土</th><th>沥青稳定碎石</th><th>沥青玛蹄脂碎石</th><th>排水式沥青磨耗层</th><th>排水沥青碎石基层</th></tr>
<tr><td>特粗式</td><td>—</td><td>ATB-40</td><td>—</td><td>—</td><td>ATBP-40</td><td>—</td><td>37.5</td><td>53.0</td></tr>
<tr><td rowspan="2">粗粒式</td><td>—</td><td>ATB-30</td><td>—</td><td>—</td><td>ATBP-30</td><td>—</td><td>31.5</td><td>37.5</td></tr>
<tr><td>AC-25</td><td>—</td><td>—</td><td>—</td><td>ATBP-25</td><td>—</td><td>26.5</td><td>31.5</td></tr>
<tr><td rowspan="2">中粒式</td><td>AC-20</td><td>—</td><td>SAM-20</td><td>—</td><td>—</td><td>AM-20</td><td>19.0</td><td>26.5</td></tr>
<tr><td>AC-16</td><td>—</td><td>SAM-16</td><td>OGFC-16</td><td>—</td><td>AM-16</td><td>16.0</td><td>19.5</td></tr>
<tr><td rowspan="2">细粒式</td><td>AC-13</td><td>—</td><td>SAM-13</td><td>OGFC-13</td><td>—</td><td>AM-13</td><td>13.2</td><td>16.0</td></tr>
<tr><td>AC-10</td><td>—</td><td>SAM-10</td><td>OGFC-10</td><td>—</td><td>AM-10</td><td>9.5</td><td>13.2</td></tr>
<tr><td>砂粒式</td><td>AC-5</td><td>—</td><td>—</td><td>—</td><td>—</td><td>AM-5</td><td>4.75</td><td>9.5</td></tr>
<tr><td>设计空隙率(%)</td><td>3 ~ 5</td><td>3 ~ 6</td><td>3 ~ 4</td><td>> 18</td><td>> 18</td><td>6 ~ 12</td><td>—</td><td>—</td></tr>
</table>

目前，我国在沥青路面中采用最多的类型是以石油沥青作为结合料，采用连续级配、空隙率在3%～6%的密实式热拌热铺型沥青混合料。其中沥青混合料的结构类型分为悬浮密实结构、骨架空隙结构和骨架密实结构。

4.6 沥青混合料的路用性能

沥青混合料作为沥青路面材料，在使用过程中要承受行驶车辆荷载的反复作用，以及环境因素的长期影响。所以沥青混合料在具备一定的承载能力的同时，还必须具有良好的抵抗自然因素作用的耐久性，也就是说要能表现出足够的高温环境下的稳定性、低温状况下的抗裂性、良好的水稳性、持久的抗老化性和利于安全的抗滑性等诸多技术特点，以保证沥青路面良好的服务功能。

4.6.1 高温稳定性

沥青混合料是一种典型的黏—弹—塑性材料，它的承载能力或模量随着温度的变化而改变，温度升高，承载力下降。沥青混合料的高温稳定性是指在高温条件下，沥青混合料能够抵抗车辆反复作用，不会产生显著永久变形，保证沥青路面平整的特性。

对于沥青混合料的高温稳定性，工程中通过马歇尔稳定度试验方法和车辙试验法进行测定和评价。

马歇尔稳定度试验用来测定沥青混合料试样在一定条件下承受破坏荷载能力的大小和承载时变形量的多少。

车辙试验是检验高速公路和一级公路沥青混合料配合比设计的主要项目。该试验是模拟车辆轮胎在路面上行驶时所形成的车辙深度的多少，对沥青混合料高温稳定性进行评价的一种试验方法。试验采用标准方法成型沥青混合料板型试件，在规定的试验温度和轮碾条件下，沿试件表面同一轨迹反复碾压行走，测定试件表面在试验过程中形成的车辙深度。以每产生1 mm车辙变形所需要的碾压次数(称之为“动稳定度”)作为评价沥青混合料抗车辙能力大小的指标。显然，动稳定度值愈大，相应沥青混合料高温稳定性愈好，达不到动稳定度要求的沥青混合料必须更换材料或重新进行配合比设计。

4.6.2 低温抗裂性

与高温变形相对应，冬季低温时沥青混合料将产生体积收缩，但在周围材料的约束下，沥青混合料不能自由收缩，从而在结构层内部产生温度应力。当温度应力超过沥青混合料允许应力值时,沥青混合料被拉裂,导致沥青路面出现裂缝,从而造成路面的破坏。因此要求沥青混合料应具备一定的低温抗裂性能,即要求沥青混合料具有较高的低温强度或较大的低温变形能力。

现行规范要求采用沥青混合料低温弯曲试验,通过低温破坏强度、破坏应变和破坏劲度模量等指标评价混合料的低温性能。

4.6.3 耐久性

耐久性是指沥青混合料在使用过程中抵抗环境不利因素的能力及承受车荷载反复作用的能力,主要包括沥青混合料的抗老化性、水稳性、抗疲劳性等几个方面。

沥青混合料的老化主要是受到空气中氧、水、紫外线等因素的作用,引发沥青材料多种复杂的物理化学变化,逐渐使沥青变硬、发脆,最终导致沥青老化,产生裂纹或裂缝等与老化有关的病害。水稳定性问题是因为水的影响,促使沥青从集料表面剥离而降低沥青混合料的黏结强度,最终造成混合料松散被车轮带走,形成大小不等的坑槽等水损坏现象。

影响沥青混合料耐久性的因素很多,一个很重要的因素是沥青混合料的空隙率。空隙率的大小取决于矿料的级配、沥青材料的用量以及压实程度等多个方面。我国现行规范采用空隙率、饱和度和残留稳定度等指标来表征沥青混合料的耐久性。

4.6.4 抗滑性

抗滑性是保障公路交通安全的一个重要因素,特别是行驶速度很高的高速公路,确保沥青路面的抗滑性要求显得尤为重要。

影响沥青路面抗滑性的因素主要取决于矿料自身或级配形成的表面构造深度、颗粒形状与尺寸、抗磨光性等方面。因此,用于沥青路面表层的粗集料应选用表面粗糙、坚硬、耐磨、抗磨光值大的碎石或破碎的碎砾石集料。同时,沥青用量对抗滑性指标有明显的影响,所以对沥青路面表层的沥青用量要严格控制。

4.6.5 施工和易性

沥青混合料应具备良好的施工和易性,因此要求在整个施工的各个工序中,尽可能使沥青混合料的集料颗粒以设计级配要求的状态分布,使集料表面被沥青膜完整覆盖,并能被压实到规定的密实程度,这是保证沥青混合料实现上述路用性质的必要条件。

影响沥青混合料施工和易性的因素首先是材料组成,其次是施工条件的控制。

目前还没有成熟的能够直接用于评价沥青混合料施工和易性的方法和指标，通常的做法是严格控制材料的组成和配比，采用经验方法根据现场实际状况进行调控。

4.7 热拌沥青混合料的技术标准

现行交通部行业标准《公路沥青路面施工技术规范》(JTG F40—2004) 针对各种沥青混合料分别提出了不同的技术标准。表 4-5 是常用密集配沥青混合料采用马歇尔方法时的技术标准，该标准根据道路等级、交通荷载和气候状况等因素提出不同的标准，其中包括稳定度、流值、空隙率、矿料间隙率和沥青饱和度等指标。

表 4-5　　密集配沥青混凝土混合料马歇尔试验技术标准

<table>
<tr><td colspan="2" rowspan="3">试验指标</td><td colspan="4">高速公路、一级公路</td><td rowspan="3">其他等级公路</td><td rowspan="3">行人道路</td></tr>
<tr><td colspan="2">夏炎热区(1-1、1-2、1-3、1-4 区)</td><td colspan="2">夏热区及夏凉区(2-1、2 2、2 3、2 4、3 2 区)</td></tr>
<tr><td>中轻交通</td><td>重载交通</td><td>中轻交通</td><td>重载交通</td></tr>
<tr><td colspan="2">击实次数(双面)</td><td colspan="4">75</td><td>50</td><td>50</td></tr>
<tr><td colspan="2">试件尺寸(mm)</td><td colspan="6">101.6 mm × 63.5 mm</td></tr>
<tr><td rowspan="2">空隙率 VV(%)</td><td>深 90 mm 以内</td><td>3 ～ 5</td><td>4 ～ 6</td><td>2 ～ 4</td><td>3 ～ 5</td><td>3 ～ 6</td><td>2 ～ 4</td></tr>
<tr><td>深 90 mm 以下</td><td colspan="2">3 ～ 6</td><td>2 ～ 4</td><td>3 ～ 6</td><td>3 ～ 6</td><td>—</td></tr>
<tr><td colspan="2">稳定度 MS(kN) 不小于</td><td colspan="4">8</td><td>5</td><td>3</td></tr>
<tr><td colspan="2">流值 FL(mm)</td><td>2 ～ 4</td><td>1.5 ～ 4</td><td>2 ～ 4.5</td><td>2 ～ 4</td><td>2 ～ 4.5</td><td>2 ～ 5</td></tr>
<tr><td rowspan="7">矿料间隙率 VMA(%) 不小于</td><td rowspan="2">设计空隙率(%)</td><td colspan="6">相应于一下公称最大粒径(mm) 的最小 VMA 和 VFA 技术要求(%)</td></tr>
<tr><td>26.5</td><td>19</td><td>16</td><td>13.2</td><td>9.5</td><td>4.75</td></tr>
<tr><td>2</td><td>10</td><td>11</td><td>11.5</td><td>12</td><td>13</td><td>15</td></tr>
<tr><td>3</td><td>11</td><td>12</td><td>12.5</td><td>13</td><td>14</td><td>16</td></tr>
<tr><td>4</td><td>12</td><td>13</td><td>13.5</td><td>14</td><td>15</td><td>17</td></tr>
<tr><td>5</td><td>13</td><td>14</td><td>14.5</td><td>15</td><td>16</td><td>18</td></tr>
<tr><td>6</td><td>14</td><td>15</td><td>15.5</td><td>16</td><td>17</td><td>19</td></tr>
<tr><td colspan="2">沥青饱和度 VFA(%)</td><td>50 ～ 70</td><td colspan="3">65 ～ 75</td><td colspan="2">70 ～ 80</td></tr>
</table>

4.8　沥青混合料的试验检测

4.8.1　沥青混合料试件的制备(击实法)

4.8.1.1　试验目的

采用标准击实法或大型击实法制作沥青混合料试件,可供试验室进行沥青混合料物理力学性质试验使用。

4.8.1.2　试验仪器

(1) 击实仪

1) 标准击实仪:由击实锤、直径(98.5 ± 0.5)mm 的平圆形压实头及带手柄的导向棒组成。用人工或机械将压实锤举起并从(457.2 ± 1.5)mm 高度沿导向棒自由落下击实,标准击实锤重量为(4536 ± 9)g。

2) 大型击实仪:由击实锤、直径(149.4±0.1)mm 平圆形压实头及带手柄的导向棒组成。用人工或机械将压实锤举起从(457.2 ± 2.5)mm 高度沿导向棒自由落下击实,标准击实锤质量为(10210 ± 10)g。

3) 自动击实仪:将标准击实锤及标准击实台安装一体,并用电力驱动使击实锤连续击实试件且可自动记数的设备,击实速度为(60±5) 次 /min。大型电动击实仪的功率不小于 250 W。

(2) 标准击实台:用以固定试模,在 200 mm × 200 mm × 457 mm 的硬木墩上面有一块 305 mm × 305 mm × 25 mm 的钢板,木墩用四根型钢固定在下面的水泥混凝土板上。

(3) 试验室用沥青混合料拌和机:如图 4-5 所示,能保证拌和温度并充分拌和均匀,可控制拌和时间,容量不少于 10 L,搅拌叶自转速度为 70 ~ 80 r/min,公转速度为 40 ~ 50 r/min。

(4) 脱模器:电动或手动,备有标准圆柱体试件及大型圆柱体试件尺寸的推出环。

(5) 试模:由高碳钢或工具钢制成,每组包括内径为(101.6 ± 0.2)mm,高约 87 mm 的圆柱形金属筒、底座(直径约 120.6 mm) 和套筒(内径为 101.6 mm,高约 70 mm) 各 1 个。

(6) 烘箱:大、中型各一台,装有温度调节器。

(7) 天平或电子秤:用于称量矿料的,感量不大于 0.5 g;用于称量沥青的,感量不大于 0.1 g。

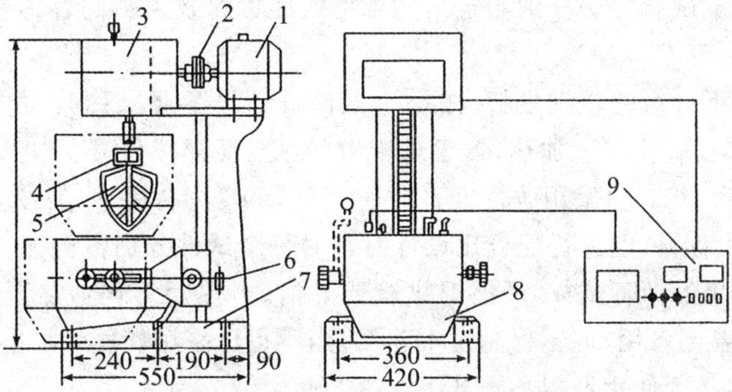

图 4-5　试验室用沥青混合料拌和机

1— 电机；2— 联轴器；3— 变速箱；4— 弹簧；5— 拌和叶片；6— 升降手柄；
7— 底座；8— 加热拌和锅；9— 温度时间控制仪

(8) 插刀或大螺丝刀。

(9) 温度计：分度为 1 ℃，量程为 0 ～ 300 ℃。宜采用有金属插杆的热电偶沥青温度计，金属插杆的长度不小于 300 mm，数字显示或度盘指针的分度为 0.1 ℃，且有留置读数功能。

(10) 其他：电炉或煤气炉、沥青熔化锅、拌和铲、标准筛、滤纸(或普通纸)、胶布、卡尺、秒表、粉笔、棉纱等。

4.8.1.3　试验方法

(1) 混合料的拌制

1) 按表 4-6 选用确定制作沥青混合料试件的拌和与压实温度，并根据沥青品种和标号作适当调整。针入度小、稠度大的沥青取高限；针入度大、稠度小的沥青取低限；一般取中值。

表 4-6　　沥青混合料的拌和及压实温度参考表

沥青结合料种类	拌和温度(℃)	压实温度(℃)
石油沥青	130 ～ 160	120 ～ 150
煤沥青	90 ～ 120	80 ～ 110
改性沥青	160 ～ 175	140 ～ 170

2) 将各种规格的矿料置(105±5)℃ 的烘箱中烘干至恒重(烘干时间一般为 4 ～ 6 h)。根据需要，粗集料可先用水冲洗干净后烘干，也可将粗细集料过筛后，用水冲洗再烘干备用。

3) 按规定试验方法分别测定不同规格粗细集料及填料的各种密度，并测定沥青的密度。

4) 将烘干分级的粗细集料，按每个试件设计级配要求称其质量，在一金属盘中混合均匀，矿粉单独加热，置于烘箱中预热至沥青拌和温度以上约15 ℃(石油沥青通常为163 ℃;采用改性沥青时通常需180 ℃)备用。一般按一组试件(每组4～6个)备料，但进行配合比设计时宜对每个试件分别备料。

5) 将采集的沥青试样，用恒温烘箱或油浴、电热套熔化加热至规定的沥青混合料拌和温度备用，但不得超过175 ℃。当不得已采用燃气炉或电炉直接加热进行脱水时，必须使用石棉垫隔开。

6) 用沾有少许黄油的棉纱擦净试模、套筒及击实座等，并置100 ℃左右烘箱中加热1 h备用。

7) 将沥青混合料拌和机预热至拌和温度以上10 ℃备用。

8) 将预热好的粗细集料置于拌和机中，用小铲适当混合，然后再加入需要数量的已加热至拌和温度的沥青，开动拌和机一边搅拌，一边将拌和叶片插入混合料中拌和1～1.5 min，然后暂停拌和，加入单独加热的矿粉，继续拌和至均匀为止，并使沥青混合料保持在要求的拌和温度范围内，标准的总拌和时间为3 min。

(2) 试件成型

1) 将拌好的沥青混合料均匀称取一个试件所需的用量(标准试件约1200 g)。如已知沥青混合料的密度，可根据试件的标准尺寸计算并乘以1.03得到要求沥青混合料数量。当一次拌和几个试件时，宜将其倒入经预热的金属盘中，用小铲拌和均匀，分成几份分别取用。试件制作过程中，为防止混合料温度下降，应连盘放入烘箱中保温。

2) 从烘箱中取出预热的试模及套筒，用沾有少许黄油的棉纱擦拭套筒、底座及击实锤底面，将试模装在底座上，垫一张圆形的吸油性小的纸，按四分法从四个方向用小铲将混合料铲入试模中，用插刀沿周边插捣15次，中间10次。插捣后将沥青混合料表面整平成凸圆弧面。

3) 插入温度计，至混合料中心附近，检查混合料温度。

4) 待混合料温度达到要求的压实温度后，将试模连同底座一起放在击实台上固定，也可在装好的混合料上垫一张吸油性小的圆纸，再将装有击实锤及导向棒的压实头插入试模中，然后开启电动机(或人工)将击实锤从457 mm的高度自由落下击实规定的次数(75次或50次)。对大型试件，击实次数为75次(相应于标准击实的50次)或112次(相应于标准击实的75次)。

5) 试件击实一面后，取下套筒，将试模掉头，装上套筒，然后以同样的方法和次数击实另一面。

6）试件击实结束后，如上下面垫有圆纸，应立即用镊子取掉，用卡尺量取试件离试模上口的高度并由此计算试件高度，如高度不符合要求，试件应作废，并按式(4-3)调整试件的混合料数量，使高度符合(63.5±1.3)mm标准试件的要求或(95.3±2.5)mm(大型试件)的要求。

$$\text{调整后沥青混合料数量}=\frac{\text{要求试件高度}\times\text{原用混合料质量}}{\text{所得试件的高度}} \tag{4-3}$$

7）卸去套筒和底座，将装有试件的试模横向放置冷却至室温后(不少于12 h)，置脱模机上脱出试件，并将试件仔细置于干燥洁净的平面上，供试验用。

4.8.2 沥青混合料的物理指标测定

4.8.2.1 试验目的

测定压实沥青混合料密度及其他物理指标(空隙率、饱和度)，以评价沥青混合料的技术性质，确定沥青混合料的配合比。

4.8.2.2 试验仪器(见图4-6)

(1) 浸水天平或电子秤：当最大称量在3 kg以下时，感量不大于0.1 g；最大称量3 kg以上时，感量不大于0.5 g；最大称量10 kg以上时，感量不大于5 g。并配有挂钩。

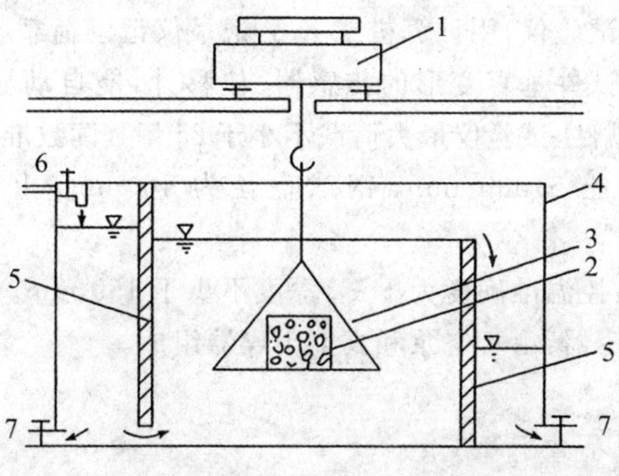

图4-6 溢流水箱及下挂法水中重称量方法示意图

1—浸水天平或电子秤；2—试件；3—网篮；4—溢流水箱；5—水位搁板；6—注入口；7—放水阀门

(2) 网篮。

(3) 溢流水箱：使用洁净水，有水位溢流装置，保持试件和网篮浸入水中后的水位一定。试验时的水温应在15～25 ℃范围内，并与测定集料密度时的水温相同。

(4) 试件悬吊装置：天平下方悬吊网篮及试件的装置，吊线应采用不吸水的细尼龙线绳，并有足够的长度，对轮碾成型机成型的板块状试件可用铁丝悬挂。

4.8.2.3　试验方法

(1) 选择适宜的浸水天平(或电子秤)，最大称量应满足试件质量的要求。

(2) 除去试件表面的浮粒，称取干燥试件在空气中的质量(m_a)，根据选择的天平的感量读数，准确至 0.1 g 或 0.5 g。

(3) 挂上网篮浸入溢流水箱的水中，调节水位，将天平调平或复零，把试件置于网篮中(注意不要使水晃动)，待天平稳定后立即读数，称取水中质量(m_w)。若天平读数持续变化，不能很快达到稳定，则说明试件吸水较严重，不适用于此方法，应改用蜡封法测定。

(4) 计算物理指标。

4.8.3　沥青混合料的马歇尔稳定度试验

4.8.3.1　试验目的

测定沥青混合料稳定度，利于进行沥青混合料配合比设计，以及沥青路面施工质量检验。

4.8.3.2　试验仪器

(1) 沥青混合料马歇尔试验仪：对用于高速公路和一级公路的沥青混合料，宜采用自动马歇尔试验仪，用计算机或 X-Y 记录仪记录荷载 — 位移曲线，并具有自动测定荷载与试件垂直变形的传感器、位移计，能自动显示和打印试验结果。对标准马歇尔试件，试验仪最大荷载不小于 25 kN，读数准确度为 0.1 kN，加载速率应保持 (50 ± 5)mm/min，钢球直径为 16 mm，上下压头曲率半径为50.8 mm。

(2) 恒温水槽：控温准确度为 1 ℃，深度不少于 150 mm。

(3) 真空饱水容器：由真空泵和真空干燥器组成。

(4) 烘箱。

(5) 天平：感量不大于 0.1 g。

(6) 温度计：分度为 1 ℃。

(7) 卡尺。

(8) 其他：棉纱、黄油。

4.8.3.3　试验方法

(1) 标准马歇尔试验

1) 按照前述方法成型马歇尔试件，标准的马歇尔试件尺寸应符合直径

(101.6 ± 0.2)mm,高(63.5 ± 1.3)mm 的要求。一组试件不得少于 4 个。

2) 测量试件直径和高度:用卡尺测量试件中部的直径,用马歇尔试件高度测定器或卡尺在十字对称的 4 个方向量测离试件边缘 10 mm 处的高度,准确至 0.1 mm,并取 4 个值的平均值作为试件的高度。如试件高度不符合(63.5 ± 1.3)mm 要求或两侧高度差大于 2 mm 时,此试件应作废。

3) 将测定密度后的试件置于恒温水槽中,对于标准的马歇尔试件需保温 30 ~ 40 min。试件之间应有间隔,并架起,试件离水槽底部不小于 5 cm。

恒温水槽的温度分别为:黏稠石油沥青混合料或烘箱养生的乳化沥青混合料温度为(60 ± 1)℃,煤沥青混合料为(33.8 ± 1)℃,空气养生的乳化沥青或液体沥青混合料为(25 ± 1)℃。

4) 将马歇尔试验仪的上下压头放入水槽或烘箱中达到同样温度。将上下压头从水槽或烘箱中取出擦拭干净内表面。为使上下压头滑动自如,可在上下压头的导棒上涂少许黄油,再将试件取出置于下压头上,盖上上压头,然后装在加载设备上。

5) 在上压头的球座上放妥钢球,并对准荷载测定装置的压头。

6) 采用自动马歇尔试验仪时,将自动马歇尔试验仪的压力传感器、位移传感器与计算机或 X-Y 记录仪正确连接,调整好适宜的放大比例。调整好计算机程序或将 X-Y 记录仪的记录笔对准原点。

7) 采用压力环和流值计时,将流值计安装在导棒上,使导向套管轻轻地压住上压头,同时将流值计读数调零。调整压力环中百分表,对零。

8) 启动加载设备,使试件承受荷载,加载速度为(50 ± 5)mm/min。计算机或 X-Y 记录仪自动记录传感器压力和试件变形曲线,并将数据自动存入计算机。

9) 当试验荷载达到最大值的瞬间,取下流值计,同时读取应力环中百分表或荷载传感器读数及流值计的流值读数。

10) 从恒温水槽中取出试件至测出最大荷载值的时间,不应超过 30 s。

(2) 浸水马歇尔试验方法

浸水马歇尔试验方法是将沥青混合料试件在规定温度(黏稠沥青混合料为(60 ± 1)℃)的恒温水槽中保温 48 h,然后测定其稳定度。其余方法与标准马歇尔试验方法相同。

4.8.3.4 试验结果

(1) 稳定度和流值

1) 当采用自动马歇尔试验仪时,将计算机采集的数据绘制成压力和试件变形曲线,或由 X-Y 记录仪自动记录的荷载—变形曲线,按图 4-7 所示的方法在切线方向延长曲线与横坐标相交于 O_1,将 O_1 作为修正原点,从 O_1 起量取相应于最大荷载值时的变形作为流值,以 mm 计,准确至 0.1 mm。最大荷载即为稳定度

MS,以 kN 计,准确至 0.01 kN。

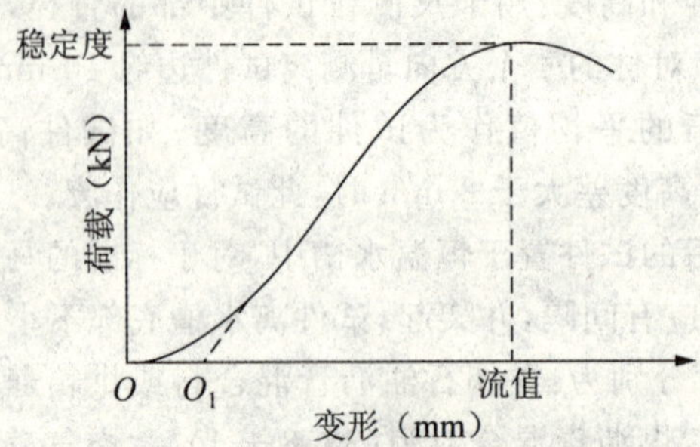

图 4-7　马歇尔试验结果的修正方法

2) 采用应力环百分表和流值计测定时,根据应力环标定曲线,将应力环中百分表的读数换算为荷载值,即试件的稳定度 MS,以 kN 计,准确至 0.01 kN。由流值计及位移传感器测定装置读取的试件垂直变形,即为试件的流值 FL,以 mm 计,准确至 0.1 mm。

(2) 马歇尔模数

(3) 残留稳定度

4.8.3.5　试验报告

(1) 当一组测定值中某个数值与平均值之差大于标准差 k 倍时,该测定值应予舍弃,并以其余测定值的平均值作为试验结果。当试验数 n 为 3、4、5、6 个时,k 值分别为 1.15、1.46、1.67、1.82。

(2) 采用自动马歇尔试验仪时,试验结果应附上荷载 — 变形曲线原件或打印结果,并报告马歇尔稳定度、流值、马歇尔模数以及试件尺寸、试件的密度、空隙率、沥青用量、沥青体积百分率、沥青饱和度、矿料间隙率等各项物理指标。

4.8.4　沥青混合料的车辙试验

车辙试验是用标准的成型方法,制成标准的混合料试件,在 60 ℃ 的温度下,以一定荷载的轮子在同一轨迹做一定时间的反复行走,然后计算试件变形 1 mm 所需车轮行走的次数,即为动稳定度。动稳定度是评价沥青混凝土路面高温稳定性的一个指标,也是沥青混合料配合比设计时的一个辅助性检验指标。

4.8.4.1　试验目的

测定沥青混合料的高温抗车辙能力,供混合料配合比设计的高温稳定性检验使用。

4.8.4.2 试验仪器

(1) 车辙试验机(见图 4-8),主要由下列部分组成:

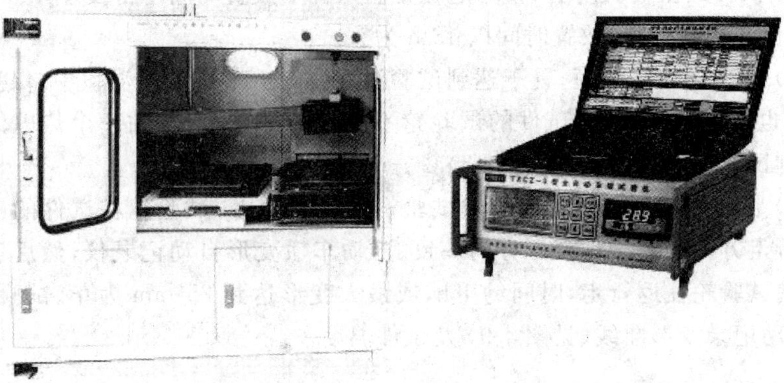

图 4-8 车辙试验机

1) 试件台:可牢固地安装两种宽度(300 mm和150 mm)的规定尺寸试件的试模。

2) 试验轮:橡胶制的实心轮胎。外径为 220 mm,轮宽为 50 mm,橡胶层厚为 15 mm。橡胶硬度(国际标准硬度)20 ℃ 时为 84±4;60 ℃ 时为 78±2。试验轮行走距离为(230±10)mm,往返碾压速度为(42±1)次/分钟(21 次往返/分钟),允许采用曲柄连杆驱动试验台运动(试验台不动)的任一种方式。

3) 加载装置:使试验轮与试件的接触压强在 60 ℃ 时为(0.7±0.05)MPa,施加的总荷载为 78 kg 左右,根据需要可以调整。

4) 试模:钢板制成,由底板及侧板组成,试模内侧尺寸长为 300 mm,宽为 300 mm,厚为 50 mm。

5) 变形测量装置:自动检测车辙变形并记录曲线的装置,通常用 LVDT、电测百分表或非接触位移计。

6) 温度检测装置:自动检测并记录试件表面及恒温室内温度的温度传感器、温度计(精度为 0.5 ℃)。

(2) 恒温室:车辙试验机必须整机安放在恒温室内,室内装有加热器、气流循环装置及装有自动温度控制设备,能保持恒温室温度(60±1)℃(试件内部温度(60±0.5)℃),根据需要亦可为其他需要的温度。用于保温试件并进行检验。温度应能自动连续记录。

(3) 台秤:称量 15 kg,感量不大于 5 g。

4.8.4.3　试验方法

(1) 测定试验轮压强(应符合(0.7±0.05)MPa)。

(2) 试件成型后，连同试模一起在常温条件下放置时间不得少于 12 h。对聚合物改性沥青混合料，放置时间以 48 h 为宜。

(3) 将试件连同试模，置于达到试验温度(60±1)℃ 的恒温室中，保温不少于 5 h，也不多于 24 h，在试件的试验轮不行走的部位上，粘贴一个热电偶温度计，控制试件温度稳定在(60±0.5)℃。

(4) 将试件连同试模置于车辙试验机的试验台上，试验轮在试件的中央部位，其行走方向须与试件碾压方向一致。开动车辙变形自动记录仪，然后启动试验机，使试验轮往返行走，时间约 1 h，或最大变形达到 25 mm 为止。试验时，记录仪自动记录变形曲线(见图 4-9) 及试件温度。

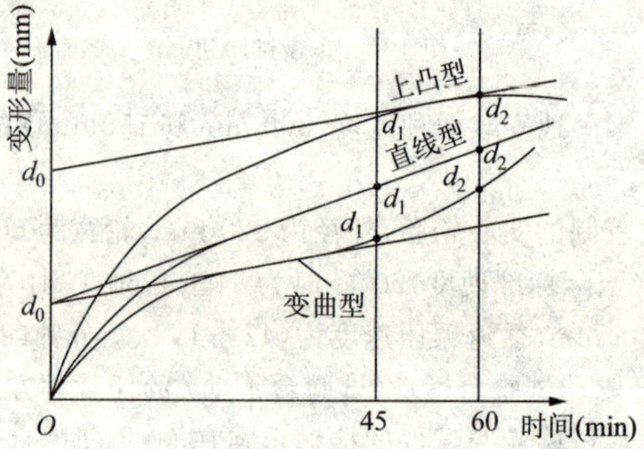

图 4-9　车辙试验变形曲线

4.8.4.4　试验结果

(1) 从图 4-9 中读取 45 min(t_1)及 60 min(t_2)时的车辙变形 d_1 及 d_2，精确至 0.01 mm，如变形过大，在未到 60 min 变形已达到 25 mm 时，则以达到 25 mm(d_2)时的时间为 t_2，以其前 15 min 为 t_1，此时的变形量为 d_1。

(2)沥青混合料试件的动稳定度按式(4-4)计算：

$$DS=\frac{(t_2-t_1)\cdot 42}{d_2-d_1}\cdot C_1\cdot C_2 \tag{4-4}$$

式中：DS——沥青混合料的动稳定度，次/mm；

d_1——对应于时间 t_1 的变形量，mm；

d_2——对应于时间 t_2 的变形量，mm；

42——试验轮每分钟行走次数，次/min；

C_1——试验机类型修正系数，曲柄连杆驱动试件的变速行走方式为 1.0，链驱动试验轮的等速方式为1.5；

C_2 ——试件系数，对于试验室制备的宽300 mm的试件，C_2取1.0；对于从路面切割的宽150 mm的试件，C_2取0.8。

4.8.4.5 试验报告

(1)同一沥青混合料或同一路段的路面，至少应做三个试件的平行试验，当三个试件动稳定度变异系数小于20%时，取其平均值作为试验结果。如果变异系数大于20%，应分析原因，并追加试验。如计算动稳定值大于6000次/mm时，记作“>6000次/mm”。

重复性试验动稳定度变异系数的允许值为20%。

(2)试验报告应注明试验温度、试验轮接地压强、试件密度、空隙率及试件制作方法等。

第5章　路面基层工程施工

路面基层指的是直接位于沥青面层下用高质量材料铺筑的主要承重层，或直接位于水泥混凝土面板下用高质量材料铺筑的一层。基层是路面结构层中的主要承重层，它承受由面层传来的车辆荷载的垂直力，并将其扩散到下面的垫层和土基中去。因此，基层应具有足够的强度和刚度，并具有良好的扩散应力的能力。基层受大气因素的影响虽然比面层小，但是仍然有可能受到通过面层渗入的雨水和地下水的侵蚀，同时也会受到温差和低温的影响，因此基层应具有足够的水稳定性和良好的抗冻性以及良好的抗冲刷和抗裂性能。基层表面虽然不直接供车辆行驶，但仍然要求有较好的平整度，这是保证面层平整的基本条件。

我国目前常用的基层包括水泥稳定土基层，石灰稳定土基层，碎、砾石基层和工业废渣基层等。本章主要介绍以上四类基层的施工技术。

5.1　水泥稳定土基层施工

5.1.1　概述

在粉碎的或原来松散的土中掺入足量的水泥和水，经拌和、压实及养生后得到的混合料，当其抗压强度符合规定的要求时，称为“水泥稳定土”。它既包括用水泥稳定各种细粒土，也包括用水泥稳定各种中粒土和粗粒土。其中细粒土是指颗粒的最大粒径小于9.5 mm，且其中小于2.36 mm的颗粒含量不少于90%；中粒土是指颗粒的最大粒径小于26.5 mm，且其中小于19 mm的颗粒含量不少于90%；粗粒土是指颗粒的最大粒径小于37.5 mm，且其中小于31.5 mm的颗粒含量不少于90%。

水泥稳定土有良好的力学性能和板体性。它的水稳性和抗冻性都较石灰稳定土好，水泥稳定土的初期强度高，且其强度随龄期而增长。它的力学强度可视需要进行调整，但在干缩、冷缩等因素下易产生裂缝。水泥稳定土可适用于各种交通类型道路的基层和底基层，特别在重交通道路和高速道路上，更显示其优越性。

5.1.2 水泥稳定土的材料要求

5.1.2.1 土

(1)凡能被粉碎的土都可用水泥稳定。宜作为水泥稳定类基层的材料有级配碎石、未筛分碎石、沙砾、碎石土、沙砾土、煤矸石和各种粒状矿渣。碎石包括岩石碎石、矿渣碎石、破碎砾石等。碎石或砾石的压碎值对于高速公路和一级公路应不大于30%，对于二级和二级以下公路应不大于35%。

(2)对于二级和二级以下公路，当用水泥稳定土做底基层时，单个颗粒的最大粒径不应超过53 mm(方孔筛)，土的颗粒组成应符合表5-1的规定；用水泥稳定土做基层时，单个颗粒的最大粒径不应超过37.5 mm(方孔筛)，土的颗粒组成应符合表5-2的规定。对于高速公路和一级公路，用水泥稳定土做底基层时，单个颗粒的最大粒径不应超过37.5 mm，水泥稳定土的颗粒组成应在表5-3中所列1号级配范围内；用水泥稳定土做基层时，单个颗粒的最大粒径不应超过31.5 mm，水泥稳定土的颗粒组成应在表5-3中所列3号级配范围内；对于中粒土、粗粒土，采用表5-3中2号级配。土的均匀系数(土的均匀系数为通过量60%的筛孔尺寸与通过量10%的筛孔尺寸的比值)应大于5，实际工作中，宜选用均匀系数大于10，塑性指数小于12的土。

表5-1 用水泥稳定土做底基层时的颗粒组成范围

筛孔尺寸(mm)	53	4.75	0.6	0.075	0.002
通过质量百分率(%)	100	50～100	17～100	0～50	0～30

表5-2 用水泥稳定土做基层时的颗粒组成范围

筛孔尺寸(mm)	通过质量百分率(%)	筛孔尺寸(mm)	通过质量百分率(%)
37.5	90～100	2.36	20～70
26.5	66～100	1.18	14～57
19	54～100	0.6	8～47
9.5	39～100	0.075	0～30
4.75	28～84	—	—

表 5-3　　水泥稳定土的颗粒组成范围

项目 \ 通过质量百分率(%) \ 编号		1	2	3
筛孔尺寸(mm)	37.5	100	100	—
	31.5	—	90～100	100
	26.5	—	—	90～100
	19	—	67～90	72～89
	9.5	—	45～68	47～67
	4.75	50～100	29～50	29～49
	2.36	—	18～38	17～35
	0.6	17～100	8～22	8～22
	0.075	0～30	0～7①	0～7①
液限(%)		—	—	＜28
塑性指数		—	—	＜9

①集料中 0.5 mm 以下细粒土有塑性指数时，小于 0.075 mm 的颗粒含量不应超过 5%；细粒土无塑性指数时，小于 0.075 mm 的颗粒含量不应超过 7%。

5.1.2.2　水泥

普通硅酸盐水泥、矿渣硅酸盐水泥和火山灰质硅酸盐水泥都可用于稳定土，但应选用初凝时间在 3 h 以上和终凝时间较长的水泥，不应使用快硬水泥、早强水泥以及已受潮变质的水泥。

5.1.2.3　水

凡饮用水均可用于水泥稳定土的施工。

5.1.3　混合料的组成设计

5.1.3.1　强度和压实标准

水泥稳定土的 7 天无侧限抗压强度和压实度应根据公路等级和所在路面结构中的层位确定，应符合表 5-4 的规定。

表 5-4 水泥混合料的抗压强度和压实标准

使用层次	高速公路和一级公路		二级和二级以下公路	
	抗压强度(MPa)	压实度(%)	抗压强度(MPa)	压实度(%)
基层	3～5	98	2.5～3	中、粗粒土97,细粒土93
底基层	1.5～2.5	中、粗粒土97,细粒土95	1.5～2.0	中、粗粒土95,细粒土93

5.1.3.2 设计步骤

(1)制备同一种土样、不同水泥剂量的混合料,一般按下列水泥剂量配制。

1)做基层用

中粒土和粗粒土:3%,4%,5%,6%,7%(若要求用做基层的混合料有较高强度时,水泥剂量可用4%,5%,6%,7%,8%);

塑性指数小于12的细粒土:5%,7%,8%,9%,11%;

其他细粒土:8%,10%,12%,14%,16%。

2)做底基层用

中粒土和粗粒土:3%,4%,5%,6%,7%;

塑性指数小于12的细粒土:4%,5%,6%,7%,9%;

其他细粒土:6%,8%,9%,10%,12%。

(2)确定混合料的最佳含水量和最大干(压实)密度。至少应做三个不同水泥剂量混合料的压实试验,即最小剂量、中间剂量和最大剂量。其他两个剂量混合料的最佳含水量和最大干密度用内插法确定。

(3)按规定压实度分别计算不同水泥剂量的试件应有的干密度。

(4)按最佳含水量和计算所得的干密度制备试件。进行强度试验时试件数量不应少于表5-5的规定。

表 5-5 最少试件数量

试件数量 偏差系数 / 项目	<10%	10%～15%	15%～20%
细粒土	6	9	—
中粒土	6	9	13
粗粒土	—	9	13

(5)试件在规定温度下保湿养生 6 d,浸水 24 h 后,按《公路工程无机结合料稳定材料试验规程》进行无侧限抗压强度试验。

(6)计算试验结果的平均值和偏差系数。

(7)根据表 5-4 的强度标准选定合适的水泥剂量,按此剂量制作的试件,其室内试验的平均抗压强度应符合下式的要求:

$$\bar{R} \geqslant R_d/(1 - Z_a C_v) \tag{5-1}$$

式中:R_d ——设计抗压强度(见表 5-4),MPa;

C_v ——试验结果的偏差系数(以小数计);

Z_a ——标准正态分布表中随保证率(或置信度)而变的系数,高速公路和一级公路应取保证率 95%,即 $Z_a=1.645$,其他公路应取保证率 90%,即 $Z_a=1.282$。

(8)工地实际采用的水泥剂量应比室内试验确定的剂量多 0.5%～1.0%。采用集中厂拌法施工时,可只增加 0.5%;采用路拌法施工时,宜增加 1%。

5.1.4 施工工艺

水泥稳定土施工时,必须采用流水作业,使各工序紧密衔接,特别是要尽量缩短从拌和到完成碾压之间的延迟时间。所以在施工时应做延迟时间对强度影响的试验,以确定合适的延迟时间,并使此时水泥稳定土的强度仍能满足设计要求。

水泥稳定土基层的施工方法主要有路拌法和中心站集中拌和(厂拌)法两种。

5.1.4.1 *路拌法施工*

水泥稳定土路拌法施工工艺流程如下:

(1)准备下承层

当用水泥稳定土做基层时,要准备底基层;当用水泥稳定土做底基层时,要准备土基。无论是底基层还是土基,都必须按规范进行验收,凡验收不合格的路段,必须采取措施,使其达到标准后,方可铺筑水泥稳定土层。

如底基层或土基已遭破坏,则必须作如下处理:

1)对土基必须用 12～15 t 三轮压路机或等效的碾压机械进行碾压检验(压 3～4 遍)。在碾压过程中,如发现土过干、表层松散,应适当洒水;如土过湿,发生"弹簧"现象,应采取挖开晾晒、换土、掺石灰或粒料等措施进行处理。

2)对于底基层,根据压实度检查和弯沉测定的结果,凡不符合设计要求的路段,必须根据具体情况,分别采用补充碾压、加厚底基层、换填好的材料、挖开晾晒等措施，使其达到标准。

3)底基层上的低洼和坑洞，应仔细填补及压实达到平整。底基层上的搓板和车辙应刮除；松散处，应耙松洒水并重新碾压。

4)逐一断面检查土基或底基层标高是否符合设计要求，平整度、压实度、路拱是否符合规定，且应没有任何松散的材料和软弱点。应注意在槽式断面的路段，两侧路肩上每隔一定距离(5～10 m)应交错开挖泄水沟或做盲沟，以使积水排出路基。

(2)测量

首先是在底基层或土基上恢复中线。直线段每 15～20 m 设一桩，平曲线段每 10～15 m 设一桩，并在对应断面路肩外侧设指示桩。其次是进行水平测量，在两侧指示桩上用红漆标出水泥稳定土层边缘的设计高。

(3)确定合理的作业长度

确定路拌法施工每一作业段的合理长度时，应考虑如下因素：水泥的终凝时间和延迟时间对混合料密实度和抗压强度的影响；施工机械和运输车辆的效率和数量；操作的熟练程度；尽量减少接缝；施工季节的气候条件。

一般宽 7～8 m 的稳定层，每一流水作业段以 200 m 为宜。但每天的第一个作业段宜稍短些，可为 150 m。如稳定层较宽，则作业段应该进一步缩短。

(4)备料

在采备集料前，应先将料场的树木、草皮和杂土清除干净。采集集料时，应在预定采料深度范围内自上而下进行，不应分层采集，不应将不合格的集料采集一起。在集料中超尺寸颗粒应予筛除。对于黏性土，可视土质和机械性能确定土是否需要过筛。

(5)计算材料用量

1)根据摊铺路段水泥稳定土层的宽度、厚度及预定的干密度计算需要的土的数量。

2)根据料场土的含水量和所用运土车辆的吨位计算每车料的堆放距离。

3)根据水泥稳定土层的厚度、预定的干密度、水泥剂量计算每平方米水泥稳定土需要的水泥用量，并确定每袋水泥的摊铺面积和摆放的纵横间距。

(6)集料运输与摊铺

1)事先根据试验确定土的松铺系数(见表 5-6)，并计算土的松铺厚度。

2)将土均匀地摊铺在预定长度和宽度的路段上，摊铺过程中将土块及其他杂物拣出，随时检查松铺厚度，土层表面应平整且有规定的路拱。

表 5-6　　土的松铺系数参考表

材料名称	松铺系数
水泥稳定沙砾	1.30～1.35
水泥稳定土	1.53～1.58

(7)洒水闷料

如果已摊铺好的土层含水量过小，则应在土层上均匀洒水闷料。细粒土闷料的时间一般为一昼夜，中、粗粒土可适当缩短闷料时间。

(8)整平和轻压

对已摊铺好的土层，整形成规定的路拱和坡度，并用 6～8 t 压路机碾压 1～2 遍，使表面平整且具有一定的密实度。

(9)摆放和摊铺水泥

根据计算的每袋水泥摆放的纵横间距，画出摊铺水泥的边线。用刮板将水泥均匀摊井，应使表面既无空白也无水泥集中现象。有条件时也可用散装水泥撒布车摊铺水泥。

(10)干拌

1)采用稳定土拌和机拌和时，通常拌和两遍以上，拌和深度应达到拌和层底部，并随时检查拌和深度，避免在拌和层底部留有素土夹层。

2)采用旋转耕作机(缺口圆盘耙)与多铧犁(平地机)相配合进行拌和时，至少翻拌四遍。先用多铧犁(平地机)将铺好水泥的土翻拌两遍：第一遍由路中心开犁，将混合料向中间翻；第二遍从两边开犁，将混合料向外侧翻。接着用旋转耕作机(缺口圆盘耙)拌和两遍。再用多铧犁(平地机)犁翻两遍，接着再用旋转耕作机(缺口圆盘耙)拌和两遍。犁翻过程中随时检查拌和深度，调整犁翻深度，避免稳定土层与下承层之间留有素土夹层。

(11)加水并湿拌

干拌结束后，若混合料的含水量不足，用洒水车补充洒水，洒水过程中，洒水车不应在正进行拌和的路段上调头或停留。拌和机械紧跟在洒水车后再次进行拌和，拌和至混合料色泽均匀一致，无灰条、灰团和花面，且水分合适和均匀。洒水及拌和过程中，应及时检查混合料的拌和深度和含水量，一般比最佳含水量略大 1%～2%。

(12)整形

1)用平地机整形

①混合料拌和均匀后，立即用平地机初步整形即初平，直线段由两侧向路中心刮平；曲线段由内侧向外侧刮平，且基本符合规定的路拱和坡度。然后用拖拉

机、平地机或轮胎压路机在初平的路段上快速碾压一遍。

②检查初平后路段的平整性。低洼处用齿耙把表面 5 cm 耙松，必要时用新拌的混合料找平。

③再次用平地机整形，高出的料直接刮出路外，避免形成薄层贴补现象。整形后应符合规定的路拱和坡度，且接缝顺适平整。

2)人工整形

用锹和耙将混合料摊平，用路拱板初步整形。然后用拖拉机碾压 1～2 遍，根据松铺系数确定纵断面标高，并设标记和挂线。用锹和耙按挂线整形，再用路拱板校正成型。

(13)碾压

1)整形后当含水量处于最佳含水量 1%～2%的范围时，立即用轻型压路机并配合 12 t 以上压路机进行碾压，一般碾压 6～8 遍，直至无明显轮迹，达到规定压实度。

2)碾压时应重叠 1/2 轮宽，先慢后快，后轮压完路面全宽时为一遍。不设超高的路段碾压时先两侧后中间；设超高的路段时由内侧向外侧碾压；用 12～15 t 压路机碾压时，每层压实厚度不超过 15 cm；用 18～20 t 压路机碾压时，每层压实厚度不超过 20 cm；当需要分层碾压时，每层最小厚度为 10 cm。当采用人工整形和摊铺时，先用拖拉机或 6～8 t 压路机碾压 1～2 遍，然后再用重型压路机碾压。水泥稳定层应在水泥初凝前和试验确定的延迟时间内完成碾压。

3)碾压过程中，如有“弹簧”、松散、起皮等现象，应及时翻开重新拌和(加适量的水泥)或用其他方法处理，使其达到质量要求。

4)碾压结束之前，用平地机再终平一次，使其纵坡、路拱和超高符合设计要求。终平时，将局部高出部分刮除并扫出路外；对于局部低洼之处不再进行找补，以免形成薄层贴补现象。

(14)接缝和调头处的处理

1)同日施工的两个工作段的接缝处应采用错接。即前一段拌和整形后，留 5～8 cm 不进行碾压，后一段施工时，再将前段留下的未压部分加部分水泥重新拌和，并与后一段一起碾压。

2)工作缝处理方法

①在已碾压完成的水泥稳定土层末端，沿稳定土挖一条横贯铺筑层全宽的宽约 30 cm 的槽，一直挖到下承层顶面。此槽应与路的中心线垂直，靠稳定土的一面应切成垂直面，并放两根与压实厚度等厚、长为全宽一半的方木紧贴其垂直面(见图 5-1)。

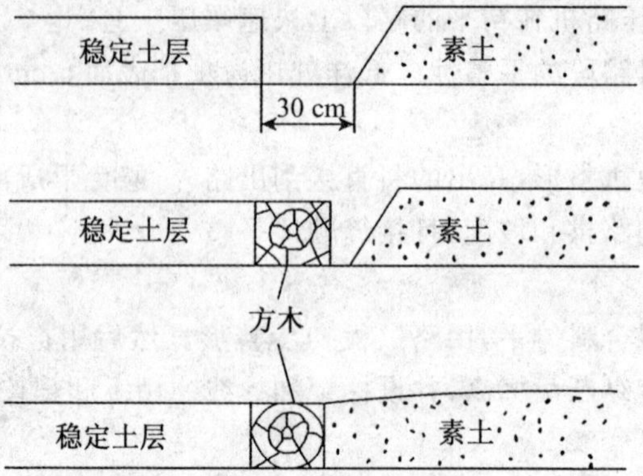

图 5-1　横向接缝处理示意图

②用原来挖出的素土回填槽内其余部分。

③第二天，邻接作业段拌和后，除去方木，用混合料回填。靠近方木未能拌和的一小段应人工进行补充拌和。整平时，接缝处的水泥稳定土应比已完成断面高出约 5 cm，以便形成一个平顺的接缝。

3)调头处的处理方法

①一般可在准备用于调头的约 8～10 m 长的稳定土层上先覆盖一张厚塑料布或油毡纸，然后铺上约 10 cm 厚的土、砂或沙砾。

②整平后，用平地机将塑料布上大部分土除去(注意勿刮破塑料布)，然后人工除去余下的土，并收起塑料布。

4)在新混合料碾压过程中，应将接缝修整平顺。

5)纵向接缝的处理

水泥稳定土层的施工应避免纵向接缝，在必须分两幅施工时，纵向接缝必须垂直相接，不应斜接。纵向接缝的处理方法如下：

①前一幅施工时，在靠中央一侧用方木或钢模板做支撑，方木或钢模板的高度与稳定土压实厚度相同。

②混合料拌和结束后，靠近支撑木(钢模板)的部分应人工进行补充拌和，然后进行整形和碾压。

③养生结束后，在铺筑另一幅之前拆除支撑木(钢模板)。

④第二幅混合料拌和结束后，靠近第一幅的部分应人工进行补充拌和，然后进行整形和碾压。

(15)养生

1)水泥稳定土类基层碾压成型后，应湿养生 7 d。

2)可用洒水车经常洒水进行养生，每天洒水的次数应视气候而定；也可以用帆布、粗麻袋、稻草、麦秸或塑料膜覆盖湿润养生。整个养生期间应始终保持稳定土层表面潮湿。

3)当用湿砂进行养生时,砂层厚宜为7～10 cm。砂铺匀后应立即洒水,并在整个养生期间保持砂的潮湿状态。不得用湿黏性土覆盖。

5.1.4.2　中心站集中厂拌法施工

水泥稳定土可以在中心站用厂拌设备进行集中拌和,然后运输到施工现场,进行摊铺、碾压等工序的施工。

(1)拌和设备

水泥稳定土集中厂拌设备主要有稳定土拌和机、强制式水泥混凝土拌和机和沥青混凝土拌和机。

(2)集中厂拌的拌和要求

1)土块应粉碎,最大尺寸不得大于15 mm。

2)配料准确,拌和均匀。

3)含水量宜略大于最佳含水量,使混合料运到现场摊铺后碾压时的含水量不小于最佳含水量。

4)不同粒级的碎石或砾石以及细集料(如石屑和砂)应隔离,分别堆放,以保证集料的级配符合要求。

(3)混合料的运输

拌和后,应尽快将拌成的混合料运送到铺筑现场。必要时在运送过程中应覆盖车上的混合料,以减少其水分损失。

(4)混合料的摊铺

1)沥青混凝土摊铺机或稳定土摊铺机摊铺混合料

①当下承层是稳定细粒土时,先将下承层顶面拉毛,再摊铺混合料。

②在摊铺机后面应设专人消除粗细集料离析现象,特别应该铲除局部粗集料"窝",用新拌混合料填补,并检查摊铺厚度。

2)摊铺箱、自动平地机或人工摊铺混合料

①根据铺筑层的厚度和要求达到的压实干密度,计算每车混合料的摊铺面积。

②将混合料均匀地卸在路幅中央,路幅宽时,也可将混合料卸成两行。

③用平地机将混合料按松铺厚度摊铺均匀并检查摊铺厚度。

④设专人携带一辆装有新拌混合料的小车跟在平地机后面,及时铲除粗集料"窝"和粗集料"带",补以新拌的均匀混合料,或补撒拌和均匀的细混合料,并与粗集料拌和均匀。

(5)整形

整形用平地机摊铺混合料后的整形与路拌法相同。

(6)碾压

用摊铺机将混合料摊铺均匀后,先用轻型两轮压路机跟在摊铺机后及时进行碾压,然后用重型振动压路机、三轮压路机或轮胎压路机继续碾压密实,直至无明显轮迹,达到规定压实度。

(7)横向接缝的处理

用摊铺机摊铺混合料时不宜中断,因故中断时间超过 2 h 的应设置横向接缝,具体处理方法如下:

1)将末端混合料弄整齐,紧靠混合料放两根方木,方木的高度应与混合料的压实厚度相同,应整平紧靠方木的混合料。

2)方木的另一侧用沙砾或碎石回填约 3 m 长,其高度应高出方木几厘米。

3)将混合料碾压密实。

4)在重新开始摊铺混合料之前,将沙砾或碎石和方木除去,并将下承层顶面清扫干净。

5)摊铺机返回到已压实层的末端,重新开始摊铺混合料。

6)如摊铺中断后未按上述方法处理横向接缝,而中断时间已超过 2 h,应将摊铺机附近及其下面未经压实的混合料铲除,并将已碾压密实且高程和平整度符合要求的末端挖成与路中心线垂直并垂直向下的断面,然后再摊铺新的混合料。

(8)纵向接缝的处理

尽量避免纵向接缝。高速公路和一级公路的基层应分两幅摊铺,采用两台摊铺机一前一后相隔约 5～10 m 同步向前摊铺混合料,并一起进行碾压。在不能避免纵向接缝的情况下,纵缝必须垂直相接,严禁斜接,并按下述方法处理:

1)前一幅摊铺时,在靠中央的一侧用方木或钢模板做支撑,方木或钢模板的高度应与稳定土层的压实厚度相同。

2)养生结束后,在摊铺另一幅之前拆除支撑木(或钢模板)。

(9)养生

养生方法与路拌法相同。

5.2 石灰稳定土基层施工

以石灰作为黏结材料的无机结合料稳定材料做基层时，称为“石灰稳定类基层”。用石灰稳定细粒土时的混合料简称“石灰土”，相应成型后的基层称为“石灰土基层”（底基层）。

5.2.1 石灰稳定土强度形成原理

在土中掺入适量的石灰，并在最佳含水量下拌匀压实，使石灰与土发生一系列的物理、化学作用，从而使土的性质发生根本的变化，提高其板体性、强度和稳定性。在初期，主要表现为土的结团、塑性降低、最佳含水量增加和最大密实度减小等；在后期，主要表现为结晶结构的形成。这些相互作用包括：

5.2.1.1 离子交换作用

土的微小颗粒具有一定的胶体性质，它们一般都带有负电荷，表面吸附着一定数量的钠、氢、钾等低价阳离子。石灰是一种强电解质，在土中加入石灰和水后，石灰在溶液中电离出来的钙离子与土中的钠、氢、钾离子产生离子交换作用，使原来的钠（钾）土变成钙土，土颗粒表面所吸附的离子由1价变成了2价，减少了土颗粒表面吸附水膜的厚度，使土粒相互之间更为接近，分子引力随之增加，许多单个土粒聚成小团粒，组成一个稳定结构。

5.2.1.2 结晶作用

在石灰土中只有一部分熟石灰 $Ca(OH)_2$ 进行离子交换作用，绝大部分饱和 $Ca(OH)_2$ 自行结晶。熟石灰与水作用生成熟石灰结晶网格，其化学反应式为：

$$Ca(OH)_2 + n\,H_2O \longrightarrow Ca(OH)_2 \cdot n\,H_2O$$

5.2.1.3 火山灰作用

熟石灰的游离钙离子与土中的活性氧化硅和氧化铝作用生成含水的硅酸钙和铝酸钙的化学反应就是火山灰作用，其反应式为：

$$x\,Ca(OH)_2 + SiO_2 + n\,H_2O \longrightarrow x\,CaO \cdot SiO_2(n+1)H_2O$$

$$x\,Ca(OH)_2 + Al_2O_3 + n\,H_2O \longrightarrow x\,CaO \cdot Al_2O_3(n+1)H_2O$$

上述所形成的熟石灰结晶网格和含水的硅酸钙和铝酸钙结晶都是胶凝物质，它具有水硬性并能在固体和水两相环境下发生硬化。这些胶凝物质在土微粒团外围形成一层稳定保护膜，填充颗粒空隙，使颗粒间产生结合料，减少了颗粒间的空隙与透水性，同时提高了密实度，这是石灰土获得强度和水稳定性的基本原因，但这种作用比较缓慢。

5.2.1.4　碳酸化作用

在土中的 $Ca(OH)_2$ 与空气中的二氧化碳作用，其化学反应式为：

$$Ca(OH)_2 + CO_2 \longrightarrow CaCO_3 + H_2O$$

$CaCO_3$ 是坚硬的结晶体，它和其生成的复杂盐类把土粒胶结起来，从而大大提高了土的强度和整体性。

5.2.2　影响强度的因素

5.2.2.1　土质

各种成因的土都可以用石灰来稳定，但生产实践证明：黏性土较好，其稳定的效果显著，强度也高。当采用高液限黏性土时施工不易粉碎；采用粉性土的石灰土早期强度较低，但后期强度也可满足行车要求；采用低液限土质时易拌和，但难以碾压成型，稳定的效果不显著。一般采用塑性指数为 12～18 的黏性土为好。塑性指数偏大的黏性土，要加强粉碎，粉碎后，15～25 mm 的土块不宜超过 5%。实践证明，塑性指数小于 12 的土不宜用石灰稳定。硫酸盐类含量超过 0.8%或腐殖质含量超过 10%时，对石灰土强度有显著影响，不宜直接采用。

5.2.2.2　灰质

石灰应采用消石灰粉或生石灰粉，对高速公路或一级公路宜用磨细生石灰粉。要尽量缩短石灰的存放时间。在同等石灰剂量下，质量好的石灰，稳定效果好。如采用质量差的石灰，为了满足石灰土的技术要求，要适当增加石灰剂量。

5.2.2.3　石灰剂量

石灰剂量对石灰土强度影响显著，石灰剂量较低（小于 3%～4%）时，石灰主要起稳定作用，土的塑性、膨胀性、吸水量减小使土的密实度、强度得到改善。随着剂量的增加，强度和稳定性均提高，但剂量超过一定范围时，强度反而降低。工程中常用最佳剂量范围，黏性土及粉性土为 8%～14%；砂性土为 9%～16%。

5.2.2.4　含水量

不同土质的石灰土有不同的最佳含水量，需通过标准击实试验确定，并用以控制施工中的实际加水量。所用水应是干净可供饮用的水。

5.2.2.5　密实度

石灰土的强度随密实度的增加而增长。实践证明，石灰土的密实度每增减 1%，强度约增减 4%。而密实的石灰土，其抗冻性、水稳定性也好，缩裂现象也少。

5.2.2.6 龄期

石灰土的强度具有随龄期增长的特点。一般石灰土初期强度低，前期(1～2个月)增长速率比后期快。石灰土强度与龄期关系可表示为：

$$R_t = R_1 t^{\beta} \tag{5-2}$$

式中：R_1——1个月龄期抗压强度，MPa；

R_t——t个月龄期抗压强度，MPa；

β——系数，约为0.1～0.5。

5.2.2.7 养生条件

养生条件主要指温度与湿度。养生条件不同，石灰土的强度也有差异。当温度高时，强度增长快；反之，强度增长慢，在负温条件下甚至不增长。因此，要求施工期的最低温度应在5℃以上，并要求施工在第一次重冰冻(－3～－5℃)到来之前1～1.5个月完成。

施工经验证明，保证施工时的温度，不仅灰土强度高，质量也可以保证，且在使用中很少损坏。此外，养生的湿度条件对石灰土的强度也有很大影响。实践证明，在一定潮湿条件下养生的石灰十的强度比在一般空气中养生的要好。

5.2.3 石灰土基层的应用

石灰稳定土不但具有较高的抗压强度，而且也具有一定的抗弯强度，且强度随龄期逐渐增加。因此，石灰稳定土可以用于大多数路面的基层或底基层。但石灰稳定土因其水稳定性较差不宜做高速公路或一级公路的基层，必要时可以用作底基层。在冰冻地区的潮湿路段以及其他地区的过分潮湿路段，也不宜采用石灰土做基层。

5.2.4 石灰稳定土基层缩裂的防治

防治石灰稳定土基层缩裂的措施有：

5.2.4.1 控制压实含水量

石灰稳定土含水量过多时易产生显著的干缩裂缝，因而压实时含水量一定不要大于最佳含水量，应按略小于最佳含水量控制。

5.2.4.2 严格控制压实标准

实践证明，压实度小时产生的干缩要比压实度大时严重，因此，应尽可能使石灰稳定土达到最大压实度。

5.2.4.3 控制温缩

当材料处于最佳含水量附近，且温度在0～10℃时，石灰稳定土易产生温缩。因此施工要在当地气温进入 0 ℃前 1 个月结束,以防在不利季节产生严重温缩。

5.2.4.4 控制干缩

干缩的最不利情况是石灰稳定土成型初期,因此,要重视初期养护,保证石灰土表面处于潮湿状况,谨防干晒。

5.2.4.5 及早铺筑面层

石灰稳定土施工结束后要及早铺筑面层,使石灰土基层含水量不发生大变化,可减轻干缩裂隙。

5.2.4.6 掺加集料

在石灰稳定土中掺加集料(沙砾、碎石等),使其集料含量为 60%~70%,使混合料满足最佳组成要求,不但可提高强度和稳定性,而且可使其具有较好的抗裂性。

5.2.4.7 防止基层裂缝的反射

基层的缩裂会反射到面层,为了防止基层裂缝的反射,国内外常采取以下措施:

(1)设置联结层

设置沥青碎石或沥青贯入式联结层,是防止反射裂缝的有效措施。

(2)铺筑碎石隔离过渡层

在石灰土与沥青面层间铺筑厚 10~20 cm 的碎石层或玻璃纤维格栅,可减轻反射裂缝出现。

5.2.5 石灰稳定土混合料的组成设计

石灰稳定土是有土、石灰和水组成的。石灰稳定土混合料的组成设计包括:根据强度标准,通过试验选取合适的土,确定必要的或最佳的石灰剂量和混合料的最佳含水量。

5.2.5.1 强度标准

石灰稳定土的强度标准根据相应的公路等级和它在路面结构中的层次而定。在规定温度保湿养生 6 d,浸水 1 d 后无侧限抗压强度标准如表 5-7 所示。

表 5-7　　石灰稳定土抗压的强度和压实度标准

使用层次	高速和一级		二级以下	
	抗压强度(MPa)	压实度(%)	抗压强度(MPa)	压实度(%)
基层	—	—	≥0.8①	中、粗粒土 97 细粒土 93
底基层	≥0.8	中、粗粒土 96 细粒土 95	0.5～0.7②	中、粗粒土 95 细粒土 93

①在低塑性土(塑性指数小于 7)地区,石灰稳定沙砾土和碎石土的 7 天浸水抗压强度大于 0.5 MPa。

②低限用于塑性指数小于 7 的黏性土,高限用于塑性指数大于 7 的黏性土。

5.2.5.2　设计步骤

(1)制备同一种土样、不同石灰剂量的石灰稳定土混合料。根据不同的层位,可以参照下列石灰剂量进行配制:

1)做基层用

沙砾土和碎石土:5%,6%,7%,8%,9%;

塑性指数小于 12 的黏性土:10%,12%,13%,14%,16%;

塑性指数大于 12 的黏性土:5%,7%,9%,11%,13%;

2)做底基层用

塑性指数小于 12 的黏性土:8%,10%,11%,12%,14%。

塑性指数大于 12 的黏性土:5%,7%,8%,9%,11%。

(2)确定混合料的最佳含水量和最大干密度(用重型击实标准试验)。至少做三个不同石灰剂量混合料的击实试验,即最小剂量、中间剂量和最大剂量。

(3)按最佳含水量与工地预期达到的压实密度制备试件。进行强度试验时,做平行试验的试件数量应符合规定。

(4)试件在规定温度和湿度((20±2)℃,相对湿度 95%以上)下养生 6 d,浸水 1 d,进行无侧限抗压强度试验。根据表 5-7 的强度标准,选定合适的石灰剂量,按此剂量制作的试件,其室内试验结果的平均抗压强度可参照公式(5-1)进行校核。

5.2.6　石灰土底基层的施工

5.2.6.1　备料

(1)石灰

1)石灰的技术要求应符合石灰技术标准。

2)生石灰应在使用前 7～10 d 进行充分消解成熟石灰,并过 10 mm 筛。熟石灰粉应尽快使用，不宜存放过久。

3)进场的生石灰块应妥善保管，加棚盖或覆土储存，应尽量缩短生石灰的存放时间。

(2)土

1)石灰土混合料的土用应按照规定试验，其塑性指数 I_p 应为12～18(100 g平衡锥法)。I_p 过高时粉碎困难。

2)粉碎土中 10～25 mm 团块的含量不得超过总重的 5%。

3)土中硫酸盐含量应不超过 0.8%，腐殖质含量应不超过 10%。

5.2.6.2 混合料配比

(1)应按指定的配比，在石灰土层施工前 10～15d 进行现场试配。按照《公路工程无机结合料稳定材料试验规程》(JTG E51—2009)的规定进行试验，养生湿度为 95%，温度为(20±2)℃，养生 6 d，第 7 d 饱水，试件为 5 cm×5 cm(高×直径)的圆柱体。

(2)考虑到石灰在施工过程中的损耗，允许实际用灰量可比设计值高出 0.5%～1%，现场石灰含量试验按 JTG E51—2009 规定方法进行。

(3)确定混合料的松铺系数(混合料的干压实密度与松铺干密度的比值)。

5.2.6.3 路拌法施工要求

(1)摊铺

1)摊铺土料前，应先在土基上洒水湿润，但不应过分潮湿而造成泥泞。

2)用平地机或其他合适的机具将土料均匀地摊铺在预定的宽度上，土层表面应力求平整，并有规定的路拱。

3)摊铺过程中，应将土中超尺寸颗粒及其他杂物清除干净。

4)检验松铺涂料层的厚度，不符合要求时，应进行减料或补料。

5)除了洒水车外，严禁其他车辆在土料层上进行。

6)如黏土过干，应事先洒水闷料，使它的含水量略小于最佳值(一般至少闷料一夜)。

7)石灰应摊铺均匀，摊铺后，应量测石灰土的松铺厚度，并校核石灰用量是否合适。

(2)拌和和洒水

1)石灰土拌和应采用拌和机。

2)拌和机应先将拌和深度调整好，由两侧向中心拌和，每次拌和应重叠 10～20 cm，防止漏拌。先干拌一边，然后视混合料的含水情况，碾压时按最佳含水量的要求，考虑拌和后碾压前的蒸发，适当洒水(一般可比最佳含水量大 1%左右)，再进行补充拌和，以达到混合料颜色一致，没有灰条、灰团和花面为止。

3)在路基上铺拌时应随时检查拌和深度，严禁在底部留有素土夹层，也应防止过多破坏土基表面，以免影响混合料的石灰剂量及底部压实。

4)洒水要求用喷管式洒水车，并及时检查混合料含水量。洒水车起洒处和另一端调头处都应超过拌和段 2 m 以上。洒水车不应在进行拌和的以及当天计划拌和的路段上调头和停留，以防局部水量过大。

5)在两工作段的搭接部分，应在前一段拌和后留 5～8 m 不进行碾压，待后一段施工时，将前端留下未压部分一起再进行拌和。

6)拌和机械及其他机械不宜在已压成的石灰土层上调头，如必须进行调头时，应采取措施保护调头部分，使石灰土表层不受破坏。

5.2.6.4 厂拌(或集中厂拌)法施工要求

(1)拌和

1)石灰稳定土应在中心站用强制式拌和机、双转轴桨叶式拌和机等厂拌设备进行集中拌和。

2)在正式拌制稳定土混合料之前，应先调试所用的拌和设备，使拌和料的配比和含水量都达到规定要求。

3)稳定土混合料正式拌制时，应将土块粉碎，必要时，筛除原土中大于 15 mm的土块；配料要准确，各料(石灰、土、加水量)可按重量配比，也可按体积配比；拌和要均匀；加水量要略大于最佳含水量的 1%左右，使混合料运至现场摊铺后碾压时的含水量能接近最佳含水量。

4)成品料露天堆放时，应减少临空面(建议堆成圆锥体)，并注意防雨水冲刷。对屡遭日光暴晒或受雨淋的料堆表面层材料应在使用前清除。

5)上路摊铺前，应检测混合料中有效 CaO＋MgO 含量，如达不到要求，应在运料前加料(消石灰)重拌。成品料运达现场摊铺前应覆盖，以防止水分蒸发。

(2)摊铺

1)可用稳定土摊铺机、沥青混凝土摊铺机或水泥混凝土摊铺机摊铺混合料；如没有上述摊铺机，也可用摊铺箱摊铺。如石灰土层分层摊铺时，应先将下层顶部拉毛，再摊铺上层混合料。

2)拌和机与摊铺机的生产能力应相互协调。如拌和机的生产能力较低，在用摊铺箱摊铺混合料时，应尽量采用最低速度摊铺，以减少摊铺机停机待料的情况。

3)石灰土混合料摊铺时的松铺系数应视摊铺机机械类型而异，必要时，通过试铺碾压求得。

4)厂拌混合料的摊铺段，应安排当天摊铺当天压实。

5.2.6.5 整形

(1)路拌混合料拌和均匀后或厂拌混合料运到现场经摊铺达预定的松铺厚之度时，即应进行初整形。在直线段，平地机有两侧向路中进行刮平；在平曲线超高段，平地机由内侧向外侧刮平。

(2)初整形的灰土可用履带拖拉机或轮胎压路机稳压1～2遍，再用平地机进行整形，并用上述压实机械再压实一边。

(3)对局部低洼处，应用齿耙将表面5 cm以上耙松，并用新拌的石灰土混合料找补平整，再用平地机整形一次。

(4)在整形过程中，禁止任何车辆通行。

5.2.6.6 碾压

(1)混合料表面整形后应立即开始压实。混合料的压实含水量应在最佳含水量的±1%范围内，如因整形工序导致表面水分不足，应适当洒水。压实度要达到表5-7的要求。

(2)用12～15 t三轮压路机碾压时，每层压实厚度不应超过15 cm；用18～20 t三轮压路机或相应功能的滚动压路碾压时，每层压实厚度不应超过20 cm。压实厚度超过上述规定时，应分层铺筑，每层的最小压实厚度为10 cm。

(3)直线段由两侧路肩向路中心碾压，超高段由内侧肩向外侧肩碾压，碾压时后轮应重叠1/2的轮宽，后轮必须超过两段的接缝处。后轮(压实轮)压完路面全宽时即为一遍。一般需碾压6～8遍。压路机碾压速度，头两遍采用1挡(1.5～1.7 km/h)为宜，以后用2挡(2.0～2.5 km/h)。路面两侧应多压2～3遍。

(4)严禁压路机在已完成的或正在碾压的路上调头和急刹车，以保证石灰土表面不受破坏。如确有必要时，应采取措施(如覆盖10 cm厚的砂或沙砾)保护调头部分的石灰土表面。

(5)碾压过程中，石灰土的表面应始终保持湿润，如表面水分蒸发太快，应及时补充洒水，以防表面开裂。

(6)石灰土碾压过程中如出现“弹簧”、松散、起皮等现象，应及时翻开晾晒或换新混合料重新拌和碾压。

(7)在碾压结束之前，用平地机再终平一次，使其纵向顺适、路拱和超高符合设计要求。终平时必须将局部高出部分刮除，并扫出路外。

(8)一个作业段完成之后，应检查灰土的压实度。检查频率：开始阶段，每一作业段检查6次，然后用碾压遍数与检查相结合，每1000 m检查6～10次。如果在铺一层或工程验收之前被检验的石灰土材料没达到所需的压实度，则必须返工。

(9)不管路拌或厂拌,其拌压间隔时间不得多于 2 d。

5.2.6.7 养生

(1)刚压实成型的石灰土底基层,在铺筑基层之前,至少在保持潮湿状态下养生 7 d。养生方法可视具体情况采用洒水、覆盖砂等。养生期间石灰土表层不应忽干忽湿,每次洒水后应用两轮压路机将表面压实。

(2)在养生期间未采用覆盖措施的石灰土底基层上,除洒水车外,应封闭交通;在采用覆盖措施的石灰土底基层上,不能封闭交通时,应当限制车速不得超过 30 km/h。

5.2.7 碎(砾)石灰土底基层

用石灰稳定碎(砾)石土,简称"碎(砾)石灰土"。将拌和均匀的碎(砾)石灰土经摊铺、整形碾压、养生后成型的底基层,称"碎(砾)石灰土底基层"。

混合料的最佳组成应是碎(砾)石掺入量占混合料总重的 60%～70%,而且要求碎(砾)石有一定级配(级配标准可参照级配碎(砾)石基层)。按重型击实试验确定材料的最佳含水量和最大干密度所制成的试件在规定的温度下,经 6 d 保湿养生,1 d 浸水的无侧限抗压强度应满足规范规定的强度标准要求。

碎(砾)石灰土基层的施工方法和程序,可参照石灰土施工方法进行。但应把碎(砾)石摊铺在路槽内,然后把先拌匀的石灰土均匀地铺在碎(砾)石层上再与碎(砾)石拌均匀(控制含水量为最佳含水量),经整形、碾压、养生而成型。在具备机械拌和的条件下,也宜用中心站集中拌和法施工。

5.3 碎、砾石基层施工

5.3.1 级配碎石基层

5.3.1.1 级配碎石

级配碎石是指粗、中、小碎石集料和石屑各占一定比例的混合料,其颗粒组成符合规定的密实级配要求。

5.3.1.2 材料要求

(1)碎石

1)级配碎石或级配碎砾石所用材料的压碎值应满足以下要求:

①做基层用

高速公路和一级公路：不大于 26%；

二级公路：不大于 30%；

二级以下公路：不大于 35%。

②做底基层用

高速公路和一级公路：不大于 30%；

二级公路：不大于 35%；

二级以下公路：不大于 40%。

2）当用级配碎石做二级和二级以下公路的基层时，其最大粒径不应超过 37.5 m；当用级配碎石做高速公路和一级公路的基层以及半刚性路面的中间层时，其最大粒径不应超过 31.5 mm。

3）用级配碎石或级配碎砾石做二级和二级以下公路的基层时，其颗粒组成和塑性指数应符合表 5-8 中 1 号级配的规定。用级配碎石做中间层和高速公路或一级公路的基层时，其颗粒组成和塑性指数应符合表 5-8 中 2 号级配的规定。

表 5-8　　级配碎石或级配碎砾石的颗粒组成范围

项目 \ 通过质量百分率(%) \ 编号		1	2
筛孔尺寸(mm)	37.5	100	
	31.5	90～100	100
	19	73～88	85～100
	9.5	49～69	52～74
	4.75	29～54	29～54
	2.36	17～37	17～37
	0.6	8～20	8～20
	0.075	0～7②	0～7②
液限(%)		<28	<28
塑性指数		<6(或 9①)	<6(或 9①)

①潮湿多雨地区塑性指数宜小于 6，其他地区塑性指数宜小于 9。

②对于无塑性的混合料，小于 0.075 mm 的颗粒含量应接近高限。

4)未筛分碎石用做二级和二级以下公路的底基层时，其颗粒组成和塑性指数应符合表5-9中1号级配的规定；用做高速公路和一级公路的底基层时，其颗粒组成和塑性指数应符合表5-9中2号级配的规定。

5)碎石中针片状颗粒的总含量不应超过20%。碎石中不应含有黏土块、植物等有害物质。

表5-9　未筛分碎石底基层颗粒组成范围

项目 \ 通过质量百分率(%) \ 编号		1	2
筛孔尺寸(mm)	53	100	
	37.5	85～100	100
	31.5	69～88	83～100
	19	40～65	54～84
	9.5	19～43	29～59
	4.75	10～30	17～45
	2.36	8～25	11～35
	0.6	6～18	6～21
	0.075	0～10	0～10
液限(%)		<28	<28
塑性指数		<6(或9①)	<6(或9①)

①在潮湿多雨地区，塑性指数宜小于6，其他地区塑性指数宜小于9。

(2)石屑

可以采用一般碎石场的细筛余料或专门的细碎石集料，也可以用天然沙砾或粗砂代替。

5.3.2　级配碎石基层的路拌法施工

5.3.2.1　工艺流程

级配碎石路拌法施工的工艺流程如图5-2所示。

5.3.2.2 施工要点

(1)准备下承层

1)下承层不应做成槽式断面。

2)准备下承层的方法与水泥稳定土基层施工相同。

(2)施工放样

同水泥稳定土基层施工。

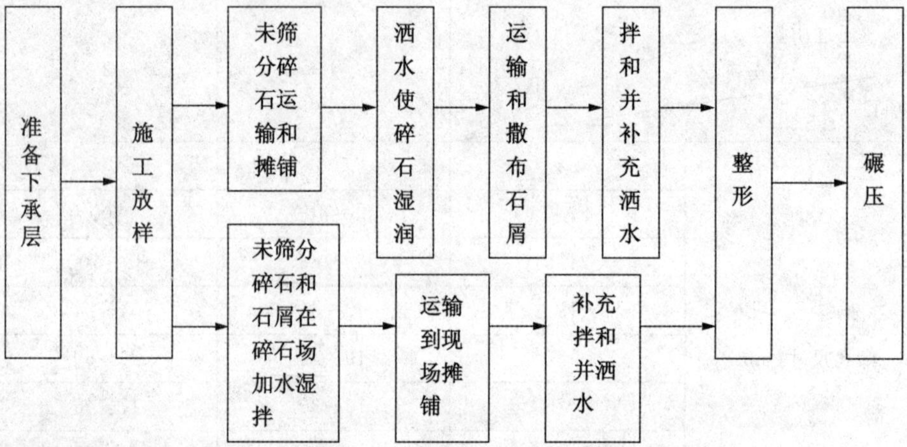

图 5-2 级配碎石路拌法施工的工艺流程图

(3)备料

1)计算材料用量

①采用未筛分碎石和石屑组成级配碎石时，按表 5-8 的要求计算未筛分碎石和石屑的配合比。

②采用不同粒级的单一尺寸碎石和石屑组成级配碎石时，按表 5-8 的要求计算不同粒级碎石和石屑的配合比。

③根据各施工路段基层或底基层的宽度、厚度及规定的压实干密度并按确定的配合比分别计算各段需要的未筛分碎石和石屑的数量或不同粒级碎石和石屑的数量，并计算每车料的堆放距离。

2)未筛分碎石的含水量较最佳含水量大 1%左右为宜。

3)未筛分碎石和石屑可按预定比例在料场混合，同时洒水加湿，使混合料的含水量超过最佳含水量约 1%。

(4)运输和摊铺集料

1)碎石和石屑分别运送时，先运送碎石。

2)运送集料较摊铺集料工序只提前数天。

3)通过试验确定集料的松铺系数并确定松铺厚度。人工摊铺混合料时，松铺系数约为1.40～1.50；平地机摊铺混合料时，松铺系数约为1.25～1.35。

4)用平地机或其他合适的机具将料均匀地摊铺在预定宽度、长度的施工路段上，表面应平整，并具有规定的路拱。

5)检查摊铺材料层的松铺厚度，根据情况进行减料或补料工作。

6)未筛分碎石摊铺平整后，在较潮湿的情况下，将石屑按计算的距离卸在未筛分碎石摊铺层上。用平地机与人工配合，将石屑均匀摊铺在碎石层上。

7)采用不同粒径级的碎石和石屑时，将大粒径级碎石铺在下层，中粒径级碎石铺在中层，小粒径级碎石铺在上层。洒水使碎石湿润后，再摊铺石屑。

(5)拌和及整形

可采用专用稳定土拌和机拌和级配碎石，也可采用平地机或多铧犁与缺口圆盘耙相配合进行拌和。

1)用专用稳定土拌和机拌和级配碎石时，应拌和两遍以上，使拌和深度直至级配碎石层底。在进行最后一遍拌和之前，必要时先用多铧犁紧贴底面翻拌一遍。

2)用平地机进行拌和时，应翻拌5～6遍，使石屑均匀分布于碎石料中。平地机拌和的作业长度每段约为300～500 m。平地机刀片的安装角度要符合图5-3和表5-10的要求。

3)拌和结束时，混合料的含水量应均匀，且较最佳含水量大1%左右，没有粗细颗粒离析现象。

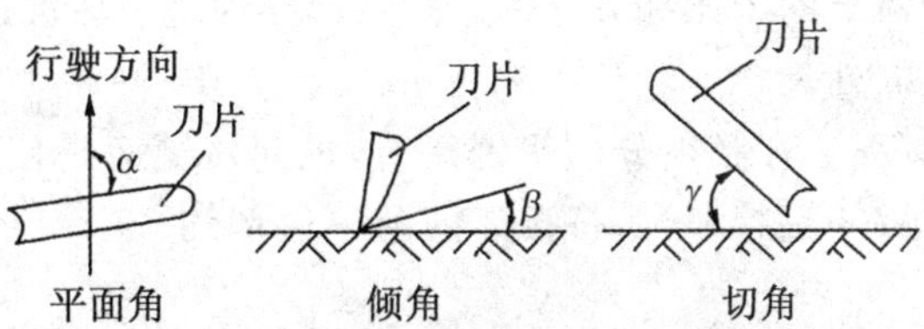

图5-3 平地机刀片安装示意图

表5-10 平地机刀片安装角度

拌和条件	平面角 α(°)	倾角 β(°)	切角 γ(°)
干拌	30～50	45	3
湿拌	35～40	45	2

4)用缺口圆盘耙与多铧犁相配合拌和级配碎石时，用多铧犁在前面翻拌，圆盘耙紧跟在后面拌和，即采用边翻边耙的方法，共翻耙4～6遍。翻耙过程中应

随时检查、调整翻耙的深度。用多铧犁翻拌时，第一遍由路中心开始，将混合料向中间翻，同时机器应慢速前进。第二遍从两边开始，将混合料向外翻。拌和过程中应保持足够的水分。拌和结束时混合料的含水量应均匀，且较最佳含水量大1%左右，没有粗细颗粒离析现象。

5)用平地机将拌和均匀的混合料按规定的路拱进行整平和整形，在整形过程中消除粗细集料离析现象。

6)用拖拉机、平地机或轮胎压路机在已初平的路段上快速碾压一遍，以暴露潜在的不平整。

7)用平地机进行整平和整形。

(6)碾压

1)整形后，混合料的含水量等于或略大于最佳含水量时，立即用12 t以上三轮压路机、振动压路机或轮胎压路机进行碾压。直线和不设超高的平曲线段，由两侧路肩开始向路中心碾压；在设超高的平曲线段，由内侧路肩向外侧路肩进行碾压。碾压时，后轮应重叠1/2轮宽；后轮必须超过两段的接缝处。后轮压完路面全宽时，即为一遍。碾压至表面无明显轮迹、达到要求的密实度为止，一般碾压6～8遍，路面的两侧应多压2～3遍。

2)应使用12 t以上三轮压路机碾压，每层的压实厚度为15～18 cm。用重型振动压路机和轮胎压路机碾压时，每层的压实厚度可达20 cm。

(7)横向接缝的处理

两作业段的衔接处应搭接拌和。第一段拌和后，留5～8 m不进行碾压，第二段施工时，前段留下的未压部分与第二段一起拌和整平后进行碾压。

(8)纵向接缝的处理

应避免纵向接缝。在必须分两幅铺筑时，纵向接缝应搭接拌和。前一幅按全宽碾压密实，在后一幅拌和时，将相邻的前幅边部约30 cm搭接拌和，整平后一起碾压密实。

5.3.3 级配碎石基层的中心站集中厂拌法施工

5.3.3.1 拌和

(1)级配碎石混合料可以在中心站用多种机械进行集中拌和，如强制式拌和机、卧式双转轴桨叶式拌和机、普通水泥混凝土拌和机等。

(2)不同粒级的碎石和石屑等细集料应隔离，并分别堆放。

(3)在正式拌制级配碎石混合料之前，必须先调试所用的厂拌设备，使混合料的颗粒组成和含水量都能达到规定的要求。

(4)在采用未筛分碎石和石屑时，若未筛分碎石或石屑的颗粒组成发生明显变化，应重新调试设备。

5.3.3.2 混合料的摊铺

(1)沥青混凝土摊铺机或碎石摊铺机摊铺混合料

级配碎石用于高速公路和一级公路时，用沥青混凝土摊铺机或其他碎石摊铺机摊铺碎石混合料。摊铺机后面应设专人消除粗细集料离析现象。

(2)自动平地机(或摊铺箱)摊铺混合料

1)根据摊铺层的厚度和要求达到的压实干密度计算每车混合料的摊铺面积。

2)将混合料均匀地卸在路幅中央，路幅宽时也可将混合料卸成两行。

3)用平地机将混合料按松铺厚度摊铺均匀。

4)设一个专人跟在平地机后面，及时消除粗细集料离析现象。对于粗集料“窝”和粗集料“带”，应添加细集料并拌和均匀；对于细集料“窝”，应添加粗集料并拌和均匀。

5.3.3.3 整形和碾压

用平地机摊铺混合料后的整形和碾压均与路拌法施工相同。

5.3.3.4 横向接缝的处理

(1)用摊铺机摊铺混合料时，靠近摊铺机当天未压实的混合料，可与第二天摊铺的混合料一起碾压，但应注意此部分混合料的含水量。必要时可人工补充洒水，使其含水量达到规定的要求。

(2)用平地机摊铺混合料时，每天的工作缝与路拌法施工相同。

5.3.3.5 纵向接缝的处理

避免纵向接缝。如果摊铺机的摊铺宽度不够，必须分两幅摊铺时，采用两台摊铺机一前一后相隔约5～8 m同步向前摊铺混合料。在不能避免纵向接缝的情况下，纵缝必须垂直相接，并按下述方法处理：

(1)前一幅摊铺时，在靠后一幅的一侧应用方木或钢模板做支撑，方木或钢模板的高度应与级配碎石层的压实厚度相同。

(2)在摊铺后一幅之前将方木或钢模板除去。

(3)如果在摊铺前一幅时未用方木或钢模板支撑，则靠边缘30 cm左右的范围内难于压实，而且形成一个斜坡。在摊铺后一幅时，应先将未完全压实部分和不符合路拱要求部分挖松并补充洒水，待后一幅混合料摊铺后一起进行整平和碾压。

5.3.4 级配砾石基层

5.3.4.1 级配砾石

粗、中、小砾石和砂各占一定比例的混合料，当其颗粒组成符合规定的密实级配要求且塑性指数和承载比均符合规定要求时，称为“级配砾石”。级配砾石可适用于轻交通的二级和二级以下公路的基层以及各级公路的底基层。

5.3.4.2 材料要求

(1)用级配砾石做基层时，砾石的最大粒径不应超过 37.5 mm，做底基层时，砾石的最大粒径不应超过 53 mm。

(2)砾石颗粒中细长及扁平颗粒的含量不应超过 20%。

(3)级配砾石基层的颗粒组成和塑性指数应满足表 5-11 的规定。

表 5-11　　级配砾石基层的颗粒组成范围

项目 \ 通过质量百分率(%) \ 编号		1	2	3
筛孔尺寸(mm)	53	100	—	—
	37.5	90～100	100	—
	31.5	81～94	90～100	100
	19	63～81	73～88	85～100
	9.5	45～66	49～69	52～74
	4.75	27～51	29～54	29～54
	2.36	16～35	17～37	17～37
	0.6	8～20	8～20	8～20
	0.075	0～7②	0～7②	0～7②
液限(%)		<28	—	<28
塑性指数		<6(或 9①)	<6(或 9①)	<6(或 9①)

①在潮湿多雨地区，塑性指数宜小于 6，其他地区塑性指数宜小于 9。

②对于无塑性的混合料，小于 0.075 mm 的颗粒含量应接近高限。

(4)当用于基层的在最佳含水量下制各的级配砾石试件的干密度与工地规定达到的压实干密度相同时，浸水 4 d 的承载比值应不小于 160%。

(5)做底基层的沙砾、沙砾土或其他粒状材料的级配,应在表5-12所规定的范围内,液限应小于28%,塑性指数应小于9。

表5-12　　沙砾底基层的级配范围

筛孔尺寸(mm)	53	37.5	9.5	4.75	0.6	0.075
通过质量百分率(%)	100	80～100	40～100	25～85	8～45	0～15

(6)当用于底基层在最佳含水量下制成的级配砾石试件的干密度与工地规定达到的压实干密度相同时,浸水4 d的承载比值在轻交通道路上应不小于40%,在中等交通道路上应不小于60%。

(7)级配砾石用做基层时,石料的集料压碎值应满足下列规定:

1)做基层用

二级公路:不大于30%;

三级和四级公路:不大于35%。

2)做底基层用

高速公路和一级公路:不大于30%;

二级公路:不大于35%;

二级以下公路:不大于40%。

5.3.5 级配砾石基层的路拌法施工

5.3.5.1 工艺流程

级配砾石基层路拌法施工的工艺流程如图5-4所示。

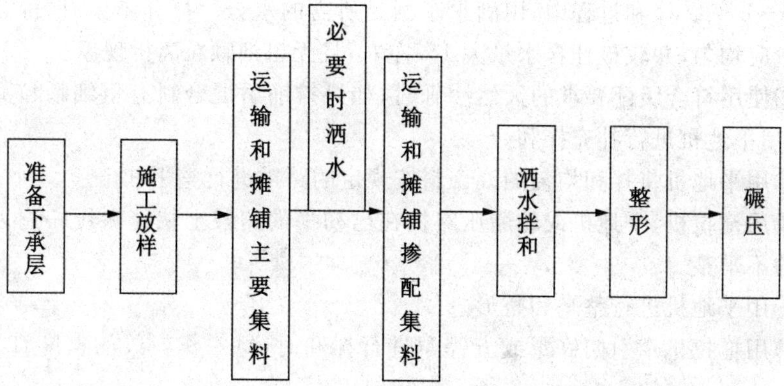

图5-4　级配砾石基层路拌法施工的工艺流程图

5.3.5.2　施工要点

(1)准备下承层

同路拌法水泥稳定土施工。

(2)施工放样

同路拌法水泥稳定土施工。

(3)计算材料用量

根据各路段基层或底基层的宽度、厚度及预定的干密度,计算各段需要的集料数量。如果级配砾石系用两种集料合成时,分别计算两种集料的数量,根据料场集料的含水量以及所用运料车辆的吨位,计算每车材料的堆放距离。

(4)运输和摊铺集料

1)采用两种集料时,先将主要集料运到路上,待主要集料摊铺后,再运另一种集料并摊铺。如果粗细两种集料的最大粒径相差很多,应在粗集料处于潮湿状态下摊铺细集料。

2)运送集料较摊铺集料工序只提前数天。

3)通过试验确定集料的松铺系数,并确定松铺厚度。人工摊铺混合料时,松铺系数约为1.40～1.50;平地机摊铺混合料时,松铺系数约为1.25～1.35。

4)用平地机或其他合适的机具将料均匀地摊铺在预定的宽度上,表面应平整,且应具有规定的路拱。

5)检查松铺材料层的厚度是否符合预计要求,必要时应进行减料或补料工作。

(5)拌和及整形

1)用平地机拌和时,每一作业段的长度约为300～500 m。

①拌和时,平地机刀片的安装角度宜符合图5-3和表5-10的要求。一般需拌和5～6遍。拌和过程中,用洒水车洒足所需的水分。拌和结束时,混合料的含水量应均匀,并较最佳含水量大1%左右,且无粗细颗粒离析现象。

②使用符合级配要求的天然沙砾时,如果摊铺后混合料有粗细颗粒离析现象,应用平地机进行补充拌和。

③用平地机将拌和均匀的混合料按规定的路拱进行整平和整形。

④用拖拉机、平地机或轮胎压路机在已初平的路段上快速碾压一遍以暴露潜在的不平整。

⑤用平地机进行整平和整形。

2)用拖拉机牵引四铧犁或五铧犁进行拌和时,每一作业段的长度宜为100～150 m。

①第一遍由路中心开始,将混合料向中间翻,同时机械应慢速前进。第二遍则应从两边开始,将混合料向外翻。拌和过程中,用洒水车洒足所需的水分。拌

和遍数为双数，一般拌和六遍。

②拌和结束时，混合料含水量应均匀，并较最佳含水量大1%左右，且无离析现象。

③用平地机或其他机具按规定的路拱进行整平和整形。在整形过程中，严禁任何车辆通行。

(6)碾压

1)级配砾石用12 t以上三轮压路机碾压时，每层的压实厚度不应超过15～18 cm;用重型振动压路机和轮胎压路机碾压时.每层的压实厚度不应超过20 cm。

2)在最佳含水量时进行碾压，直至达到按重型击实试验法确定的要求压实度:基层为98%;底基层为96%。

3)其他同路拌法级配碎石。

(7)横向接缝的处理

同路拌法级配碎石。

(8)纵向接缝的处理

同路拌法级配碎石。

5.4 工业废渣稳定基层

5.4.1 概述

随着工业的发展，工业废渣逐渐增多，怎样综合利用工业废渣引起了国内外重视。近年来，我国利用工业废渣铺筑路面基层，取得显著成效，不但提高了路面使用品质，而且降低了工程造价，“变废为宝”，具有很大的经济意义。

公路上常用的工业废渣有火力发电厂的粉煤灰和煤渣、钢铁厂的高炉渣和钢渣、化肥厂的电石渣，以及煤矿的煤矸石等。粉煤灰和煤渣中含有很多的二氧化硅、氧化钙或氧化铝等活性物质。用石灰稳定工业废渣时，石灰在水的作用下形成饱和的$Ca(OH)_2$溶液，废渣的活性氧化硅和氧化铝在$Ca(OH)_2$溶液中产生火山灰反应，生成水化硅酸钙和铝酸钙凝胶，把颗粒胶凝在一起。随水化物不断产生，工业废渣凝结硬化，具有水硬性，且温度较高时，强度增长快，因此，石灰稳定工业废渣最好在热季施工，并加强保湿养生。

石灰废渣材料主要用石灰与之综合稳定，即石灰工业废渣材料，主要有石灰粉煤灰简称“二灰”类及石灰其他废渣类。

石灰稳定工业废渣基层具有水硬性、缓凝性、强度高、稳定性好，成板体且强度随龄期不断增加，抗水、抗冻、抗裂而且收缩性小，适应各种气候环境和水文地质条件等特点。所以，近几年来，修筑高等级公路，常选用石灰稳定工业废渣做高级或次高级路面的基层或底基层。

5.4.2 工业废渣稳定基层的材料要求

5.4.2.1 石灰

工业废渣基层所用的结合料是石灰或石灰下脚料。石灰的质量宜符合Ⅲ级以上技术指标。

5.4.2.2 废渣材料

粉煤灰是火力发电厂燃烧粉煤产生的粉状废渣，主要成分是二氧化硅(SiO_2)和三氧化二铝(Al_2O_3)，其总含量一般要求超过70%，粉煤灰的烧失量一般要求少于20%，如达不到上述要求，应通过试验后，才能采用。干粉煤灰和湿粉煤灰都可以应用。干粉煤灰堆放时应洒水以防飞扬。湿粉煤灰堆放时，含水量不宜超过35%。

5.4.2.3 粒料(砾料)

高速公路和一级公路粒料的压碎值应不大于30%，二级公路和二级以下公路集料的压碎值应大于35%。高速公路和一级公路粒料的最大粒径不大于31.5 mm(方孔筛)，二级公路和二级以下公路粒料的最大粒径不大于40 mm(圆孔筛)。

石灰工业废渣混合料中颗粒质量占80%以上，并有良好的级配；二灰沙砾混合料应符合表5-13规定，二灰碎石混合料应符合表5-14的规定。

表5-13 二灰沙砾混合料的级配范围

筛孔尺寸(mm)	40	31.5	19	9.5	4.75	2.36	0.6	0.6	0.075
通过百分率(%)(基层)	—	100	83～98	55～75	39～59	29～49	20～40	12～32	0～15
通过百分率(%)(基层)	100	89～100	69～89	52～72	39～59	29～49	20～40	12～32	0～15

表 5-14　　二灰碎石混合料的级配范围

筛孔尺寸(mm)	40	31.5	19	9.5	4.75	2.36	0.6	0.6	0.075
通过百分率(%)(基层)	—	100	81～98	52～70	30～50	18～38	10～27	6～20	0～7
通过百分率(%)(基层)	100	90～100	72～90	48～68	30～50	18～38	10～27	6～20	0～7

5.4.3　工业废渣稳定基层混合料的组成设计

石灰工业废渣混合料的组成设计内容包括：根据表 5-15 的强度标准，通过试验选取适宜稳定的土，确定石灰和粉煤灰或石灰与煤渣的比例，确定石灰粉煤灰或石灰煤渣与土的比例(均为质量比)，确定混合料的最佳含水量。混合料的设计方法和步骤，可参照石灰稳定土进行。

表 5-15　　二灰混合料的强度和压实度标准

使用层次	高速和一级公路		二级和二级以下公路	
	强度(MPa)	压实度(%)	强度(MPa)	压实度(%)
基层	≥0.8	≥98	≥0.6	中、粗粒土 96 细粒土 95
底基层	≥0.5	中、粗粒土 96 细粒土 95	≥0.5	中、粗粒土 96 细粒土 95

5.4.4　石灰煤渣类基层

石灰煤渣(简称“二渣”)基层是用石灰和煤渣按一定配合比，加水拌和、摊铺、碾压、养生而成型的基层。二渣中如掺入一定量的粗骨料便称“三渣”；掺入一定量的土，便称为“石灰煤渣土”。混合料的配合比，应满足规范规定的强度标准。各地可根据当地气候、水文地质条件，公路等级及实践经验参照如下配比选用：

(1)采用石灰煤渣做基层或底基层时，石灰与煤渣的比可以是 20∶80～15∶85。

(2)采用石灰煤渣土做基层或底基层时(土为细粒土)，石灰与煤渣的比可用 1∶2～1∶3，但混合料的石灰不应小于 10%。

(3)采用石灰煤渣粒料做基层或底基层时，石灰∶煤渣∶粒料可以是(7～9)

：(26～33)：(67～58)。

为了提高石灰煤渣和石灰煤渣土的早期强度，可外加1%～2%的水泥。

石灰煤渣、石灰煤渣土和三渣皆具有水硬性，物理化学性质基本上与石灰土的相似，但其强度与水稳定性都比石灰土好。石灰煤渣的28 d强度可达1.5～3.0 MPa，并随龄期而增长。石灰煤渣的初期强度增长慢，且有一定的塑性，但达到一定龄期后，将处于弹性工作状态，成板体，具有刚性，当冷缩和干缩时，易产生裂缝。研究表明，当采用石灰煤渣粒料时，路面的抗缩裂能力有所改善。

石灰煤渣类基层的施工程序和方法基本上与石灰土基层相同。但要加强养生，重视提高初期强度，防止早期重交通量下出现破坏现象。

5.4.5 石灰粉煤灰类基层

5.4.5.1 基本概念

石灰粉煤灰基层是用石灰和粉煤灰按一定配比，加水拌和、摊铺、碾压及养生而成型的基层。在二灰中掺入一定量的土，经加水拌和、摊铺、碾压及养生成型的基层简称"二灰土基层"。混合料的配比组成应满足规范规定的强度标准。各地可根据当地的实践经验可参照下面配比选用：

(1)采用石灰粉煤灰土做基层或底基层时，石灰与粉煤灰的比为1：2～1：4(对于粉土，以1：2为合适)。石灰粉煤灰与细粒土的比为30：70～50：50。

(2)采用石灰粉煤灰与级配的中粒土和粗粒土时，石灰与粉煤灰的比为1：2～1：4，石灰粉煤灰与粒料的比常采用20：80～15：85。

近期研究提出，为了防止裂缝，采用石灰与粉煤灰的配比为1：3～1：4，集料含量为80%～85%，既可抗干缩又可抗温缩。不少地区在修筑高级或次高级路面时选用这种基层和底基层，既减少了因基层反射裂缝而引起的面层开裂问题，又减轻了沥青路面的车辙。

石灰粉煤灰类的基层施工，同石灰稳定土基层的施工。施工时，应尽量安排在温暖高温季节，以利于形成早期强度而成型。

5.4.5.2 施工

(1)材料

1)石灰

石灰应符合规定。

2)粉煤灰

要求粉煤灰的$SiO_2+Al_2O_3$含量大于70%，CaO含量为2%～6%，烧失量不大于20%，粒径变化为0.001～0.3 mm，比表面积为2000～3500 cm^2/g。

干粉煤灰的堆放宜加水，以防飞扬；湿粉煤灰的含水量不宜超过35%。

粉煤灰不应含有团块、腐殖质及有害杂质。使用时应将凝固的粉煤灰块打碎或过筛。

3)集料

不同规格的集料应分别堆放，严禁混堆。

集料的均匀系数应大于10(通过量为60%的筛孔尺寸与通过量为10%的筛孔尺寸的比值)。

集料的级配组成及二灰的掺量应满足要求。

4)混合料的设计

应按指定的配比(包括最佳含水量和最大干密度)，在二灰碎石层施工前10～15天进行现场试配，按照JTG E51—2009的规定进行试验，养生湿度为95%，温度为(20±2)℃，养生6天后，第7天饱水，试件为15 cm×15 cm(高×直径)的圆柱体。

建议把提供的二灰掺量作中档值(例如20%)，按15%、20%、25%三档二灰掺量(碎石掺量分别为85%、80%、75%)试件制作，按JTG E51—2009的规定程序进行重型击实试验和强度试验。后者每组试件结果的偏差系数(C_v)大于10%时应重做试验。

经现场试验结果表明，提供的配比剂量和试验强度达不到规定要求(指第7天饱水后的无侧限抗压强度不小于0.8 MPa)或施工工艺上有难度时，需经批准后方可予以调整。但二灰的掺量应大于20%。

(2)工艺流程

1)准备底基层

2)施工要求

二灰碎石混合料应用拌和机械集中拌和，不得采用路拌；用摊铺机铺筑，防止水分蒸发和产生离析；碾压和整形的全部操作应在当天完成。

材料的拌和可用带旋转刀片的分批出料的拌和设备或是用转动鼓拌和机或连续拌和式设备。二灰和集料可按质量比，也可按体积比控制。

向各拌和设备内加水的比例可以按质量，也可按体积计量，要随时对每批材料或按连续式拌和的材料流速进行用水量检查，所加的水量必须考虑二灰及集料的原有含水量。

注意拌和机内是否有死角存在，如发现应及时纠正。

混合料应在拌和以后尽快摊铺。

各种成分的配比偏差应在下列范围之内：

集料：±2%(质量比)；

粉煤灰：±1.5%(质量比)；

石灰：±1.0%(质量比)；

水：±2%(按最佳含水量)。

摊铺：当二灰碎石层的铺筑厚度超过碾压有效厚度时，应分两层铺筑，在第一铺筑层经压实并压实度达到规定标准时，应立即铺筑第二层。

压实：最好用振动压路机碾压。压实度应达到规定的要求。

通过在100～200 m间隔内随机钻孔来检查铺筑层的厚度，全部试验中至少有50%等于或超过要求的厚度，且不允许有两个相邻孔相差10%。

二灰碎石层表面的平整度容许偏差不超过10 mm；标高的容许偏差为0～10 mm；厚度的容许偏差为0～±10 mm。

3)养生与浇洒沥青透层

二灰碎石碾压完成后的第2天或第3天开始养生，及时洒水，应始终保持表面湿润。养生期一般为7天。

养生期结束，应立即浇洒透层油。

第6章　路面面层工程施工

6.1　水泥混凝土路面施工

水泥混凝土路面俗称“白色路面”，通常是以水泥与水拌和成的水泥浆为结合料，以碎(砾)石、砂为集料，再添加适当的外加剂，有时掺加掺和料拌制成的混凝土铺筑面层的刚性路面。水泥混凝土路面的使用年限长达20～40年，在基层以下部分坚实不下沉前提下，通常不用养护，其一次性投资大于沥青路面。由于具有强度高、刚度大、使用耐久及养护工作量小等优点，水泥混凝土路面常用于城市道路、机场跑道、大件车道和公路。

由于水泥混凝土路面上横缝(胀缝及缩缝)及纵缝较多，故行车舒适性不如沥青路面，抗滑移性、吸收噪声性方面也不如沥青路面。由于水泥混凝土的养护原因，其开放交通时间比沥青路面晚，路面反光性也强于沥青路面。

目前，水泥混凝土路面包括素混凝土、钢筋混凝土、连续配筋混凝土、预应力混凝土、装配式混凝土、钢纤维混凝土和预制混凝土板等七类，其中以现浇素混凝土路面使用最为广泛。此外，使混凝土密实的方法大部分采用机械或者人工振捣密实，还有用压路机碾压密实的。

水泥混凝土路面大量采用素混凝土路面，而素混凝土的抗弯拉强度大大低于抗压强度，因而基层以下部分如果发生沉陷则将引起混凝土路面沉陷、断裂，所以水泥混凝土路面在施工之前从土基、垫层到基层的各工序必须要确保压实度、弯沉等技术指标检验合格，此外，还必须做好排水设施，北方地区还要做好防冻层。

6.1.1　水泥混凝土路面施工机械

6.1.1.1　水泥混凝土搅拌机的分类及功用

水泥混凝土的拌和设备可分为水泥混凝土搅拌机和水泥混凝土搅拌站

(楼)两类。目前,工程中使用的水泥混凝土搅拌机主要有自落式和强制式两种。

水泥混凝土搅拌机是将水泥、砂、石和水等按一定的配合比例,进行均匀拌和的机械。按搅拌原理可分为自落式和强制式;按搅拌筒的结构可分为鼓筒式、双锥式、梨式、圆盘立轴式和圆槽卧轴式;按出料方式可分为倾翻式和不倾翻式;按作业方式可分为周期式和连续式;按搅拌容量可分为大型、中型和小型。

各类水泥混凝土搅拌机的特点及功用如表 6-1 所示。

表 6-1　　各类水泥混凝土搅拌机的特点及功用

类型	特点及功能
周期式	周期性进行装料、搅拌、出料,结构简单可靠,容易控制配合比及拌和质量,使用广泛
连续式	连续进行装料、搅拌、出料,生产效率高,主要用于混凝土使用量很大的工程
自落式	由搅拌筒内壁固定叶片将物料带到一定高度,然后自由落下,周而复始,使其获得均匀搅拌,最适宜拌制塑性和半塑性混凝土
强制式	筒内物料由旋转轴上的叶片或刮板的强制作用而获得充分的拌和,拌和时间短、生产效率高,适宜于拌和干硬性混凝土
固定式	通过机架底座螺栓与基础固定,多装在搅拌楼或搅拌站上使用
移动式	装有行走机构,可随时转移,多应用于中小型临时工程
倾翻式	靠拌筒的倾斜出料
非倾翻式	靠拌筒的反转出料
梨式	拌筒绕纵轴旋转搅拌,绕横轴回转装料、卸料,一般用于实验室小型搅拌机
锥式	多用于大中型搅拌机
鼓筒式	多用于中小型搅拌机
槽式	多为强制式,有单槽单搅拌轴和双槽双搅拌轴等,国内较少使用
盘式	是一种周期性垂直强制式搅拌机,国内较少使用

(1)自落式水泥混凝土搅拌机

1)工作原理

自落式水泥混凝土搅拌机的工作原理如图 6-1 所示,其工作机构为筒体,沿筒内壁周围安装有若干搅拌叶片。工作中,搅拌机的筒体在围绕其自身回转时,使叶片对筒内物料产生分割、提升、洒落和冲击等作用,从而使配料的相互位置不断进行重新分布而获得拌和。该搅拌机的搅拌强度不大，只适合搅拌一般骨料的塑性混凝土。

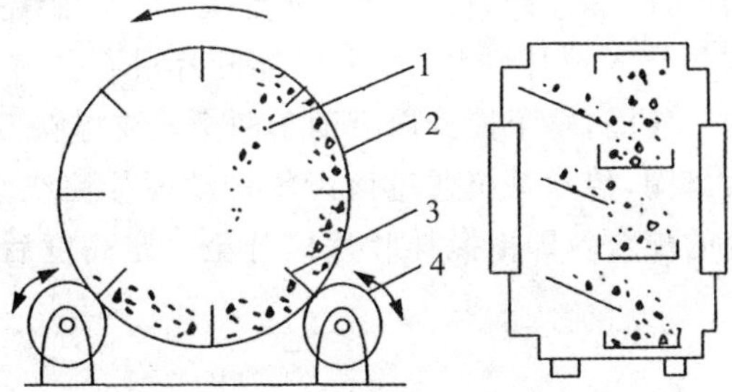

图 6-1　自落式水泥混凝土搅拌机的工作原理

1—混凝土拌和料；2—搅拌筒；3—搅拌叶片；4—托轮

2)主要构造

①鼓筒式搅拌机

鼓筒式搅拌机是目前建筑工地上使用最普遍的机型，有 JG 和 JGR 两类系列型号。

图 6-2 为 JG250 型鼓筒自落式水泥混凝土搅拌机示意图，该机为电动机驱动，进料容量为 400 L，额定出料容量为 250 L，生产率为 5～8 m^3/h。其主要组成有搅拌筒、进出料机构、供水系统、传动系统、底架和牵引系统等。

图 6-2　JG250 型鼓筒自落式水泥混凝土搅拌机

1—水泵；2—动力箱；3—进料斗提升离合器；4—搅拌鼓筒；5—料斗；6—加水控制手柄；7—进料斗上升手柄；8—进料斗下降手柄；9—出料手轮；10—出料槽；11—水箱

鼓筒式搅拌机是按自落式原理进行搅拌的，其搅拌筒构造如图 6-3 所示。它是由钢板卷焊接而成的空心鼓筒，两侧端盖由铸铁或钢板冲压而成，端盖中间的圆孔分别为进料口和卸料口，而端盖与鼓筒采用铆接或焊成一体。搅拌筒内壁镶有耐磨衬板，在圆周方向固定安装两组叶片，靠近进料口一侧，等间隔安装有四块倾斜的进料叶片；靠近卸料口一侧，安装有八块与轴线平行的弧形搅拌叶片。进料叶片将物料导入搅拌叶片中，由搅拌叶片进行拌和并向进料槽卸料。搅拌筒外两侧设两个轮圈，整个搅拌筒借助于两个轮支撑在四个托轮上；搅拌筒外中部安装一个大齿圈，传动系统通过该齿轮带动搅拌筒绕水平轴线在托轮上做回转运动。筒内的配合料即由搅拌叶片提升至一定高度后，依靠物料的自重下落而进行搅拌。

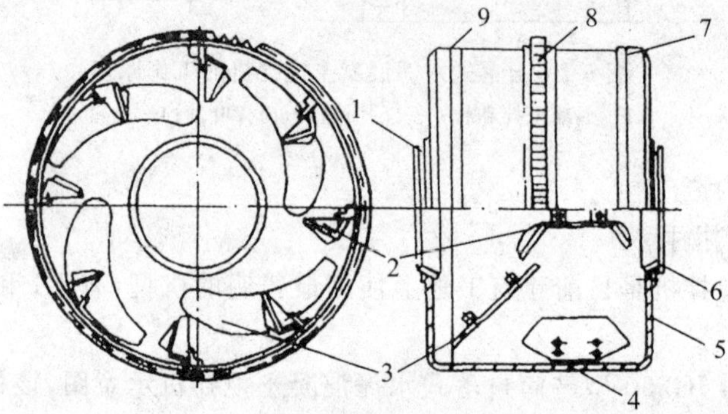

图 6-3　JG250 型搅拌机鼓筒

1—进料口；2—搅拌叶片；3—进料叶片；4—筒身；
5—端盖；6—出料口；7、9—轮圈；8—齿圈

鼓筒式搅拌机的进料机构由簸箕形料斗、料斗翻转机构及料斗振动装置等组成。料斗前端铰接在进料口处的机架上，料斗后壁固结两根牵引钢丝绳。当操纵控制手柄时，通过进料离合器引取动力而驱动钢丝绳卷筒，钢丝绳使牵引料斗翻转进行加料。扳动料斗下降手柄，可使钢丝绳卷筒松开，料斗靠自重复位。料斗振动装置可使斗内的物料当料斗升到上部极限位置时迅速干净地卸入鼓筒内。振动机构由三角楔铁、滚轮、杠杆和触杆等组成。平时杠杆滚轮的一端比触杆的一端重，滚轮不与楔铁接触；当料斗处于上部极限位置时，斗底的撞块将触杆压下，此时滚轮在杠杆作用下抬高，与楔铁接触。鼓筒重量比料斗重，当楔铁触压滚轮时，经杠杆、触杆和斗底撞块使料斗产生上下振动。

鼓筒式搅拌机的出料机构由舌形出料溜槽和齿轮杠杆驱动系统组成。溜槽由转臂铰接在卸料口处的机架上，其一端外伸，另一端插入搅拌筒内。搅拌时使溜槽向筒内倾斜；出料时可操纵手轮，通过双摇杆机构使溜槽翻转成向外倾斜，筒内混凝土即落入溜槽而卸出。

鼓筒式搅拌机的供水系统由离心水泵、容积定量式虹吸水箱和活塞式二位三通控制水阀等组成,如图6-4所示。水阀设置在水泵、水箱和搅拌筒给水管三者之间,利用控制水阀的两个操作位置,可接通水泵与水箱或水箱与搅拌筒,以完成由水泵向水箱充水和由水箱向搅拌筒配水两种供水过程。

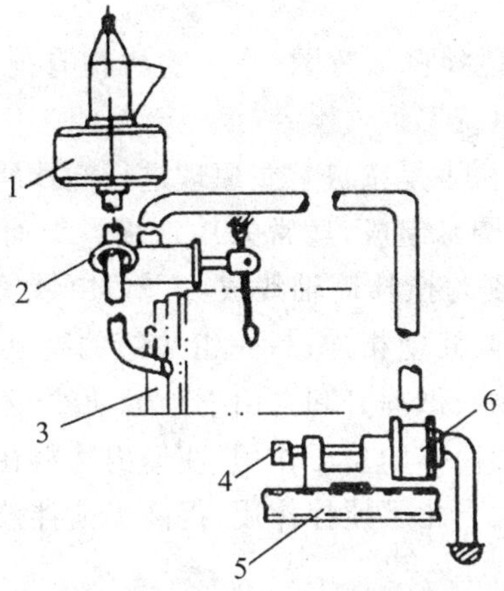

图6-4　鼓筒式搅拌机的供水系统图

1—量水器;2—三通阀;3—搅拌鼓筒;
4—水泵皮带轮;5—机座;6—水泵

鼓筒式搅拌机原动机的动力输出经主离合器后分成两路:一路经V形皮带驱动水泵;另一路经V形皮带和齿轮减速器带动传动轴,再由传动轴上小齿轮带动大齿圈来驱动搅拌筒。空套在该轴上的钢丝绳卷筒则通过离合器来驱动上料斗。

鼓筒式搅拌机所有机构都安装在一个拖挂式双轴底架上,底架下装前后轮。后轮轴上装有减震弹簧,前轮轴上安装转向机构和牵引拖杆,可用车辆拖行转场。此外,底架上还设置四个螺旋顶升式撑脚,搅拌机工作时,放下撑脚使其支承在平整基础上,可使轮胎卸载。

鼓筒式搅拌机具有结构紧凑、运转平稳、使用可靠、维修方便等优点。但性能指标较低,适用性较差,一般只适用于搅拌塑性混凝土,对低塑性和干硬性混凝土则搅拌不均,且易产生粘筒和出料困难现象。又因高处落下的大骨料易砸坏叶片和筒壁,故鼓筒式搅拌机不适用于搅拌骨料粒径大于80 mm的粗骨料混凝土。此外,还存在卸料时间长、搅拌筒利用系数(仅为0.22～0.25)、生产率提高又受到搅拌筒临界转速的限制等缺点。因此,鼓筒式搅拌机已被列为停止生产的机型。但是,目前在小型建筑工地仍普遍使用。

②锥形反转出料混凝土搅拌机

锥形反转出料混凝土搅拌机是作为逐步取代鼓筒搅拌机的一种机型，它主要有以电动机为动力的JZ系列型号和KZY系列型号。JZY型除进料斗的升降机构采用液压传动外，其余结构及性能参数均与JZ型相同。JZR系列为采用柴油机为动力的型号。

图6-5为JZ350型搅拌机示意图，其主要机构有搅拌系统、进料装置、供水系统、底盘和电气控制系统等。

锥形反转出料搅拌机也是按自落式原理进行搅拌的机型。搅拌筒由中间的圆柱体及其两端的截头圆锥组成，通常采用钢板卷焊而成。搅拌筒内有两组交叉布置的搅拌叶片，分别与搅拌筒轴线成45°和40°夹角，且呈相反方向。其中一组较长的主叶片直接与筒壁相连；另一组较短的副叶片则由撑脚架起。当搅拌筒转动时，叶片除使物料做提升和自由下落运动外，还强迫物料沿斜面做轴向窜动，并借助于两端锥形筒体的挤压作用，使筒内物料在洒落的同时又形成沿轴向的往返交叉运动，大大强化了搅拌作用，提高了搅拌效率和搅拌质量。

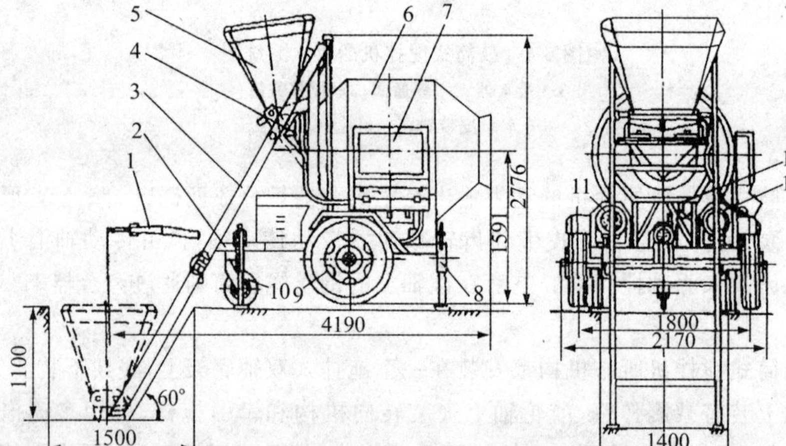

图6-5　JZ350型搅拌机

1—牵引架；2—底盘；3—上料架；4—中间料斗；5—料斗；6—拌筒；7—电气箱；8—支脚；9—行走轮；10—前支轮；11—搅拌动力和传动机构；12—供水系统；13—卷扬系统

搅拌筒支撑在四个橡胶托轮上，其中两个为主动托轮，两个为被动托轮。搅拌电动机的动力经齿轮减速箱或行星摆线轮减速器、弹性联轴节，传递到主动托轮轴，轮上两个主动橡胶托轮依靠摩擦传动使搅拌筒旋转，另外两个被动托轮则随搅拌筒的转动而转动。

锥形反转出料混凝土搅拌机(JZ350型搅拌机)上料装置由料斗、上料架、中间料斗和传动装置等组成。上料架轨道的下端可向上翻转折叠，以便运输或转场。其上端与机架焊接，以便安装和增加刚性。

上料装置的料斗提升电动机直接用法兰连接在齿轮减速器或行星摆线针轮减速器的端面上。动力经减速后驱动钢丝绳卷筒，钢丝绳通过滑轮组牵引料斗上升。当料斗提升到卸料位置时，料斗长轴滚轮的端面撞动提升终点行程开关摇杆，行程开关使电动机断路而制动，料斗便停止在卸料位置上卸料。另外，上料装置上还装有料斗极限位置限位开关，若行程开关失效，料斗滚轮将撞动极限位置限位开关，从而切断电源，使料斗停止上升，以防止发生拉断钢丝绳等安全事故。当料斗下降到底坑后，提升料斗的钢丝绳不再受力，此时上料架顶部的杠杆被弹簧顶起，料斗下降终点行程开关即动作，使提升电动机断电而制动，从而可避免钢丝绳缠绕现象。

锥形反转出料混凝土搅拌机具有结构简单、搅拌质量好、生产率高、易实现自动控制等优点，对中小容量是一种较好的机型。其缺点是反转出料时为重载启动，消耗功率大；如容量大，还易发生启动困难和出料时间较长的现象。所以，目前常用的型号多为中小容量。

(2)强制式水泥混凝土搅拌机

1)工作原理

图6-6所示为强制式搅拌机的工作原理。其搅拌机构是水平或垂直设置在筒内的搅拌轴，轴上安装搅拌叶片。工作时，转轴带动叶片对筒内物料进行剪切、挤压和翻转推移的强制搅拌作用，使配合料在剧烈的相对运动中获得均匀拌和。其搅拌质量好、效率高，适用于搅拌干硬性混凝土和轻质骨料混凝土。

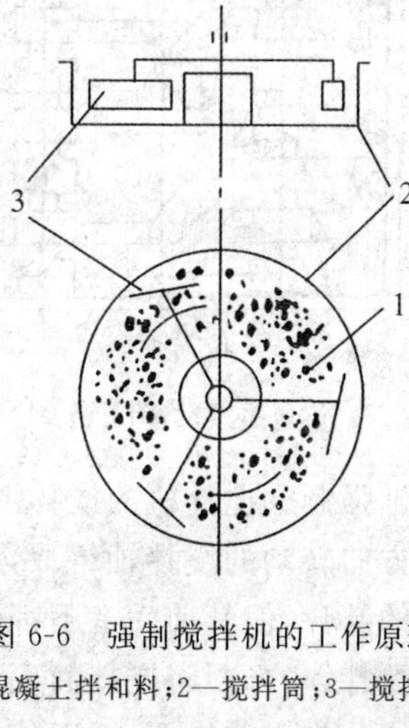

图6-6　强制搅拌机的工作原理

1—混凝土拌和料；2—搅拌筒；3—搅拌叶片

2)主要结构

①立轴强制式混凝土搅拌机

立轴强制式混凝土搅拌机是靠安装在搅拌筒内带叶片的立轴旋转时将物料挤压、翻转、抛出等复合动作对物料进行强制搅拌。与自落式搅拌机相比，具有搅拌质量好、搅拌效率高的特点，适合搅拌干硬性、高强和轻质混凝土。立轴强制式搅拌机分为涡桨式和行星式两种，其搅拌筒均为水平放置的圆盘。涡桨式的圆盘中央有一根竖立转轴，轴上装有几组搅拌叶片；行星式的圆盘中则有两根竖立转轴，分别带动几个搅拌铲。在定盘行星式搅拌机中，两根转轴除自转外，不做公转，而是整个圆盘做与转轴回转方向相反的转动。目前，由于转盘式能量消耗较大，结构也不够理想，故已逐渐为定盘式所代替。立轴涡桨强制式搅拌机具有结构紧凑、体积小、密封性能好等优点，目前的主要机型为JQ和JQR两个系列型号。

②卧轴强制式混凝土搅拌机

卧轴强制式混凝土搅拌机是一种颇有发展前途的机型，它兼有自落式和强制式两种机械的优点，即搅拌质量好、生产效率高、能耗较低，可用于搅拌干硬性、塑性、轻骨料混凝土以及各种砂浆、灰浆和硅酸盐等混合料。

卧轴强制式混凝土搅拌机在结构上有单轴、双轴之分，故有两种系列型号。JD为单卧轴型，多属小容量机种；JS为双卧轴型，属大容量的机种。两个机种除了结构上的差异之外，在搅拌原理、功能特点等方面十分相似。目前，国产卧轴强制式搅拌机有JD200、JD350和JS350三种型号规格。

图6-7为JS350型搅拌机的搅拌原理简图。该机主要由搅拌系统、传动装置和卸料机构等组成。

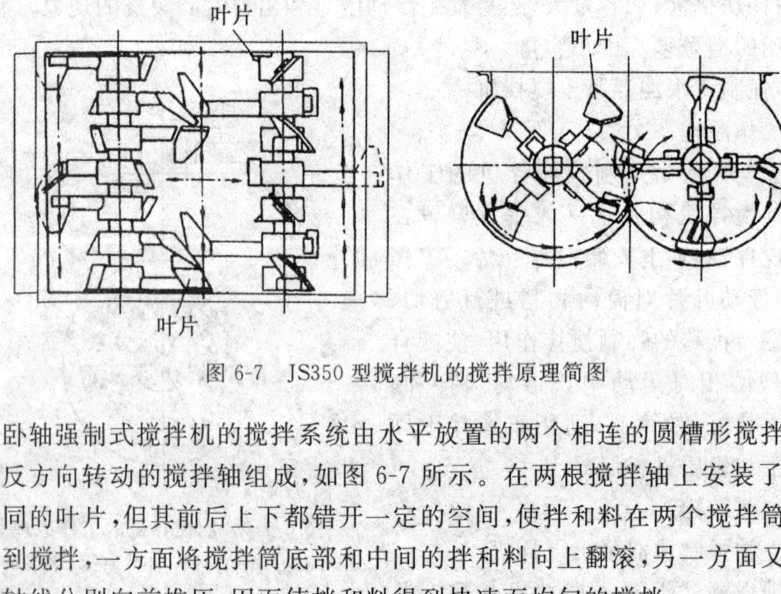

图6-7　JS350型搅拌机的搅拌原理简图

卧轴强制式搅拌机的搅拌系统由水平放置的两个相连的圆槽形搅拌筒和两根相反方向转动的搅拌轴组成，如图6-7所示。在两根搅拌轴上安装了几组结构相同的叶片，但其前后上下都错开一定的空间，使拌和料在两个搅拌筒内轮番地得到搅拌，一方面将搅拌筒底部和中间的拌和料向上翻滚，另一方面又将拌和料沿轴线分别向前推压，因而使拌和料得到快速而均匀的搅拌。

卧轴强制式搅拌机的搅拌电动机直接安装在一个三级齿轮减速器箱体的端面上，其输出轴再通过一对开式齿轮和链轮分别驱动两根水平搅拌轴作等速反向的回转运动。

JS350型卧轴强制式搅拌机的卸料机构如图6-8所示。设置在两只搅拌筒底部的两扇卸料门，由气缸操纵经齿轮连杆机构而获得同步控制，卸料门的长度比搅拌筒长度短200 mm，故有80%～90%的混凝土靠其自重卸出，其余部分则靠搅拌叶片强制向外排出，卸料迅速而干净，一般卸料时间仅 4～6 s。

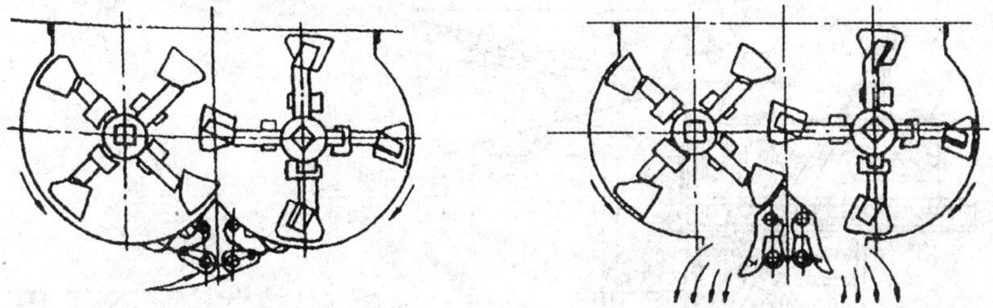

(a) 关闭状态　　(b) 开启状态

图 6-8　JS350 型搅拌机的卸料机构

从上述两种自落式和两种强制式搅拌机的典型结构分析中，我们可以看到每种机型都具有各自的特点。因此，在选择搅拌机时，应根据工程量大小、搅拌机的特性、使用期限、施工条件以及混凝土的组成特性、坍落度大小、稠度要求等具体条件，来正确选择搅拌机的形式和数量。

(3)水泥混凝十搅拌站

混凝土搅拌站是用来集中搅拌混凝土的联合装置，亦称为混凝土工厂。因其机械化和自动化程度较高，生产率较大，故常用于混凝土工程量大、施工周期长、施工地点集中的大、中型水利电力工程、公路路面与桥梁工程、建筑施工以及混凝土制品工厂中。

搅拌站按工艺布置形式可分为单阶式和双阶式两类，适用于永久性的搅拌站；搅拌站按装置方式可分为固定式和移动式两类，适用于施工现场。大型搅拌站按搅拌机平面布置形式的不同，可分为巢式和直线式两种。巢式是数台搅拌机环绕着一个共同的装料和出料中心装置，但能同时搅拌几个品种的混凝土。

国家标准确定了混凝土搅拌站的型号组成。国产混凝土搅拌站型号由混凝土搅拌站的组代号、搅拌机形式代号、主要参数、变形或更新代号等组成。如混凝土搅拌站 HZ1Z20A 代表安装有一台锥形反转出料混凝土搅拌机，其生产率为 20 m^3/h，第一次变形的混凝土搅拌站。如 HZ3F90 代表安装有三台倾翻出料混凝土搅拌机，其生产率为 90 m^3/h 的混凝土搅拌站。

1)双阶式水泥混凝土搅拌站

双阶式水泥混凝土搅拌站主要由混凝土搅拌机、骨料与水泥称量设备、供水及其称量设备、骨料堆场、水泥筒仓、运输机械及控制系统等组成，如图 6-9 所示。

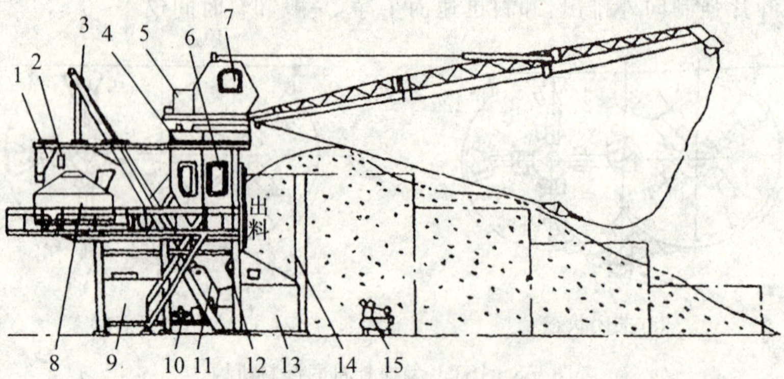

图 6-9　双阶式混凝土搅拌站图

1—水泥秤；2—示值表；3—料斗卷扬机；4—回转机构；5—拉铲绞车；6—主操作室；7—拉铲操作室；8—搅拌机；9—水箱；10—水泵；11—提升料斗；12—电磁气阀；13—骨料秤；14—分壁柱；15—空气压缩机

混凝土搅拌机是搅拌站的主机，它决定着搅拌站的生产率。该站采用的是涡桨式混凝土搅拌机，其构造前文已述。骨料堆集在搅拌站的后部，用隔墙隔成若干个独立的料仓，分别储存沙子、石子。采用拉铲把半圆形堆料场的材料堆集起来，并将沙子及两种规格的石子分别运送至三个出料区上部。当控制出料区的三个闸门依次打开时，流入秤斗的砂石料由秤进行累计称量。骨料的称量装置由秤头(又是提升料斗)、秤盘、一级杠杆、二级杠杆和弹簧表头等部分组成。秤盘是四只小平台，浮嵌在轨道中，秤头在这中点平台上停留时进行称量。弹簧表头是秤的关键部分，精度为 0.2%～0.5%，能满足称量要求。表头不仅是秤的一部分，它还要在称量过程中输出信号，指令下一程序进行工作。表头的表盘上有三个定针，分别用来预选三种不同骨料的质量，当动针与定针重合时就发出信号，控制骨料出料区三个闸门的开闭。

骨料提升装置在提升料斗完成骨料称量后，由专门的卷扬机牵引料斗沿轨道向上提升，料斗升至搅拌机上方时，后轮进入叉道并将料斗的底门打开，骨料落入搅拌机。料斗下降转入水平轨道时速度减慢，在轨道末端设有挡块，以减小料斗进入秤盘时的冲击力。由于骨料秤的二级杠杆末端连接有油缓冲器，因而可以缓和物料进秤时的冲击对秤的影响。两个水泥筒仓分别安装在搅拌站的两侧。筒仓底部装有闸门和给料器，并与螺旋输送机相连接，由螺旋输送机将水泥输送至水泥秤斗进行称量。水泥秤的工作原理与骨料秤相同，只是在表盘上只有一个动针与一个定针，当两针重合时，螺旋输送机停止运转，从而完成水泥的称量。搅拌用水由水泵抽水经计量水表、管道送入拌筒。由计量水表称量用水，当达到规定水量时，水泵停止供水。

2)单阶式水泥混凝土搅拌站

单阶式水泥混凝土搅拌站一般为大型固定式搅拌设备，外形似一座楼房，高达 24～35 m。国产大型混凝土搅拌站现有 3HLF90、3HLF135、4HLF270 型三种型号，而它们的构造基本相同，其金属结构作垂直分层布置，机电设备分装各层，集中控制。搅拌站自上而下分为进料、储料、配料、搅拌、出料五层，图 6-10 所示为 3HLF90 型单阶式水泥混凝土搅拌站结构。

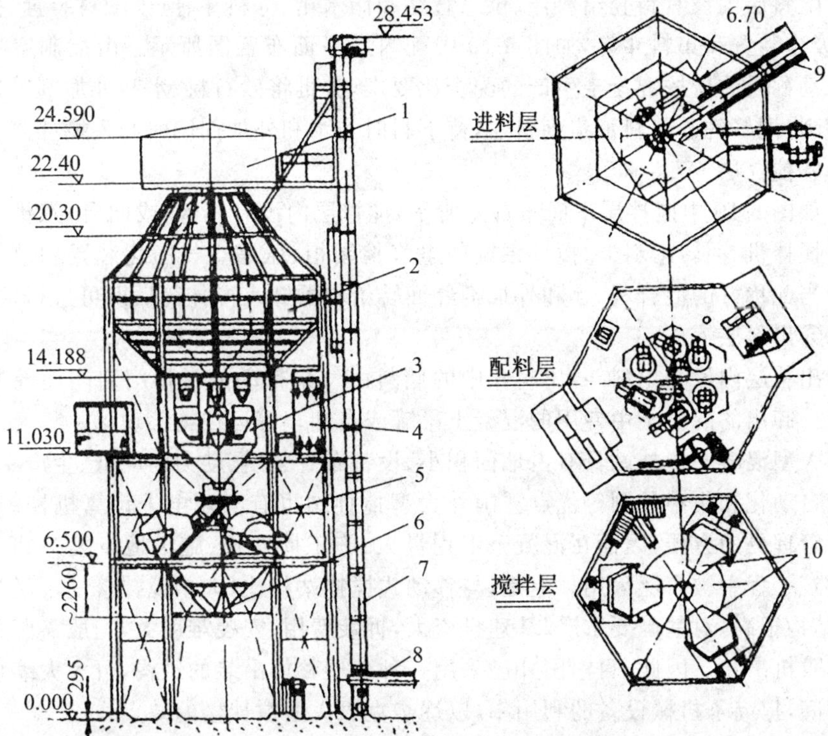

图 6-10　单阶式混凝土搅拌站结构图

1—进料层；2—储料层；3—配料层；4—吸尘器；5—搅拌层；6—出料层；
7—斗式提升机；8—螺旋输送机；9—胶带输送机；10—搅拌机

①进料层

进料层是布置有砂、石和水泥的进料装置。它包括输送骨料的带式输送机，分料用的电动回转料斗，输送水泥或掺和料用的斗式提升机。若以气力输送水泥时，旋风分离器、管道、两路开关等都布置在进料层，如图 6-10 中进料层平面布置图所示。

②储料层

储料层内装有六角(或八角)形金属结构装配式储料仓,料仓中央布置有双锥圆筒形水泥储仓,沿储仓轴线用钢板分隔成格,可同时储存两种不同标号的水泥。水泥仓周围为砂石骨料储仓,彼此以钢板隔开,可同时分别储存各种粒径的骨料和掺和料,整个料仓坐落在有六根(或八根)支柱的钢排架顶部,以便随时提供原料。

③配料层

配料层内设有料仓给料器、供水管路和储水箱、称料斗、电子配料装置、控制室、吸尘装置和集料斗等,如图6-10中配料层平面布置图所示。由控制室控制的自动称量装置按混凝土生产的配合比要求,分批将砂石料、水和外加剂等称量好,并将配好的砂石料汇集到料斗,待下料时与水和外加剂同时卸入搅拌筒。

④搅拌层

如图6-10中搅拌层平面布置图所示,搅拌层内设有三台(或四台)双锥形倾翻式搅拌机、回转给料器、搅拌系统的电气控制柜、压缩空气净化装置和储气罐等。当配称好的混合料、水和外加剂经回转给料器卸入搅拌筒后即可进行搅拌。

⑤出料层

出料层内设有出料斗,出料斗中的储料由气泵带动的弧形门启闭而控制卸料量。卸出的混凝土由专用的混凝土吊罐或自卸车等运往施工现场。

大型混凝土搅拌站具有占地面积小、设备布置紧凑、动力消耗低、生产率高、高度自动化和集中控制等优点。国外大型搅拌站也有实现电子计算机控制的,运行管理更为方便,因而在混凝土工程量大、施工周期长、施工地点集中的大中型建筑工程中被广泛采用。但是,与移动式搅拌站相比,大型搅拌楼的不足之处是:结构很高,对基础要求严,基建投资大,拆装费用、安装难度大,一般需配备大型起重机吊装。因此,目前国外已采用一种分层整体吊装的结构,可大大缩短拆装时间,提高了机械设备的利用率,以逐步克服大型搅拌楼的缺点。

6.1.1.2 水泥混凝土搅拌输送车

(1)水泥混凝土搅拌输送车的分类

水泥混凝土搅拌输送车是运送混凝土的专用设备,其特点是在运量大、运距远的情况下,能保证混凝土的质量均匀。它一般是在混凝土制备点与浇灌点距离较远时使用,特别适用于道路、机场、水利等大面积的工程施工及特殊工程的机械化施工中运送商品混凝土。根据搅拌筒驱动装置的不同,水泥混凝土搅拌输送车可分为机械式和液压式两类,其中以液压式的应用较广;根据搅拌筒动力供给方式的不同可分成两种形式:一是动力从汽车发动机分动箱引出,通过减速器和开式齿轮直接驱动搅拌筒或通过油泵及液压马达驱动搅拌筒;另一种是采用单独的发动机驱动搅拌筒。水泥混凝土搅拌输送车的型号分类及表示方法如表6-2所示。

表6-2　混凝土搅拌输送车型号分类及表示方法(JG/T 5093—1997)

类	组	型	特性	代号	代号含义	主要参数：名称	主要参数：单位表示法
水泥混凝土机械	混凝土搅拌输送车(J—搅;C—车)	飞轮取力	—	JC	飞轮取力混凝土搅拌输送车	搅拌容量	m^3
		前端取力	Q	JCQ	前端取力混凝土搅拌输送车		
		单独驱动	D	JCD	单独驱动混凝土搅拌输送车		
		前端卸料	L	JCL	前端卸料混凝土搅拌输送车		

根据搅拌站至施工现场距离和材料供应条件的不同,混凝土搅拌输送车可以分为新鲜混凝土输送、半干料搅拌输送、干料搅拌输送、搅拌混凝土后输送四种方式。新鲜混凝土输送是对成品混凝土的输送,适用运距为8～12 km以下的输送。它是先将搅拌输送车开至混凝土搅拌站的出料口下,搅拌输送车的搅拌筒以进料速度旋转进行加料,加料完毕后输送车即驶出。在输送途中,搅拌筒对混凝土不断地慢速搅拌,以防止混凝土初凝和离析;输送车到达施工现场后,搅拌筒反转卸出混凝土。半干料搅拌输送是对尚未配足水的混凝土加足水量、边搅拌边输送。干料搅拌输送是对运距在12 km以上的混凝土输送。它通常是将已经称量的砂、石和水泥等干配合料装入输送车的搅拌筒内,待运送到离施工现场前15～20 min时,开动搅拌筒并加水搅拌,在到达施工现场后,便完成搅拌;其后再反转卸料。搅拌混凝土后输送是当配料站无搅拌机时,搅拌输送车可作搅拌机使用。它是将经过称量的砂、石和水泥等物料加入输送车的搅拌筒,搅拌后再输送至施工现场。

(2)混凝土搅拌运输车的典型结构

混凝土搅拌输送车一般由运载底盘、搅拌筒、驱动装置、给水装置和操纵系统组成,如图6-11所示。

1)运载底盘

运载底盘一般采用现有的汽车底盘。有时为了降低重心,也采用半拖挂式专用底盘。

2)搅拌筒

搅拌筒为单口型筒体,支承在不同平面的三个支点上,即筒体下端的中心轴

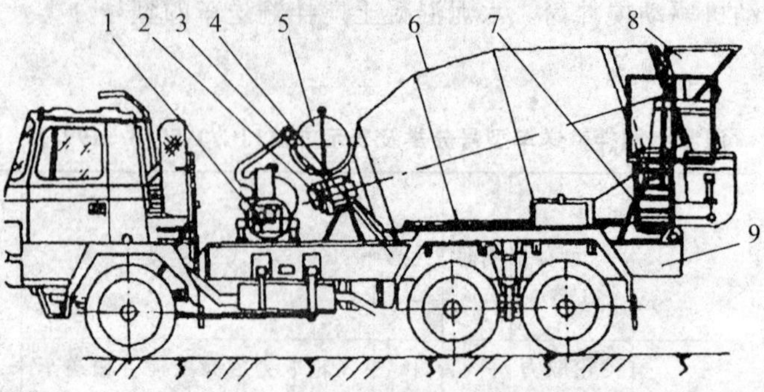

图 6-11　混凝土搅拌输送车

1—泵连接组件；2—减速机总成；3—液压系统；4—机架；5—供水系统；6—搅拌筒；7—操纵系统；8—进出料装置；9—底盘车

安装在机架的轴承座内，另一端由滚道支承在一对滚轮上。搅拌筒轴线与水平面的倾斜角为 16°～20°。筒体底部端面封闭，由上部的开口进料、卸料，如图6-12所示。

搅拌筒的内部壁面焊有两条相隔 180°的带状螺旋叶片，以保证物料沿螺旋线滚动和上下翻动，防止混凝土离析和凝固。当搅拌筒正转时，物料顺着螺旋叶片进入搅拌筒内进行拌和翻动，防止混凝土离析和凝固。当搅拌筒正转时，物料顺着螺旋叶片进入搅拌筒内进行拌和；当搅拌筒反转时，拌和好的混凝土则沿着螺旋叶片向外旋出。卸料速度由搅拌筒的反转转速控制。为了引导进料，防止物料进入时损坏叶片，在筒口处设置一段导管。拌和好的混凝土沿着导管外表面与筒口内壁之间的环形槽卸出。在搅拌筒料口一端设置有装料与卸料机构，如图 6-13 所示。与搅拌筒相连的进料斗铰接在支架上。进料斗的进料口与搅拌筒内的进料导管口贴紧，以防物料漏出。清洗搅拌筒只要将进料斗向上翻转，露出搅拌筒的料口即可。两块固定卸料槽分别装在支架的两侧。活动卸料槽可通过调节盘和调节杆来适应不同卸料位置的要求。

3)驱动装置

按照搅拌筒驱动方式的不同，可将驱动装置分为机械式和液压式两种。液压式具有结构简单、操作方便、可实现无级调速等优点，其动力传递路线是由汽车发动机的动力经下面部件传给搅拌筒：发动机→变量柱塞泵→定量柱塞液压马达→行星齿轮减速箱→齿轮联轴器→搅拌筒。

在搅拌运输车运行途中，为了减轻汽车行驶中因车架变形和道路不平对搅拌装置的影响，常采用滚动支承连接传力结构如图 6-14 所示。液压马达的转矩经行星齿轮减速器、齿轮联轴器传给传动轴。传动轴与拌筒底部用一对球面相连的齿轮联轴器连接起来，构成浮动支承。采用这种齿轮联轴器相连和球面支承，允许搅拌筒与传动轴之间有±2.5°的相对角位移，提高了传动部分的传动效率和工作寿命。

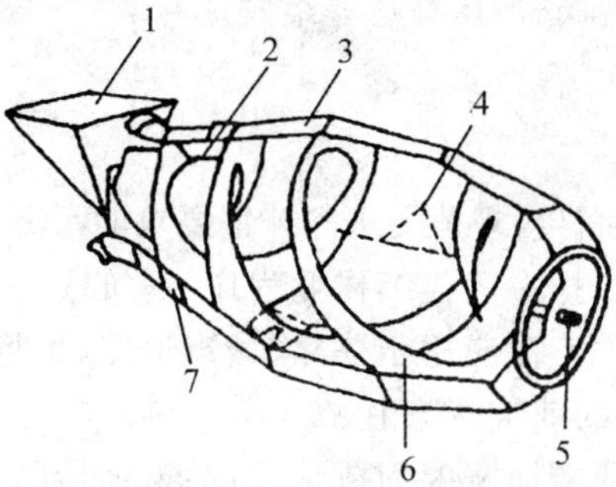

图 6-12　搅拌筒内部构造

1—加料斗；2—进料导管；3—搅拌筒壳体；4—辅助搅拌叶片；5—中心轴；6—带状螺旋叶片；7—环形滚道

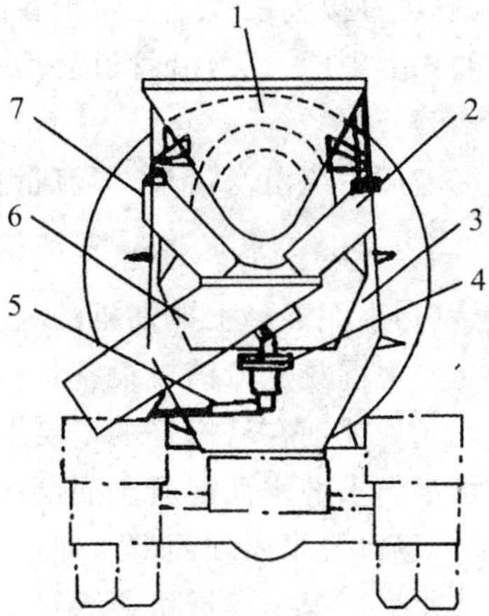

图 6-13　装料与卸料机构

1—进料斗；2—固定卸料槽；3—支架；4—调节转盘；5—调节杆；6—活动卸料槽；7—搅拌筒

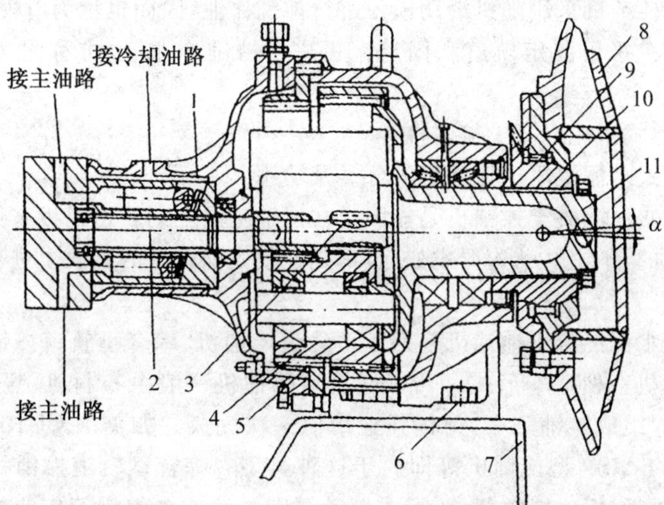

图 6-14　搅拌筒的浮动支承传动图

1—液压马达；2—液压马达输出轴；3—中心齿轮；4—行星齿轮；5—齿圈；6—箱体；7—支架；8—搅拌筒；9—齿轮联轴器；10—球面；11—传动轴

4)给水装置

给水装置除供给搅拌机用水外,还供给搅拌筒及进料斗清洗用水。给水装置一般由水泵、水箱和管路系统组成。水泵由一台小型油马达驱动;不用水泵者,也可直接利用底盘上所配备的储气筒向水箱内送压缩空气,将水压出,水箱中的水受到压力后,沿管道流动并经喷嘴喷出,进行清洗。

5)液压系统

液压系统由变量泵、恒流量控制阀、转阀、液压马达等组成。

6.1.1.3　水泥混凝土摊铺机

(1)水泥混凝土摊铺机的分类及功用

水泥混凝土摊铺机设备是将符合路面材料规范要求和摊铺要求的水泥混凝土均匀地摊铺在已修好的基层上,经振实、抹平等连续作业程序,铺筑成符合路面标准要求的水泥混凝土面层的设备。它广泛应用于公路、城市道路、机场、港口、广场以及水库坝面等水泥混凝土面层的铺筑施工中。

水泥混凝土摊铺机应满足达到规定的摊铺宽度和摊铺厚度;摊铺后的路面平整度误差在设计规范允许的范围内;振捣均匀、充分,且达到规定的密实度;布料均匀、不产生混合料离析现象;并且可靠性与操纵性好等技术要求。这样摊铺机铺筑的水泥混凝土面层才能达到设计、规范要求的质量标准。

水泥混凝土摊铺机按行走方式可分为履带式摊铺机和轨道式摊铺机两大类。履带式摊铺机采用随机滑动模板进行摊铺作业,因而也称为滑模式摊铺机;轨道式摊铺机采用固定轨道和固定模板进行摊铺作业,也可称之为定模式摊铺机。

(2)轨道式水泥混凝土摊铺机

1)轨道式水泥混凝土摊铺机的分类及功用

轨道式水泥混凝土摊铺机是靠固定在摊铺基层上的轨道模板来控制摊铺厚度和平整度的,不论其结构形式如何,都是在预先铺设好的钢轨上进行行走和施工作业。

轨道式水泥混凝土摊铺机有列车型轨道摊铺机、综合型轨道摊铺机和桁架型轨道摊铺机三种基本形式。列车型轨道摊铺机一般由布料机、振实机、平整机、抹光机等组成摊铺列车,摊铺作业可以一次完成。如美国 CURBMASTER 公司生产的 CMSP 型摊铺机等即属于这种类型。综合型轨道摊铺机是将螺旋布料器、刮平板、插入式振捣器、梁式振动器和浮动式精整梁等作业机构集中安装在一个框形桁架结构内,可以实现一次成型。如德国 VOELE 公司生产的“J”型摊铺机就是将布料、振实、抹平做成三台相互独立的单机。桁架型轨道摊铺机的机架采用框形桁架结构,可在一端加长或减短,以改变其摊铺宽度,可以实现大宽度摊铺(最大宽度可达到 42.7 m)。此外,其作业机构还另具特点:没有通常的刮平板和梁式振捣器,只有一个或一对可作高速旋转的圆柱滚和安装在轴端的短螺旋叶片。在与发动机相连接的长链条的牵引下,这种作业机构可沿架上的滑道在整个摊铺宽度上往复移动,借助圆柱滚和螺旋叶片的高速旋转运动,对倾卸在左右模板之间的混凝土实施摊铺整平作业。如美国 GOMACO 公司生产的 C450、C650F 型摊铺机等。

轨道式摊铺机的优点是结构简单,价格低,可靠性好,易于维修,操作容易,对混合料的要求相对较低。但其施工需要大量的钢轨和模板,劳动强度大,自动化程度低,施工速度和施工质量都相对较低。轨道式水泥混凝土摊铺机适用于一般道路水泥混凝土路面、城市街道、机场跑道及停机坪等水泥混凝土面层的铺筑。

2)列车型轨道式水泥混凝土摊铺机

轨道式混凝土摊铺机的各组成机械按其功能和作业程序可分为模板钢轨铺设机、钢筋铺设机、布料机、振实机和整平机。切缝机和表面纹理加工机为配套机械。表面纹理加工机主要是对整平抹光未干的成形路面用粗糙的滚筒或钢丝做的排刷拉出纵向或横向的粗纹,这样可增加混凝土路面的摩擦力,提高车辆行驶制动的安全性。

(3)滑模式水泥混凝土摊铺机

1)滑模式水泥混凝土摊铺机的组成及分类

滑模式水泥混凝土摊铺机不论结构形式如何,组成基本相同,都是由机架、动力系统、传动系统、行走—转向系统、操纵系统、布料机构、计量整平机构、振捣机构、成型抹平机构及附属机构等组成。都是在已铺筑好的基层上,直接行走来完成施工作业。滑模式水泥混凝土摊铺机多用于高等级公路路面工程施工,也适用于城市道路及机场等水泥混凝土层工程施工。

滑模式水泥混凝土摊铺机按行走履带的数目不同,可分为四履带、三履带和两履带式三类。美国 GOMCO 公司生产的 GP1500、GP2500 型摊铺机和 CMI 公司生产的 SF250 型摊铺机都是两履带摊铺机。POWERCURBER 公司生产的 8700 型多功能摊铺机为三履带式摊铺机。按自动调平系统型式的不同,可分为电液自动调平摊铺机和机液自动调平摊铺机两类。按振动器型式的不同,可分为电动振动式和液压振动式两类。按摊铺工序不同,滑模式摊铺机可分为内部振动器在布料器之前和内部振动器在布料器之后两种类型,如美国 GOMACO 公司生产的 CP 系列等摊铺机,内部振动器在布料器之前;而美国 CMI 公司生产的 SF 系列滑模式摊铺机,内部振动器在布料器之后。

滑模式水泥混凝土摊铺机自动化程度高,可实现自动找平、自动导向、自动调速等自动控制，可一次成型地完成各种道路施工工序。但滑模式水泥混凝土摊铺机结构较复杂，对操作人员技术素质及水泥混凝土质量要求相对较高。

2)滑模式水泥混凝土摊铺机

图 6-15 所示为美国 CMI 公司生产的 SF350 型滑模式水泥混凝土摊铺机。

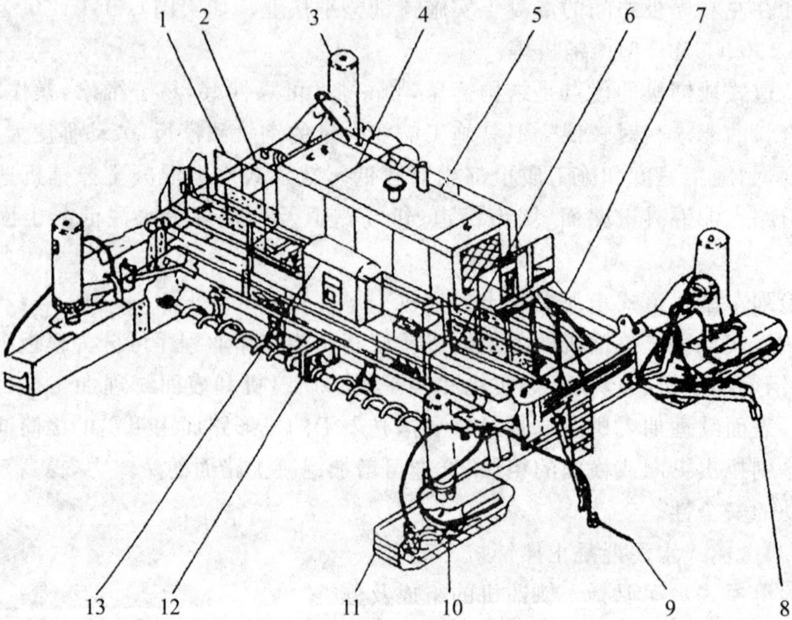

图 6-15　SF350 型滑模式水泥混凝土摊铺机

1—机架；2—喷水装置；3—支腿；4—油箱；5—发动机；6—平台；7—伸缩机架；8—自动找平传感器；9—传感器；10—转向装置；11—履带行走装置；12—布料器；13—操作台

SF350 型摊铺机的各种装置均安装在机架上。机架通过 4 个可自由升降的液压缸支撑在 4 个履带式行走装置上，如图 6-15 所示。发动机和液压泵通过齿轮分动箱连为一体，安装在机架的中后方位置。操纵墙位于机架上部的中前方，视野宽广，便于观察各部位的工作情况。其工作装置都在机架下方，如图 6-16 所示，螺旋布料器 1 在机架的下前方，从前向后依次是计量刮平板 2、振捣棒 3、振捣板 4、成型模板 5 和浮动模板 6。在成型模板的左右两端，分别设有一块超铺板和侧模板。

SF350 型滑模式水泥混凝土摊铺机还设有传力杆压入装置。传力杆压入装置分为中置式和侧置式两种。中置式传力杆压入装置又分前置式和后置式两种。控制系统的开关、手柄、显示器、仪表等都集中在控制台上。控制台面上有主控制盘、成型模板控制盘、变频控制器、显示仪表和液压缸升降、转向控制盘等。

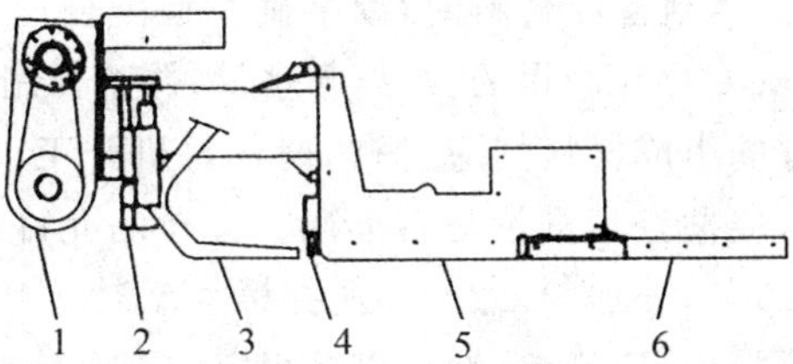

图 6-16　工作装置

1—布料器；2—刮平板；3—振捣棒；4—振捣板；5—成型模板；6—浮动模板

6.1.2　混凝土搅拌与运输

混凝土的搅拌质量直接关系到混凝土路面的质量，必须严格按配合比称量准确，保证拌和质量。

混凝土制备一般采用两种方法：①在工地由拌和机制备；②在中心拌和场地集中制备，而后运送到工地。施工时可视运输设备、铺筑能力、工程量等具体情况选用。

常用的搅拌机械有两大类：自落式搅拌机和强制式搅拌机。自落式搅拌机是通过搅拌鼓的转动，使材料依靠自重下落而达到搅拌的目的。这种搅拌机价格较便宜、耗能小，适用于搅拌塑性和半塑性混凝土，而不能用来拌制干硬性混凝土。强制式搅拌机是在固定不动的搅拌筒内，用转动的搅拌叶片对材料进行反复的强制搅拌。这种搅拌机的搅拌时间短，效率高，但是需要的动力大，搅拌筒及叶片磨耗大，骨料破碎多，故障率高。它适用于搅拌干硬性混凝土及细粒料混凝土。

施工中，应根据工程量大小、摊铺进度、搅拌机性能特点及工程技术需要，选择合适的搅拌机型号。工地应有备用的搅拌机和发电机组。

混凝土拌和场通常由搅拌机、露天砂石料场、水泥库房、称砂石重量的地磅磅秤、人工运输砂石料用的小手推车以及相应的人工装砂石材料与小手推车中的铲子等组成。

为了方便运输汽车或运输拖拉机接运拌和好的混凝土，常将搅拌机位置通过搭设条石或混凝土块的方式升高，以方便搅拌机斗出料时易接送入运输车辆车厢中，因而相应还需在搅拌机进料斗前搭设上料坡道及上料平台，以便于人工上料。

混凝土最大水灰比，公路、城市道路和厂矿道路不应大于 0.50，冰冻地区冬期施工不应大于 0.46。混凝土的单位水泥用量，应根据选用的水灰比和单位用水量进行计算，单位水泥用量不宜小于 305 kg/m^3。混凝土拌和物的坍落度宜为 10～40 mm。在工地制备混合料时，要准确掌握配合比，特别要严格控制用水量，每天应根据天气变化和测得的砂、石含水量，调整拌制时的实际用水量，确定施工配合比。所有的组成材料均应过秤，磅秤每班开工前应检查校正。袋装水泥，当以袋计量时，应抽查其重量是否准确。计量的允许误差为：水泥±1%，粗细集料±2%，水±1%，外加剂±2%。搅拌第一盘混凝土前，应先用适量的混凝土拌和物或砂浆搅拌，拌后排弃，然后再按规定的配合比进行搅拌。搅拌机装料顺序为砂、水泥、碎（砾）石（或碎（砾）石、水泥、砂），进料后，边搅拌边加水。

拌制时间取决于搅拌机的性能和拌和物的和易性。混凝土最短搅拌时间见表 6-3。搅拌最长时间不得超过最短时间的 3 倍。

表 6-3　混凝土拌和物最短搅拌时间

搅拌机容量(L)		转速(r/min)	搅拌时间(s)	
			低流动性混凝土	干硬性混凝土
自落式	400	18	105	120
	800	14	165	210
强制式	375	38	90	100
	1500	20	180	240

搅拌好的混凝土应尽快送往摊筑工地，混凝土拌和物从搅拌机出料后，运至铺筑地点进行铺筑、振捣直至成活的允许最长时间，由试验室根据水泥初凝时间及施工气温确定，并应符合表 6-4 的规定。

表 6-4　混凝土从搅拌机出料到浇筑完毕的允许最长时间

施工气温(℃)	允许最长时间(h)	施工气温(℃)	允许最长时间(h)
5～10	2	20～30	1
10～20	1.5	30～35	0.75

运输设备可参考表 6-5 选用。宜采用自卸机动车。当运距较远时，宜采用搅拌运输车（即混凝土罐车）运输，容器应严密（防止漏浆），内壁应平整光洁，黏附的残渣应经常清理（防止运输工具容器底边或侧边的黏连）。运距较近时，1 吨小柴油翻斗车、带自卸功能的拖拉机等亦可用于混凝土运输。

表 6-5　　混凝土运输设备主要参数

类型	容积范围(m^3)	运输距离(m)	通道宽度(m)
单、双轮手推车	0.10～0.16	30～60	1.6～1.8
机动翻斗车	0.40～1.20	100～500	2.0～3.0
自卸汽车	2.4	500～2000	3.5～4.0
搅拌车	8.9～11.8	500～5000	2.5～3.5

在运送混凝土的过程中，为避免混凝土产生离析，装(卸)料高度不应超过1.5 m，堆放要平稳。夏季和冬季施工时应采取遮盖或保温措施。

6.1.3　混凝土路面铺筑

6.1.3.1　面层浇筑

混凝土铺筑前，应对模板的间隔、高度、润滑、支撑稳定情况和基层状况，以及钢筋的位置、传力杆装置等进行全面检查。注意封堵模板底缝，洒水湿润基层。摊铺混凝土前要准备好板角、加强筋等预埋件或预埋筋，以及铺筑混凝土用的人工工具锄头、犁耙、铲子等。

混凝土运送到铺筑地点后，一般直接倒向安装好侧模的路槽内，可卸成2～3堆，便于摊铺，并用人工找补均匀。要注意防止出现离析现象，如发生离析现象，应在铺筑时重新拌匀，但严禁二次加水重塑。

混凝土板的厚度不超过22 cm时，可一次摊铺；超过22 cm时，可分二次摊铺，两层铺筑的间隔时间不得超过30 min，下部厚度为总厚度的3/5。摊铺时应考虑振实预留高度。松铺厚度通过现场实验确定，一般为设计厚的1.1～1.5倍左右。使振实后的面层标高与设计相符。模板边部应采用“扣锹”方法摊铺，如图6-17所示。严禁抛掷和耧耙，以防止混凝土拌和物离析。混凝土路面施工缝应尽量设于胀缝处。

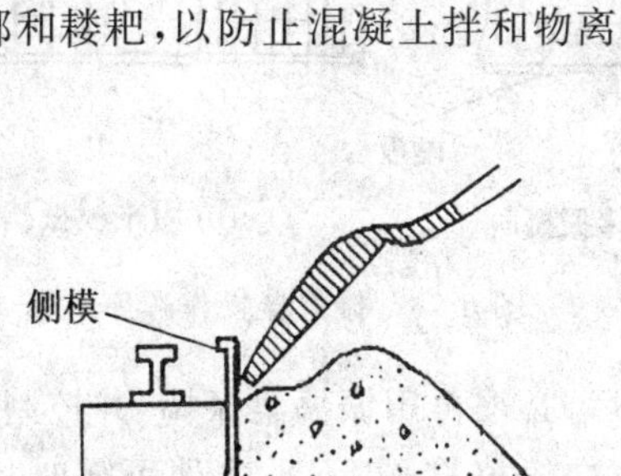

图 6-17　扣锹

6.1.3.2　振捣

铺筑好的混凝土要迅速进行振捣密实，常用的振捣器有插入式振捣器，平板式振捣器及振动梁（又称“桥式振捣器”）。其他辅助工具还有滚筒、钉子打板、提浆板、木抹子、铁抹子。

(1)振捣程序

振捣（包括收水抹面）程序为：插入式振捣器振捣→平板式振捣器振捣→振动梁振捣→找补混凝土→钢管滚筒滚压混凝土→人工用提浆板第1次提浆→人工用钉子打板打击石子下沉以留够砂浆磨耗层→人工用提浆板第2次提浆→滚筒滚压混凝土→人工蹲于跳板上用铁抹子两次抹面→混凝土初凝时人工用铁袜子抹光面→压纹器压纹（如有汉白玉交通标志可在接近初凝时一并安装）。

厚度不大于220 mm的混凝土板靠边角先用插入式振捣器振捣，然后再用功率不小于2.2 kW的平板振捣器纵横交错全面振捣，振捣器同一位置停振的持续时间以混合物停止下沉，不再冒气泡并泛出水泥浆为止。纵横振捣时，应重叠100～200 mm，然后用振捣梁振捣拖平。有钢筋的部位，振捣时应防止钢筋变位。不宜过振，一般为10～15 s。插入式振捣器的移动间距不宜大于其作用半径的1.5倍，其至模板的距离不应大于振捣器作用半径的0.5倍，并应避免碰撞模板和钢筋；当混凝土板厚度较大时，可分二次摊铺。振捣上层混凝土拌和物时，插入式振捣器应插入下层混凝土拌和物50 mm，上层混凝土拌和物的振捣必须在下层混凝土拌和物初凝以前完成。振捣应先用插入式振捣器振捣，后用平板振捣器振捣，其振捣顺序如图6-18所示。

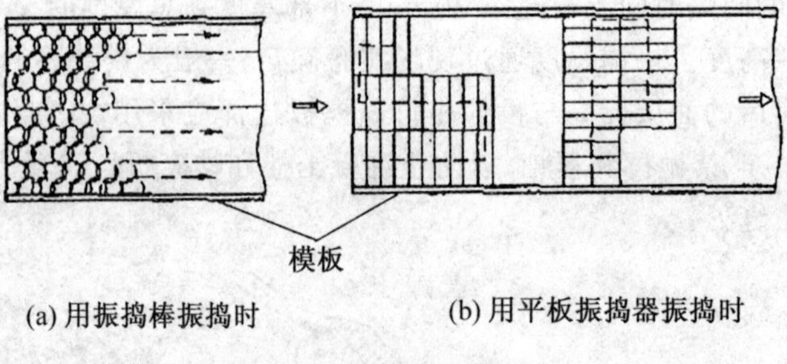

图6-18　振捣器操作顺序

平板式振捣器振完后，必须再用振捣梁振捣，并控制路面标高。将振捣梁两端搁在侧模上，沿摊铺方向振捣拖平，不平之处可随时找补，最后再将直径130～150 mm的（钢管）滚筒两端放在侧模上沿道路纵横两个方向进行反复滚压，使表面平整、均匀并提浆，如图6-19所示。斜放钢管时，横坡低的一侧放于前方，同时，应事先检查钢管的挠度，其值应小于 2 mm。最好在滚筒滚压工序之后再使用钉子打板和提浆板工序。

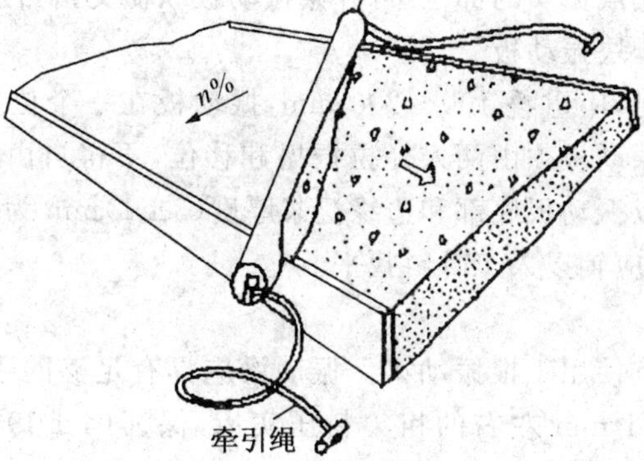

图 6-19　滚筒镘光表面

在振捣时应注意两点：一是随时检查模板高程及稳固性，如发生下沉、变形或松动等问题，应及时修正；二是及时补平，低洼处应选用碎（砾）石较细的混凝土拌和物填补板面，严禁用纯砂浆填补找平。

为了防止混凝土表面砂浆保护层太薄而导致将来行车时磨损太快使石子外露造成混凝土路面损坏，要采用钉子打板打击石子下沉留出足够的砂浆磨耗保护层。钉子打板采用一根方木和两端设木提手做成，方木上钉大钉子，两人共同于现浇的混凝土路面两端同时击打石子。

提浆板造型同钉子打板一样，只是没有钉子，两人共同于现浇的混凝土路面两端往下提浆，之后再用滚筒沿纵向滚压使混凝土表面平整，此后再用木抹子先后两次抹面，为下一步初凝时铁抹子抹面做准备。

(2)小型机具铺筑振实

1)插入式振捣棒振实

①在待振横断面上，每车道路面应使用 2 根振捣棒，组成横向振捣棒组，沿横断面连续振捣密实，并应注意路面板底、内部和边角处不得欠振或漏振。

②振捣棒在每一处的持续时间，应以拌和物全面振动液化，表面不再冒气泡和泛水泥浆为限，不宜过振，也不宜少于 30 s。振捣棒的移动间距不宜大于 500 mm；至模板边缘的距离不宜大于 200 mm。应避免碰撞模板、钢筋、传力杆和拉杆。

③振捣棒插入深度宜离基层 30～50 mm，振捣棒应轻插慢提，不得猛插快拔，严禁在拌和物中推行和拖拉振捣棒振捣。

④振捣时，应辅以人工补料，应随时检查振捣效果、模板、拉杆、传力杆和钢筋网的移位、变形、松动、漏浆等情况，并及时纠正。

2)振动板振实

①在振捣棒已完成振实的部位，可开始振动板纵横交错两遍全面提浆振实，每车道路面应配备1块振动板。

②振动板移位时，应重叠100～200 mm，振动板在一个位置的持续振捣时间不应少于15 s。振动板须由两人提拉振捣和移位，不得自由放置或长时间持续振动。移位控制以振动板底部和边缘泛浆厚度(3±1)mm为限。

③缺料的部位，应辅以人工补料找平。

3)振动梁振实

①每车道路面宜使用1根振动梁。振动梁应具有足够的刚度和质量，底部应焊接或安装深度4 mm左右的粗集料压实齿，保证(4±1)mm的表面砂浆厚度。

②振动梁应垂直路面中线沿纵向拖行，往返2～3遍，使表面泛浆均匀平整。在振动梁拖振整平过程中，缺料处应使用混凝土拌和物填补，不得用纯砂浆填补，料多的部位应铲除。

4)整平饰面

①每车道路面应配备1根滚杠(双车道2根)。振动梁振实后，应拖动滚杠往返2～3遍提浆整平。第一遍应短距离缓慢推滚或拖滚，以后应较长距离匀速拖滚，并将水泥浆始终赶在滚杠前方。多余水泥浆应铲除。

②拖滚后的表面宜采用3 m刮尺，纵横各1遍整平饰面，或采用叶片式或圆盘式抹面机往返2～3遍压实整平饰面。抹面机配备每车道路面不宜少于1台。

③在抹面机完成作业后，应进行清边整缝，清除黏浆，修补缺边、掉角。应使用抹刀将抹面机留下的痕迹抹平，当烈日暴晒或风大时，应加快表面的修整速度，或在防雨篷遮阴下进行。精平饰面后的面板表面应无抹面印痕，致密均匀，无露骨，平整度应达到规定要求。

6.1.3.3 收水抹面

当用滚筒纵横向反复滚压、整平、提浆后，即开始进行表面整修，先用大抹子反复粗抹找平，再用铁抹板拖抹，小抹子精平，使混凝土表面更加致密、平整、美观。

具体操作：

(1)第一遍抹面：振捣梁整平后，用600～700 mm长的袜子(木或塑料)采用揉压方法，将混凝土板表面挤紧压实，压出水泥浆，至板面平整，砂浆均匀一致，一般约抹3～5次。

(2)第二遍抹面：等混凝土表面无泌水时，再做第二次抹平，将析水全部赶出模板。

(3)第三遍抹面:在析水现象全部停止、砂浆具有一定稠度时进行,宜使用小抹子赶光压实。

为使混凝土路面表面增加抗滑移性即产生摩阻力,使汽车具有良好的制动性能,提高水泥混凝土路面的行车安全,重要措施之一是纹理制作。因此抹平精光后在路面板表面上应沿垂直于行车的方向进行拉毛或拉槽处理(槽深 1～2 mm),使混凝土表面在不影响平整度的前提下,具有一定的粗糙度。适宜的纹理制作时间以混凝土表面无波纹水迹时比较合适,过早或过晚都会影响纹理制作质量。现普遍采用在路表面用钢制压纹器横向压纹的方式代替原来的用刷子拉毛的工艺。

混凝土初凝时由人工用铁抹子或用机械抹面机抹成光面后(若有汉白玉交通标志则在接近初凝时安装),再用压纹器将混凝土路面表面横向压出一道接一道的纹路(纹路宽约 3 mm,深约 2 mm)。近年来,在完全凝固的面层上用切槽机切出深 5～6 mm,宽 3 mm,间距 15～20 mm 的横向防滑槽,效果较好。

人工抹面与拉毛工作应站在横跨在两侧模板上的工作桥上进行。

6.1.3.4 湿治养护

混凝土需湿治养护,以防止混凝土板水分蒸发或风干过快而产生缩裂,保证混凝土水化过程的顺利进行。湿法养护方法为:宜用塑料保湿膜、土工毡、土工布、麻袋、草袋、草帘等或者 20～30 mm 厚的湿砂,锯末屑,在混凝土终凝以后覆盖于混凝土板表面;每天应均匀洒水几次,经常保持潮湿状态。昼夜温差大的地区,混凝土板浇筑后 3 天内应采取保温措施,防止混凝土板产生收缩裂缝。混凝土板在养护期间和填缝前,应禁止车辆通行。在达到设计强度的 40%以后,方可允许行人通行。在路面养生期间,平交道口应搭建临时便桥。养生时间应根据混凝土强度增长情况而定,一般宜为 14～21 天。养生期满方可将覆盖物清除,板面不得留有痕迹。这种方法养生效果较好,可以避免阳光直接对混凝土表面的照射,减少混凝土板上下湿差,而不会引起缩裂,但用水较多。

在纵坡不大的路段也可用围水法对混凝土路面养生。做法为:沿路两边筑成小土堰将路面表面分段围住,然后堰内灌水至 5～10 cm 深以淹没混凝土表面,此法节约水量,经济实用。

混凝土路面也可采用喷洒养生剂养生的方法,喷洒应均匀、成膜厚度应足以形成完全密闭水分的薄膜,喷洒后的表面不得有颜色差异。喷洒时间宜在表面混凝土泌水完毕后进行。

6.1.3.5 拆模

拆模应根据气温和混凝土强度增长情况而定。拆模过早易损坏混凝土,过迟则又影响模板周转使用。采用普通水泥时，一般允许拆模时间见表6-6。达不到要求、不能拆除端模时，可空出一块面板，重新起头摊铺，空出的面板待两端均可拆模后再补做。

表6-6　混凝土板允许拆模时间

昼夜平均气温（℃）	允许拆模时间(h)	昼夜平均气温（℃）	允许拆模时间(h)
5	72	20	30
10	48	25	24
15	36	30以上	18

注：允许拆模时间为自混凝土成型后至开始拆模时的间隔时间。使用矿渣水泥时，允许拆模时间宜延长50%～100%。

拆模时要操作细致，不得损坏板边、板角和传力杆、拉杆周围的混凝土，也不得造成传力杆和拉杆松动或变形。模板拆卸宜使用专用拔楔工具，严禁使用大锤强击拆卸模板，尽量保持模板完好。拆下的模板应将黏附的砂浆清除干净，堆放整齐，并矫正变形或局部损坏，矫正精度应符合模板允许偏差规定的要求。不符合要求的模板应废弃，不得再使用。

拆模顺序如下：先拆下模板外侧支撑（内侧支撑已于混凝土路面现浇到位时拆除）、外侧小钢钎等模板固定部分→用偏头小铁棒插入模板与混凝土路面之间轻轻向外撬动模板→小心取出模板并清洗后上脱模剂整齐堆码以利下次使用。

6.1.4　接缝、抗滑构造施工

6.1.4.1　接缝的类型

混凝土面层由一定厚度的混凝土板组成，它具有热胀冷缩的性质。由于一年四季大气温度的变化，混凝土面层会随之产生不同程度的胀缩变形。在一昼夜中，由于日温差较大，温度变化周期较短，混凝土在面层厚度范围内呈现不均匀分布，造成面层上下底面的温度坡差（温降梯度），使其产生翘曲变形。当板顶的温度较底面低时，会使板的周边和角隅翘起，如图6-20(a)所示；反之，当板顶的温度较底面高时，会造成板的中部隆起。此类胀缩和翘曲变形一旦受到约束，将在面层内产生温度应力。若此应力超出极限值，面层即产生裂缝或被挤碎，如图6-20(b)所示；若板体的温度均匀下降引起收缩，将使板体被拉开，从而失去荷载传递作用，如图6-20(c)所示。

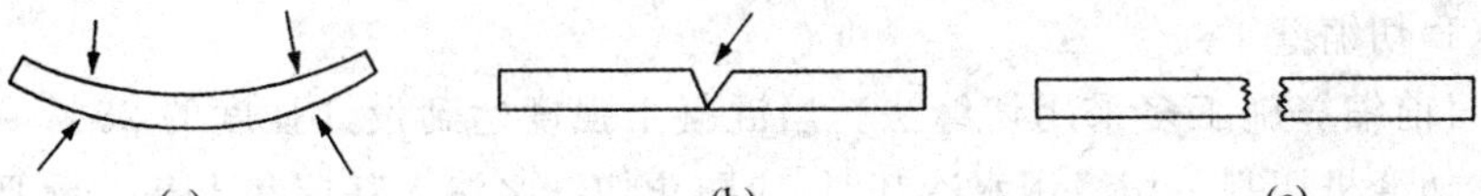

图 6-20　混凝土由于温度梯度引起的变形

为避免这些缺陷，混凝土路面在纵横两个方向建造许多接缝，将整个路面分割成为许多板块如图 6-21 所示。

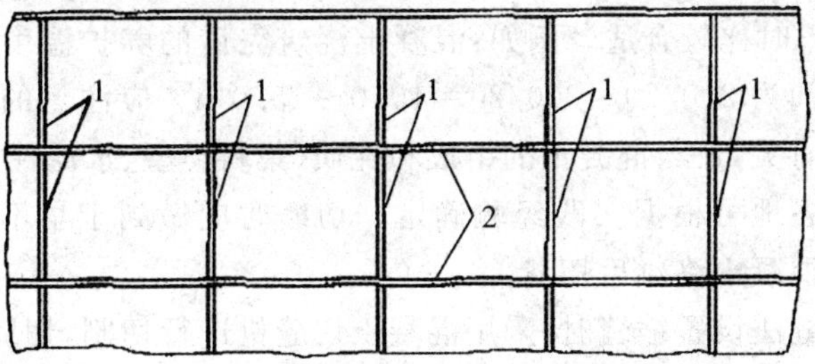

图 6-21　混凝土板的分块与接缝

1—横缝；2—纵缝

为了减小由于胀缩和翘曲变形所引起的应力，或者由于施工的需要，水泥混凝土面层需要设置缩缝、胀缝和施工缝等各种形式的接缝，这些接缝可以沿路面纵向或横向布设。其中缩缝保证面层因温度和湿度的降低而收缩，从而避免产生不规则裂缝。胀缝保证面层在温度升高时能自由膨胀，从而避免在热天产生拱胀和折断破坏，同时胀缝也能起到缩缝的作用。此外，混凝土路面每天完工以及因雨天或其他原因不能继续施工时，需做施工缝。施工缝应尽量做到胀缝处，在胀缝处其构造与胀缝相同，如有困难，也应做至缩缝处。横向施工缝在缩缝处采用平缝加传力杆构型。

不同形式的接缝，对于减小或消除面层内的温度胀缩及翘曲应力具有不同的作用，各种接缝的设置条件和构造要求也各不相同。但是，在任何形式的接缝处，板体都不可能是连续的，其传递荷载的能力会有所降低，而且任何形式的接缝都不免要漏水。因此，对各种形式的接缝，都必须为其提供相应的传荷及防水构造。目前，接缝主要通过集料嵌锁作用、传力杆或拉杆及其他附设机械装置传递荷载。此外，为防止水分及其他杂物进入接缝内部，各类接缝的槽口需用不同类型的接缝板或填缝料予以填封。

6.1.4.2　切缝与填缝

混凝土路面切缝主要是指切缩缝，另外按设计要求有时还有要求切纵缝及胀缝。

(1)切缩缝

目前缩缝施工多采用切缝法。当混凝土强度达到设计强度的25％～30％时,用切缝机切割。切缝用水冷却时,应防止切缝水渗入基层和土基。重要的是掌握切割时间,切缝过早易损坏槽口边缘;过迟切缝困难,易磨损锯片且费时费工,更严重的是易产生不规则的早期裂缝。切缝时间应控制在混凝土获得足够的强度,而收缩应力并未超出其强度范围时。研究表明,切缝时间为施工温度与施工后时间的乘积为 200 ～ 300 个温度小时或混凝土抗压强度为 8.0～10.0 MPa时比较合适。例如:混凝土浇筑完后的养护温度为 20 ℃时,则切缝的控制时间为200/20～300/20＝10.0～15.0 h。应注意的是切缝时间不仅与施工温度有关,还与混凝土的组成和性质(集料类型、水泥种类和水灰比等)等因素有关。各地可根据实践经验确定。切缝时应做到宁早不晚、宁深不浅。所以一般可在混凝土终凝后切缝。

当采用切缝法设置缩缝时,采用混凝土切缝机进行切割,切缝宽度控制在4～6 mm。切缝法施工,有传力杆缩缝的切缝深度应为1/3～1/4板厚,最浅不得小于70 mm;无传力杆缩缝的切缝深度应为1/4～1/5板厚。

切缝有两种方法:一次切割成型或两次锯切成型,如图6-22所示。两次锯切成型的方法槽口工作性能较前种好。为减少早期裂缝,切缝可采用“跳仓法”,即每隔几块板切一缝,然后再逐块锯切。切割机切缝时要注意边加水边切割。

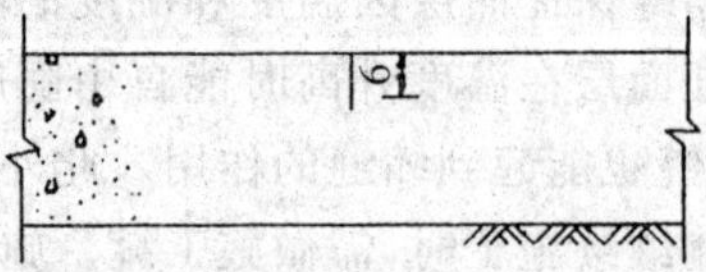

(a) 一次切割成型法

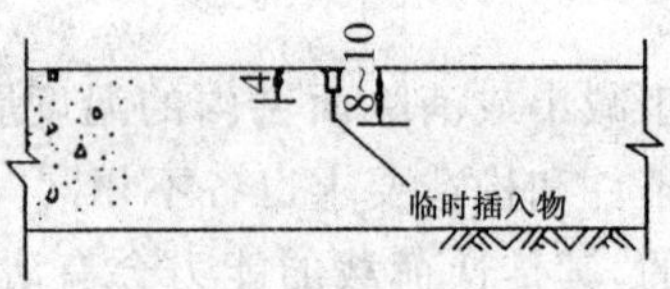

(b) 两次锯切成型法

图 6-22　切割机切割方法(单位:mm)

(2)切纵缝

纵缝一般做成平缝,施工时在已浇筑混凝土板的缝壁上涂刷沥青,并注意避免涂在拉杆上。然后浇筑相邻的混凝土板。在板缝上部应压成或锯切规定宽度的缝槽。图6-23是带有拉杆的纵缝设置方法。

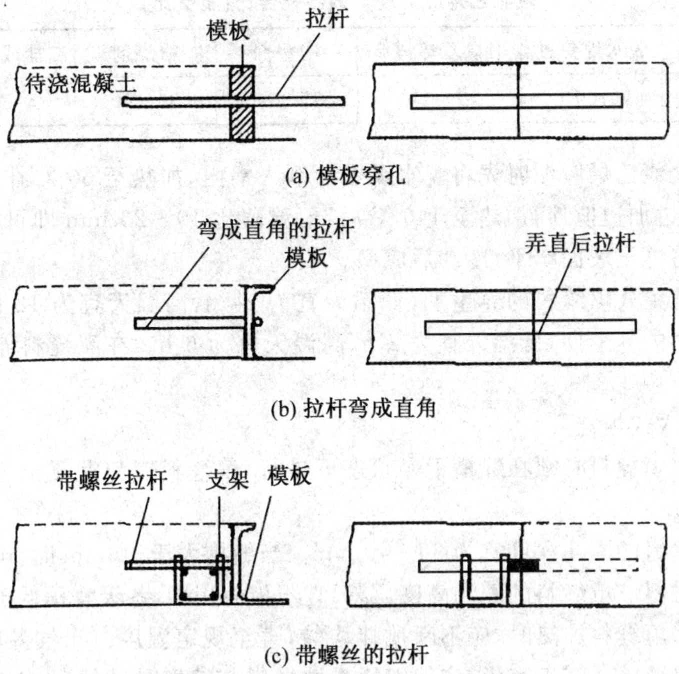

图 6-23 带有拉杆的纵缝设置方法

(3)切胀缝

胀缝往往利用 δ＝2～2.5 cm 厚的沥青模板做成，顺带作混凝土路面模板。

(4)灌缝

为了防止雨水、泥土等落入混凝土路面接缝(缩缝、纵缝及胀缝)内，必须采用柔性材料将切割后的缝内灌填充实。切缝后、填缝前应进行清缝，清缝可采用人工抠除杂物、空压机吹扫的方式，保证缝内清洁、干燥，无污泥、杂物，然后浇灌填缝料。缝壁检验以擦不出灰尘为灌缝标准。

理想的填缝料应能长期保持弹性、韧性，热天缝隙缩窄时不软化挤出，冷天缝隙增大时能胀大并不脆裂，同时还要与混凝土粘牢，防止土砂、雨水等落入缝内，此外还要耐磨、耐疲劳、不易老化。常用的灌缝材料有聚氯乙烯胶泥，沥青橡胶、聚氨酯、沥青麻絮以及南方地区可使用的沥青玛蹄脂(但其低温延续性差)等材料，尤以聚氯乙烯胶泥使用效果最好，其现场调制配合比可参见表 6-7，其防水性、黏结性、弹塑性和耐久性良好，但成本较高。

表 6-7　　聚氯乙烯胶泥现场调制配合比(重量比)

材料名称	脱水煤焦油	聚氯乙烯树脂	增塑剂	粉煤剂	二盐或三盐稳定剂
配合比	100	9～11	15～25	30～50	0.5

调配聚氯乙烯胶泥时先将脱水煤焦油倒入锅内,加热至 60 ℃拌匀,再加入其他材料,边加边搅拌,加热至 140 ℃后,恒温塑化 10～20 min 即可灌注填缝,并用铲刀将缝子表面铲平,冷却后成型。

常温施工式填缝料的养生期,低温天宜为 24 h,高温天宜为 12 h。加热施工式填缝料的养生期,低温天宜为 2 h,高温天宜为 6 h。在灌缝料养生期间应封闭交通。

(5)灌入式填缝

1)灌注填缝料必须在缝槽干燥状态下进行,填缝料应与混凝土缝壁黏附紧密不渗水。

2)填缝料的灌注深度宜为 30～40 mm。当缝槽大于 40 mm 时,可填入多孔柔性衬底材料。填缝料的灌注高度,夏天宜与板面相平,冬天宜稍低于板面。

3)热灌填缝料加热时,应不断搅拌均匀,直至规定温度。当气温较低时,应用喷灯加热缝壁。施工完毕,应仔细检查填缝料与缝壁黏结情况,在有脱开处,应用喷灯小火烘烤,使其黏结紧密。

(6)预制嵌缝条填缝

1)预制胀缝板嵌入前,缝壁应干燥,并应清除缝内杂物,使嵌缝条与缝壁紧密结合。

2)缩缝、纵缝、施工缝的预制嵌缝条,可在缝槽形成时嵌入。嵌缝条应顺直整齐。

6.1.4.3　制作防滑纹理

在混凝土表面制作防滑纹理,是提高路面抗滑性能的有效措施之一。最普通的做法是混凝土处在塑性状态或强度很低时,用棕刷或纹理制作机顺横向在抹平后的表面上拉毛或压纹。另外的做法是在混凝土完全硬化后,用切槽机切出深 5～6 mm、宽 2～3 mm、间距为 20 mm 的横向防滑槽。在不影响平整度的前提下提高混凝土路面的构造深度,可提高表面的抗滑性能。纹理应与行车方向垂直,相邻板的纹理应相互沟通以利排水。纹理制作时间以混凝土表面无波纹水迹时为宜,过早或过晚均会影响纹理的制作质量。

6.2 沥青路面施工

沥青路面是用沥青材料作结合料铺筑面层的路面的总称。沥青面层是由沥青材料、矿料及其他外掺剂按要求比例混合,铺筑而成的单层或多层结构层。

沥青路面由于使用了黏结力较强的沥青材料,使矿料之间的黏结力大大加强,从而提高了混合料的强度和稳定性,使路面的使用性能和耐久性都得到提高,且便于机械化施工,质量较易得到保证;施工进度快,并便于修补和分期修建;开放交通较快。但因其抗弯拉强度低(相对于水泥混凝土)和透水性差,所以要求其基层具有足够的强度和水稳性。另外,沥青面层的温度稳定性也较差,夏天易出现车辙、推移、波浪等破坏;低温时,沥青材料易变脆而导致开裂,而且受施工季节和气候的影响较大。

6.2.1 沥青路面施工机械

6.2.1.1 沥青混合料拌和机

(1)沥青混凝土搅拌设备的分类

沥青混合料搅拌设备可按生产能力、搬运方式、工艺流程等方法进行分类。按生产能力可分为小型(生产率在 40 t/h 以下)、中型(生产率为 40～400 t/h)和大型(生产率在 400 t/h 以上);按搬运方式可分为移动式、半固定式和固定式;按工艺流程可分为间歇强制式和连续滚筒式;按工艺流程还可分为连续强制式和间歇滚筒式。沥青混凝土搅拌设备的分类如表 6-8 所示。

表 6-8　沥青混凝土搅拌设备的分类、特点及适用范围

分类方法	类型	特点及适用范围
生产能力	小型	生产能力 40 t/h 以下
	中型	生产能力 40～400 t/h
	大型	生产能力 400 t/h 以上
搬运方式	移动式	装置在拖车上,可随施工工地转移,多用于公路施工
	半固定式	装置在几个拖车上,在施工地点拼装,多用于公路施工
	固定式	不搬迁,又称为沥青混凝土加工工厂,适用于集中工程、大型工程、城市建设
工艺流程	间歇强制式	按我国目前规范要求,高等级公路建设应使用这种拌和机
	连续滚筒式	用于普通公路、场地建设

(2)沥青混凝土搅拌设备的构造

按工艺流程的不同,目前国内外最常用的沥青混凝土搅拌设备有间歇强制式和连续滚筒式两种形式。

1)间歇强制式沥青混凝土搅拌设备

间歇强制式沥青混凝土拌和机的总体结构如图 6-24 所示。其特点是初级配的冷集料在干燥滚筒内采用逆流加热方式烘干加热,然后经筛分计量(质量),再在搅拌器中与按质量计量的石粉和热态沥青搅拌均匀即成为沥青混合料。由于结构的特点,间歇强制式沥青混凝土拌和机能保证矿料的级配、油石比达到相当精确的程度,也容易根据需要随时变更矿料级配和油石比,所以拌制出的沥青混合料质量好,可满足各种施工要求。因此,这种设备在国内外使用较为普遍。其缺点是工艺流程长,设备庞杂,建设投资大,耗能高,搬迁困难,对除尘设备要求高(除尘设备投资通常达到整套设备投资的 30%～40%)。

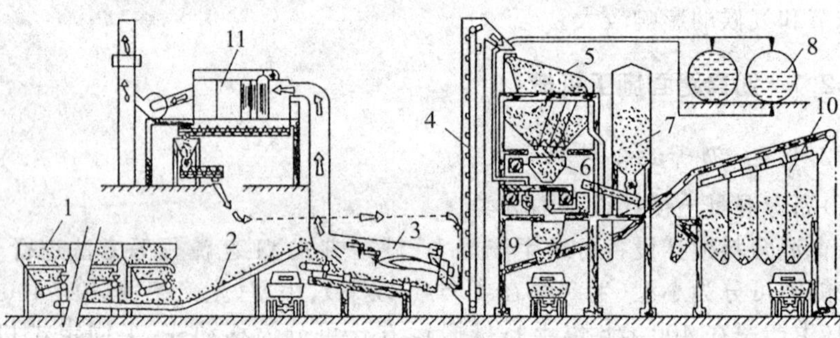

图 6-24　间歇强制式沥青混凝土搅拌设备的总体结构

1—冷集料储存及配料装置;2—冷集料带式输送机;3—冷集料干燥滚筒;4—热集料提升机;5—热集料筛分及储存装置;6—热集料计量装置;7—石粉储仓;8—沥青供给系统;9—搅拌器;10—成品料储仓;11—除尘装置

2)连续滚筒式沥青混凝土搅拌设备

连续滚筒式沥青混凝土拌和机的总体结构如图 6-25 所示。其特点是沥青混合料的制备是在烘干筒中进行的,即动态计量级配的冷集料和石粉连续从干燥滚筒的前部进入,采用顺流加热的方式烘干加热,然后在滚筒的后部与动态计量、连续喷洒的热沥青混合,采取跌落搅拌方式连续搅拌出沥青混合料。

与间歇强制式沥青混凝土拌和机相比,连续滚筒式沥青混凝土拌和机的搅拌工艺流程大为简化,设备也随之简化,不仅搬迁方便,而且制造成本、使用费用和动力消耗可分别降低 15%～20%、5%～12%和 25%～30%,维修费用显著降低;另外,由于冷集料在干燥烘干筒内烘干,加热后即被热沥青裹覆,使粉尘难以逸出,因而易于达到环保要求。其缺点是:集料的加热采用热气顺着料流的方向进行,故热利用率低,成品的含水量大,且温度也较低(110～140 ℃)。

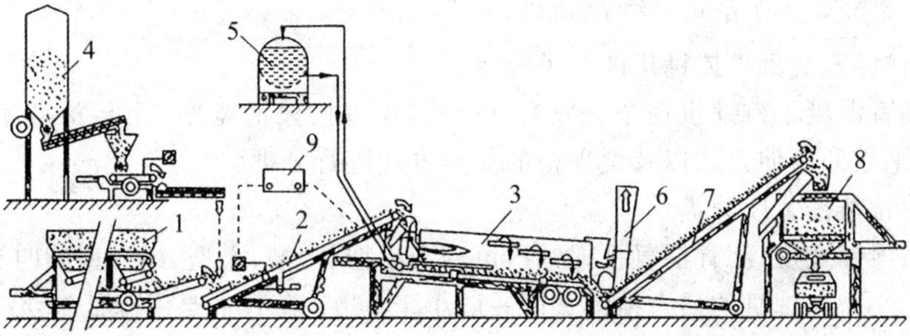

图 6-25 连续滚筒式沥青混凝土搅拌设备的总体结构

1—冷集料储存及配料装置；2—冷集料带式输送机；3—干燥搅拌筒；4—石粉供给系统；5—沥青供给系统；6—除尘装置；7—成品料输送机；8—成品料储仓；9—控制系统

(3)沥青混凝土搅拌设备的生产率计算

1)间歇强制式

间歇强制式沥青混合料搅拌设备每小时拌制的混合料质量 Q(t/h)可按式(6-1)计算：

$$Q=\frac{GK_t n}{1000} \tag{6-1}$$

式中：G——每拌制一份混合料的质量，kg；

K_t——时间利用系数，一般取 0.8～0.9；

n——每小时拌制混合料的份数，$n=60/T$；

T——拌制一份混合料所需时间，min，$T=t_1$(搅拌器加料时间)$+t_2$(混合料拌制时间)$+t_3$(成品料卸料时间)。

2)连续滚筒式

连续滚筒式沥青混合料搅拌设备每小时拌制的混合料质量可按式(6-2)计算：

$$Q=\frac{60G_0K_t}{1000t_0} \tag{6-2}$$

式中：G_0——搅拌滚筒内物料质量，kg；

t——搅拌时间(混合料在搅拌滚筒内的停留时间)，min；

K_t——时间利用系数，一般取 0.85～0.90。

影响沥青混合料搅拌设备生产率的直接因素是混合料拌制时间的长短和时间利用系数，还有很多其他相关因素，诸如生产组织、设备运转质量管理、安全管理及设备维护质量管理等等。其中设备运行技术状况的维护、原材料准备和运输车辆准备等，对保证搅拌设备生产率或提高其生产率将产生明显的作用。

6.2.1.2　沥青混合料摊铺机

(1)沥青混凝土摊铺机的分类及特点

沥青混凝土摊铺机现今一般为自行式,可以按摊铺宽度、行走方式、传动方式、熨平板的延伸方式以及熨平板的加热方式进行分类。

1)按摊铺宽度分类

按摊铺宽度,沥青混凝土摊铺机可分为小型、中型、大型、超大型等四类。

①小型摊铺机的最大摊铺宽度一般小于 3600 mm,主要用于低等级公路的路面养护和城市狭窄道路的修筑工程。

②中型摊铺机的最大摊铺宽度为 4000～6000 mm,主要用于一般公路路面的修筑工程,也可用于路面的养护作业。

③大型摊铺机的最大摊铺宽度一般在 7000～9000 mm 之间,主要用于高等级公路路面的施工。

④超大型摊铺机的最大摊铺宽度 12000 mm 以上,主要用于高速公路、机场、码头、广场等大面积沥青混合料路面的施工。使用有自动找平装置的超大型(包括大型)摊铺机摊铺路面时,纵向接缝少,整体性及平整度好,尤其是摊铺路面表层效果很好。

2)按行走方式分类

按行走方式,沥青混凝土摊铺机分为拖式和自行式两类。其中自行式分为履带式、轮胎式两种。

①拖式摊铺机是将接料、输料、分料和熨平等工作装置安装在一个特制的机架上,摊铺作业是靠运料自卸车牵引或顶推进行。它的结构简单,制造、使用成本低,但其摊铺能力小、质量低,所以,拖式摊铺机仅适用于低等级公路的路面养护作业。

②履带式摊铺机一般为大型或超大型摊铺机,其优点是接地比压小、附着性能好,摊铺作业时运行平稳、无打滑现象。其缺点是机动性差,对路基凸起物吸收能力差,弯道作业时铺层边缘不够圆滑,结构复杂、制造成本较高。履带式摊铺机用于大型路面工程的施工。

③轮胎式摊铺机靠轮胎感受整机重力,并提供附着力。它的优点是转场运行速度较高、机动性好、对路基凸起物吸收能力强、弯道作业易形成圆滑的边缘。其缺点是附着力较小,在摊铺宽度较大、铺层较厚的路面时,有可能产生打滑现象。此外,它对路基起伏较敏感,需要自动找平装置予以协助,以提高路面平整度。轮胎式摊铺机可用于各种道路的路面修筑及养护作业。

3)按传动方式分类

按传动方式,沥青混凝土摊铺机可分为机械式和液压式两类。

①机械式传动的摊铺机，其行走驱动、输料传动、分料传动、转向传动等均采用机械传动方式。它具有工作可靠、维修方便、传动效率高、制造成本低等优点，但其结构较复杂，操作不轻便，调速性和速度匹配性较差。

②液压式传动的摊铺机，其行走驱动、输料和分料传动、熨平板延伸、熨平板和振捣器的振动等采用液压传动方式，使摊铺机结构简化，总体布置方便，质量减轻，传动冲击和振动减少，工作速度稳定，且便于无级调速和采用电液全自动控制，实现全液压传动。

液压和全液压传动的摊铺机均设有自动找平装置，具有良好的使用性能和较高的摊铺质量，因而广泛地用于高等级公路的路面施工。

4)按熨平板的延伸方式分类

按熨平板的延伸方式，沥青混凝土摊铺机分为机械加长式和液压伸缩式两种。

①机械加长式熨平板是用螺栓连接将基本(最小摊铺宽度的)熨平板与加长的熨平板组装成施工所需的作业宽度，其结构简单，整体刚度较好，分料螺旋贯穿整个摊铺槽，使得布料均匀。大型和超大型摊铺机多采用机械加长式熨平板，其最大摊铺宽度可达12500 mm。

②液压伸缩式熨平板是用液压缸伸缩、无级调整其工作长度。它调整方便，在摊铺宽度变化的施工中更显示其优越性。但是，熨平板的整体刚度较差，分料螺旋不能贯穿整个摊铺槽，有可能因混合料不均而影响摊铺质量，因此液压伸缩式熨平板最大作业宽度一般不超过8000 mm。

5)按熨平板的加热方式分类

按熨平板加热方式，沥青混凝土摊铺机可分为电加热、液化石油气加热和燃油加热等三种形式。

①电加热是由摊铺机的发动机驱动专用发电机产生的电能来加热其熨平板。这种加热方式使用方便，无污染，熨平板及振捣梁受热均匀、变形小。

②液化石油气(主要用丙烷)加热方式结构简单，使用较方便，但火焰加热不够均匀，污染环境，不安全，且燃气喷嘴需经常、仔细地维护。

③燃油主要指轻柴油加热装置主要由燃油泵、喷油嘴、自动点火控制器和鼓风机等组成，其优点是可以用于各种作业条件，操作较方便，燃料供给容易，但结构复杂，对环境有污染。

(2)沥青混凝土摊铺机的构造

沥青混凝土摊铺机是在一台特制的轮胎式或履带式基础车上装设供料设备、工作装置及操作机构等部件而构成的。

轮胎式沥青混凝土摊铺机的结构如图6-26所示，履带式沥青混凝土摊铺机的结构如图6-27所示。

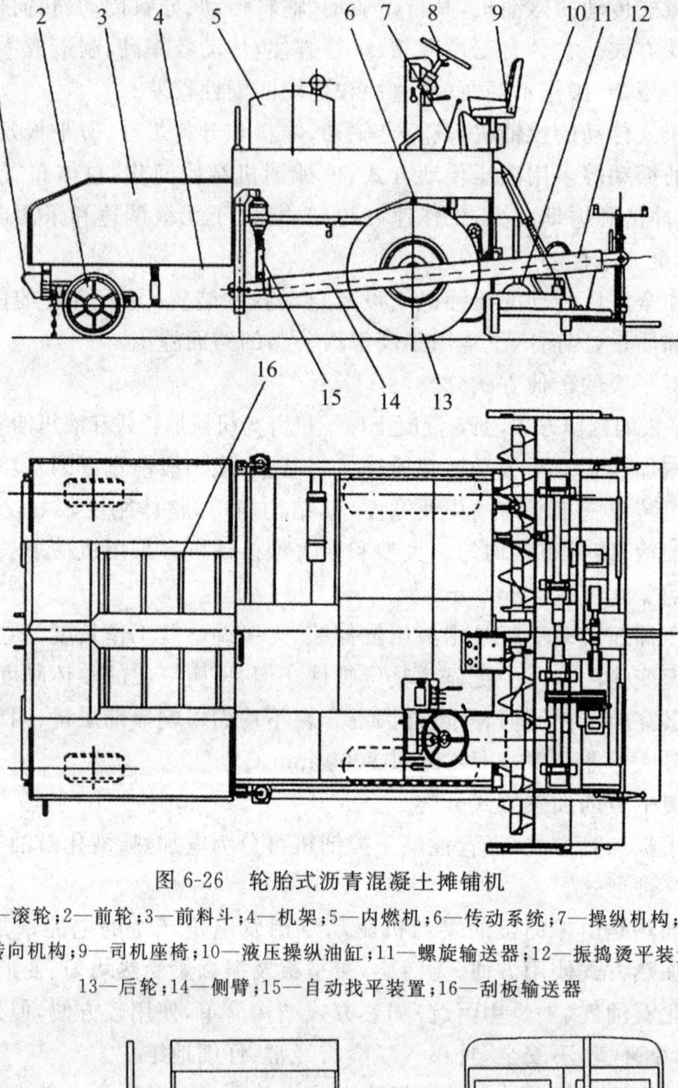

图 6-26 轮胎式沥青混凝土摊铺机

1—滚轮；2—前轮；3—前料斗；4—机架；5—内燃机；6—传动系统；7—操纵机构；
8—转向机构；9—司机座椅；10—液压操纵油缸；11—螺旋输送器；12—振捣烫平装置；
13—后轮；14—侧臂；15—自动找平装置；16—刮板输送器

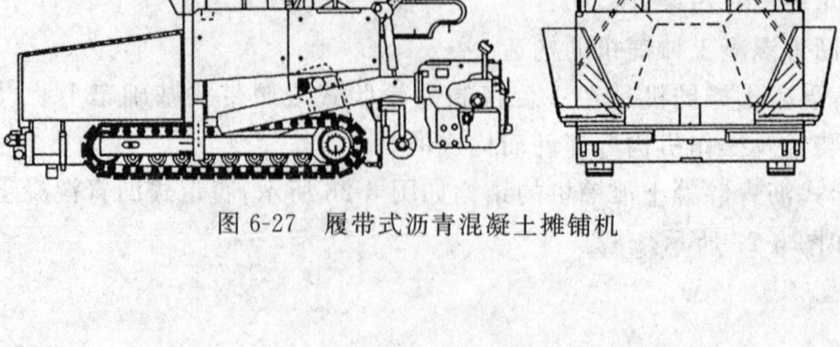

图 6-27 履带式沥青混凝土摊铺机

一般沥青混凝土摊铺机主要由发动机、传动系统、料斗、刮板、输送器、螺旋布料器、熨平装置以及自动找平机构等组成。现以轮胎式沥青混凝土摊铺机为例说明如下。

1)发动机

摊铺机一般以高速柴油机作动力,由于摊铺应在稳定的工况下连续进行,所以对柴油机本身提出了更高的要求。作为摊铺机主机的高速柴油内燃机,其技术参数应稳定,散热性好,与传动系统的功率匹配要达到最佳。

2)传动系统

沥青混凝土摊铺机的传动系统主要包括行走传动和供料传动两大部分,传动形式又分为机械传动和液压传动两种,中小型沥青摊铺机多采用机械传动的方式,如LTB摊铺机就是其中的一种;大型摊铺机多采用液压传动。图6-28为沥青摊铺机工作过程示意图。图6-29为摊铺机机械传动系统简图。从简图中可以看出,沥青混凝土摊铺机的机械传动系统包括主变速箱、高低速变速箱、摩擦离合器以及传动链等部分。行走系统的传动路线是:发动机→离合器→主变速箱→链传动→高低速变速箱→差速器→半轴→链传动→后轮。

液压传动系统在大型摊铺机上使用较多,虽然不同型号的摊铺机其液压传动系统也有差异,但基本构成是大致相同的:均由发动机驱动液压油泵,然后压力油再输送到液压马达和压力油缸等液压元件,通过操纵系统完成摊铺机的各项作业。图6-30为沥青混凝土摊铺机液压泵驱动示意图。

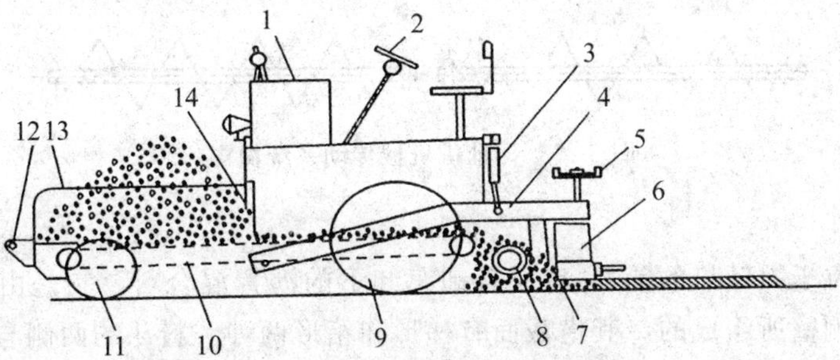

图6-28 沥青摊铺机工作过程示意图

1—发动机;2—方向盘;3—侧臂提升油缸;4—侧臂;5—熨平器升降操纵手把;6—熨平器;7—振捣器;8—螺旋摊铺器;9—驱动轮;10—刮板输送器;11—转向轮;12—推滚;13—料斗;14—闸门

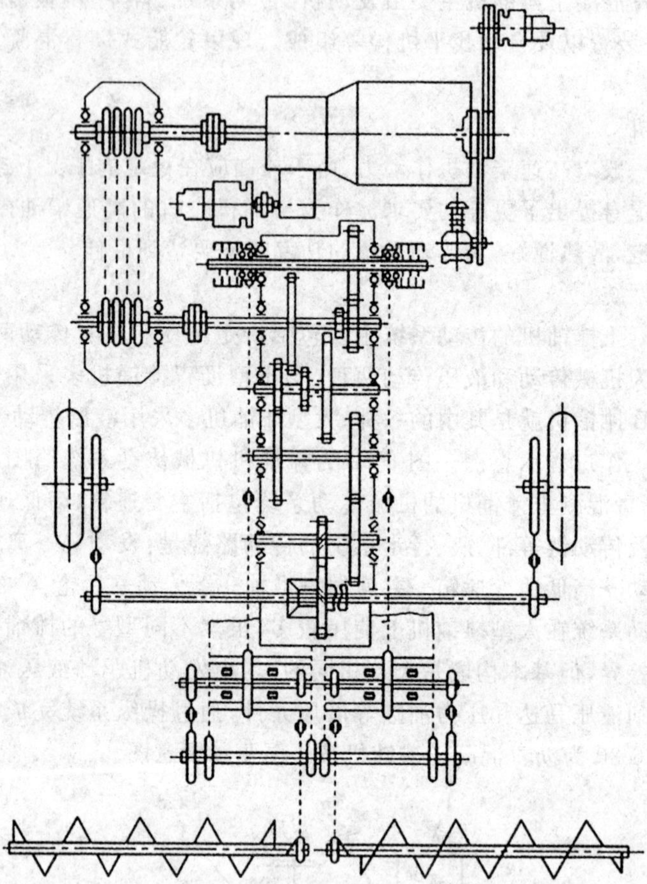

图 6-29　摊铺机机械传动系统简图

3)料斗

料斗位于摊铺机的前部,接受自卸车卸下的沥青混合料。它是由底板及左右活动的侧壁所组成的。其横截面有梯形和箱形两种。料斗的两侧与其下面的油缸相连接,调升油缸可将两边的料向中央堆集,以保证连续送料。刮板输送器位于料斗的底部,用来输送粒料到螺旋摊铺器内。左右两副刮板可以各自独立操纵,可控制在同速或不同速度下运行。

4)螺旋摊铺器

螺旋摊铺器又可称为螺旋分料器,其作用是将刮板送来的混合料分送到摊铺平板的前端。它由两根大螺距、大叶片、螺旋方向相反的螺杆组成,它们同向旋转时,将混合料由中间向两侧推移。图 6-31 为螺旋摊铺器简图。

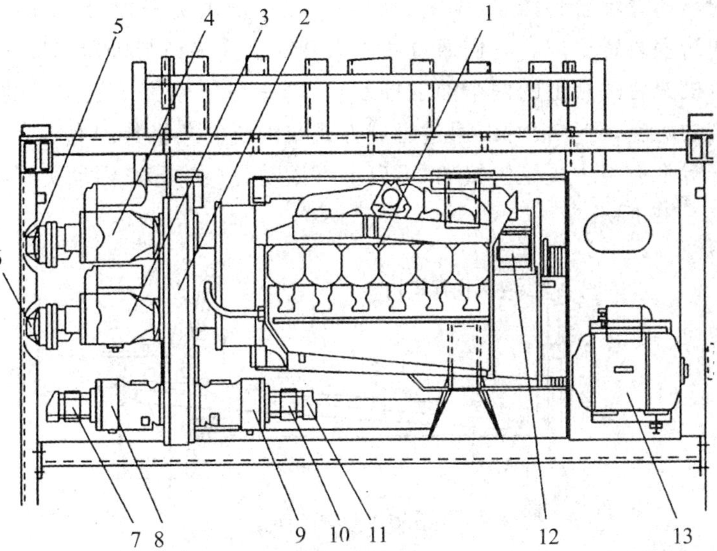

图 6-30 沥青混凝土摊铺机液压泵驱动示意图

1—发动机；2—分动箱；3—(右侧履带)轴向柱塞泵；4—(左侧履带)轴向柱塞泵；
5—(液压棒)齿轮泵；6—(二次振捣)齿轮泵；7—(液压振动)齿轮泵；
8—(螺旋分料)轴向柱塞泵；9—(刮板输料)轴向柱塞泵；10—(振捣梁)齿轮泵；
11—补油齿轮泵；12—(油缸)齿轮泵；13—专用电机

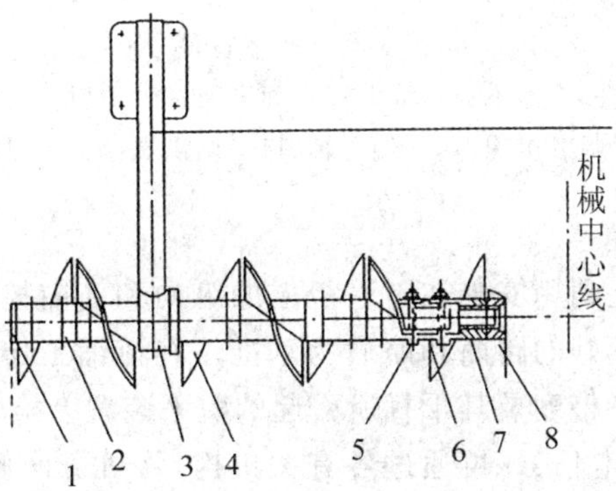

图 6-31 螺旋摊铺器简图

1—端盖；2—螺旋轴；3—支撑；4—螺旋叶片；5—螺栓；6—连接套筒；
7—中间螺旋轴；8—中间反向叶片

5)熨平装置

熨平装置是沥青混凝土摊铺机的主要工作装置之一。其功能是将输送到摊铺室内的热沥青混合料摊平、捣实和熨平。它一般由熨平板、拱度调节机构、振捣装置和清理装置组成。它们通过两侧大臂前边连接销与机器铰接。熨平装置的提升由机架后端板上的两个油缸控制，下降一般依赖熨平板本身的自重。为增加铺筑的宽度，熨平板可以通过机械方式或液压方式将其加宽。

由于熨平板与主机是铰接的，可以上下摆动，故亦称为“浮动熨平板”。熨平装置如图 6-32 所示。

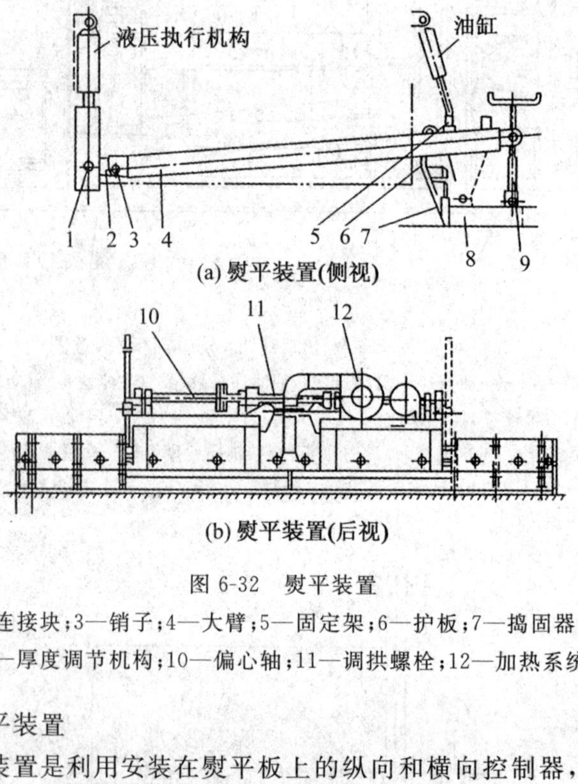

图 6-32　熨平装置

1—铰销；2—连接块；3—销子；4—大臂；5—固定架；6—护板；7—捣固器；8—熨平板；9—厚度调节机构；10—偏心轴；11—调拱螺栓；12—加热系统

6）自动找平装置

自动找平装置是利用安装在熨平板上的纵向和横向控制器，并以事先设置好的滑杆、钢丝、铺设好的路面和路肩为基准。在摊铺工作中，横向传感器能随时检查出路基的不平整度及其干扰所引起的熨平装置上检验部位的高度偏差和水平偏差，从而产生电信号，再通过各有关机构，将机身两侧的大臂梁的牵引点上下移动，以抵消高度偏差，提高摊铺质量。

现以 DY-1 型自动找平装置为例说明如下：

DY-1 型自动找平装置是利用传感器装置控制液压系统工作。其液压系统是一种开式传动系统（见图 6-33）。从图中可以看出，由溢流阀调整整个系统的负荷，分流阀的作用是在两路负荷不同时，使进入两路的流量相等，利用电磁阀调整两路进出油缸的液压油，在油缸的下腔装有液压锁，保证油缸有准确的位置。

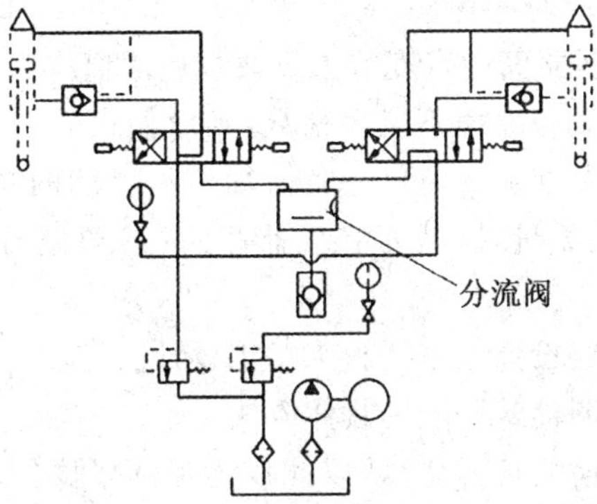

图 6-33　DY-1 型自动找平装置液压系统

(3)沥青混凝土摊铺机的合理选择及使用要点

1)沥青混凝土摊铺机的生产率计算

沥青混合料摊铺机的生产率 Q(t/h,每小时摊铺沥青混合料的吨数)按式(6-3)计算:

$$Q = hbv\rho K_t \tag{6-3}$$

式中:h——铺层厚度,m;

b——铺层宽度,m;

v——作业速度,m/h;

ρ——沥青混合料密度,t/m^3;

K_t——时间利用系数,一般取 0.75～0.95。

该生产率的大小取决于摊铺机的摊铺宽度、摊铺厚度及作业速度,它是选择沥青混合料搅拌设备、自卸车等配套机械的依据。

2)沥青混凝土摊铺机作业参数的确定

①摊铺宽度

目前,公路路面的宽度往往超过摊铺机熨平板的标准宽度和加长后的总宽度,因此需要多次摊铺才能沿横断面铺满。为了减少摊铺次数,每一条摊铺带的宽度应按某型号摊铺机的最大摊铺宽度来考虑。但是,要避免最后剩一条很窄的摊铺机无法作业的地带。某宽度为 B 的路面所需纵向摊铺的次数(摊铺带的条数)n 可按式(6-4)计算:

$$n = \frac{B - x}{b - x} \tag{6-4}$$

式中:B——路面宽度,m;

b——摊铺机熨平板的总长度,m;

x——相邻摊铺带的重叠量，m，一般为 0.08～0.25 m。

式(6-4)的含义是：路面的宽度减去重叠量后的值应为摊铺机的摊铺宽度减去重叠量后的整数倍。若 n 值不能为整数，则应使最后一条摊铺带的宽度等于该摊铺机的标准摊铺宽度。应使每一条摊铺带尽可能的宽，以减少路面的纵向接缝，提高路面的铺筑质量，这是确定摊铺宽度时应遵循的原则之一。

②摊铺厚度

摊铺厚度是由道路设计及道路施工工艺设计决定的。这里仅介绍根据道路施工工艺设计确定路面铺筑厚度的具体方法。

摊铺作业前准备两块长方垫木，以此作为摊铺厚度的基准。垫木的宽度为 5～10 cm，长度与熨平板纵向尺寸相同或稍长、厚度为铺层厚加压实量(一般为铺层厚的 1.15～1.2 倍)。摊铺机停置于摊铺带起点的平整处后，升起熨平板，将两垫木分别置于熨平板两端的下部，如图 6-34 所示。如果熨平板有加长节段，垫木应置于加长节段的近侧边处，然后放下熨平板，其提升液压缸处于浮动状态。此后转动左右两个摊铺厚度调节器的螺杆，直至感觉到有微量间隙为止(轻微手力即能转动手轮，摊铺厚度调节器为中立位置)，此时熨平板以自重落在垫木上。

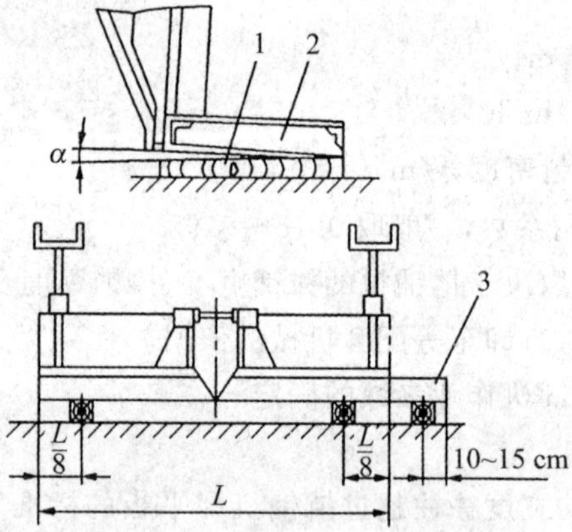

图 6-34 摊铺厚度的确定方法

1—垫木；2—熨平板；3—熨平板加长节段；

α—熨平板工作仰角；L—熨平板标准摊铺宽度

按上述方法确定摊铺厚度后，在试摊铺中要用深度测量仪检查实际摊铺厚度，必要时重新调整。

采用自动调平装置的摊铺机，摊铺作业中的铺层厚度由该装置自动控制。

③摊铺速度

为保证摊铺层符合密实度、平整度的要求，摊铺机应以恒速进行摊铺作业。合理的摊铺速度可根据沥青混合料的供给能力和摊铺宽度确定。摊铺速度 v（m/min）按式(6-5)确定：

$$v=\frac{100Q}{60bh\gamma} \tag{6-5}$$

式中：Q——沥青混合料供给量，t/h；

b——摊铺宽度，m；

h——压实后的摊铺厚度，mm；

γ——沥青混合料压实后的密度，t/m^3，一般取 2.35 t/m^3。

将密度 γ 值代入式(6-5)，得摊铺速度 v(m/min)为：

$$v=\frac{Q}{1.4bh} \tag{6-6}$$

实际上，摊铺速度还因所用沥青混合料种类、温度及铺层的层次不同而有所区别。一般来说，底层的摊铺速度较快，约为 10 m/min，面层的摊铺速度较慢，为 6 m/min 以下，这是为了使面层能得到足够的密实度和平整度，特别是面层为薄层的细料罩面时更要慢些。摊铺机前进速度较慢，铺层可得到较多的振捣次数，即摊铺机每前进 1 m，振捣梁的振捣次数应不少于 200 次。

④熨平板工作长度：是根据摊铺带宽度进行调节的。其调节方法随熨平板延伸方式的不同而异：液压伸缩式熨平板采用液压伸缩、无级调节；机械加长式熨平板采用机械固定方法，分段接长调节。

⑤熨平板拱度：熨平板拱度的调整，须在其工作长度调整后进行。拱度值必须与道路横断面结构形状及施工工艺要求相符。具有前后调拱机构的摊铺机，前面的拱度应略大于后面的，以利于铺层的结构密实度和表面质量（平整度、粗糙度）。前拱和后拱的差值应得当：前拱过大，易出现铺层两侧疏松、中间紧密、表面易拖出亮痕和纵向条纹；前拱过小或小于后拱，容易出现铺层中部疏松，两侧拖出亮痕和纵向条纹。一般前后拱的差值，机械加长式熨平板为 3～5 mm，液压伸缩式熨平板为 2～3 mm。

⑥熨平板工作仰角：由机型、铺层厚度、混合料种类和温度等因素决定，摊铺机使用说明中均有规定。在一般情况下，将调节螺杆右旋（使熨平板后部向下压）1～1.25 圈即可。此时，熨平板的前缘向上微升，使之具有 20°～40°的仰角。摊铺厚度较大时，工作仰角应稍大些。

⑦熨平板前缘与分料螺旋叶片距离：现代沥青混合料摊铺机的熨平板与分料螺旋叶片之间的距离是可调的，其目的是为了适应不同摊铺厚度、基层强度、

混合料油石比、骨料粒径及其级配、混合料温度等变化时，需要调整的要求。调整这一距离的原则是：摊铺厚度在 100 mm 以下、中粒式或粗粒式混合料、骨料最大粒径 75 mm、混合料温度正常时，距离应适中；摊铺厚度大、骨料粒径大、混合料温度较低时，此距离应加大；摊铺稳定土等软质材料、摊铺厚度较小、混合料粒径较小时，此距离应缩小。

⑧分料螺旋叶片离地高度：目前，有些沥青混合料摊铺机的分料螺旋叶片的离地高度可以调整，以适应不同摊铺厚度的需要，即较大的离地高度用于厚层摊铺，较小的离地高度用于薄层摊铺。螺旋叶片离地高度的调整范围，通常在 0～300 mm 之间。

⑨振捣器的振捣频率及行程：振捣器振捣频率的调整通常是，大行程时采用低频，小行程时采用高频，调整时由低到高逐步增加。摊铺面层时每前进5 mm，振捣次数不得少于 1 次，并随时检测摊铺层的密实度。

振捣器的振捣行程调整分为有级调整和无级调整两种，调整范围一般 4～12 mm。

摊铺骨料的粒径较大时使用大行程，反之则使用小行程。

⑩熨平板前刮料板的高度：要根据摊铺层厚度和沥青混合料骨料粒径大小进行调整。因为刮料板高度不同，所以熨平板前面的沥青混合料数量就不同，沥青混合料对熨平板工作面（底平面）的抬升力也就不同，故熨平板工作仰角的变化将影响摊铺厚度和平整度，所以刮料板的高度要调整得当。刮料板高度调整的要求是：薄层摊铺时刮料板刃部高出熨平板底平面 130～150 mm 为宜，对液压伸缩熨平板，因系统刚度较小，上述数值应适当减小；摊铺厚度增加或沥青混合料骨料的粒径较大时，此值应适当加大，反之此值应适当减小。刮料板高度调整后应保证刮料板底刃与熨平板底面平行。

以上所述的沥青混凝土摊铺机作业参数，前三个（摊铺宽度、摊铺厚度、摊铺速度）为主参数，而后的七个（熨平板工作长度、熨平板拱度、熨平板工作仰角、熨平板前缘与分料螺旋叶片距离、分料螺旋叶片离地高度、振捣器的振捣频率及行程、熨平板前刮料板的高度）为结构参数。

6.2.1.3 压实机械

在筑路过程中，路基和路面压实效果的好坏，是直接影响工程质量优劣的重要因素。路基土壤压实的目的，在于减小土壤的间隙，增加土壤的密实度，提高路基的抗压强度和稳定性，使其达到规定的承载能力。路面铺层压实的目的，在于提高被压材料的密实度，使其达到规定的压实度，以抵抗在其上行驶的车辆等物体的动力影响及雨雪的侵蚀。

(1)压实机械的分类及特点

压实机械可以按压实作用原理、行走方式、碾压轮形状来进行分类。

1)按压实作用原理分类

按压实工作机构的作用原理,压实机械可分为静作用碾压机械、振动碾压机械、振荡碾压机械和夯实机械。

①静作用碾压机械:静作用碾压机械依靠机械自重产生的静压力,利用滚轮在碾压层表面的往复滚动,使被压实层产生一定程度的永久变形而达到压实目的。这类压实机械主要有凸块压路机、光轮压路机和轮胎压路机。

②振动碾压机械:振动碾压机械利用专门的振动机构,以一定的频率和振幅振动,并通过滚轮往复滚动传递给压实层,使压实材料的颗粒在振动力和静压力联合作用下发生振动位移而重新组合,提高其密实度和稳定性,从而达到压实目的。这类压实机械包括各种拖式和自行式振动压路机,其分类如表 6-9 所示。

表 6-9　振动压路机的分类

<table>
<tr><th>行走形式</th><th>轮轴数</th><th>机架形式</th><th>碾轮功能</th><th>适用范围</th></tr>
<tr><td>拖式</td><td>单轴单轮</td><td>整体</td><td>单振动轮,由拖拉机牵引</td><td>压实大型填土和填石的基础工程</td></tr>
<tr><td rowspan="2">手扶式</td><td>单轴单轮</td><td>整体</td><td>单振动、驱动轮</td><td>狭窄或小范围的碾压</td></tr>
<tr><td>两轴两轮</td><td>整体</td><td>双振动、驱动轮</td><td>一般路面和山区道路的碾压</td></tr>
<tr><td rowspan="6">自行式</td><td rowspan="5">两轴两轮</td><td rowspan="2">整体</td><td>带转向轮的单振动、驱动轮</td><td rowspan="2">用于压实路基及路面,对非黏性碾压物和干硬性混凝土的大面积作业尤为优越</td></tr>
<tr><td>全轮转向、振动和驱动轮</td></tr>
<tr><td rowspan="3">铰接</td><td>带转向轮的单振动、驱动轮</td><td rowspan="3">用于筑路、筑坝、机场跑道、公路等沥青路面、基础层、次基层以及路堤填方的压实</td></tr>
<tr><td>单轴轮胎牵引驱动的单振动轮</td></tr>
<tr><td>单轴钢轮牵引车驱动的双振动轮</td></tr>
<tr><td>钢轮轮胎组合式</td><td>铰接</td><td>钢轮为振动轮,轮胎为驱动和转向轮</td><td>用于筑路工程,能适合各种层次路基、路面的施工要求</td></tr>
</table>

③振荡碾压机械：振荡碾压机械是利用压路机滚轮高频振荡（摆动）对被压实层做快速反复冲击和滚轮的滚压相结合，靠振荡力矩产生的剪切力和滚动分配质量的静压力综合作用，使被压实层达到压实。这类压实机械包括自行式振荡压路机和具有振荡功能的多功能压路机。

④夯实机械：夯实机械是利用夯本身的质量和夯的冲击运动或振动，对被压实的材料施加动压力，以提高其密实度、强度和承载能力等的压实机械。它的主要特点是轻便灵活，特别适用于压实边坡、沟槽、基坑等狭窄场所，在大型工程中与其他压实机械配套，完成大型机械所不能完成的边角区域的压实。

夯实机械的分类如表 6-10 所示。

表 6-10　夯实机械的分类

分类和特点		应用范围
振动冲击夯	内燃式：以内燃机为动力，机动灵活，但结构较复杂	适用于砂土、三合土、砾石等土层的夯实，因其机动灵活，更适合室内地面、庭院、各种沟槽以及条形基础、基坑基底等狭窄地段回填夯实
	电动式：以电动机为动力，结构较简单，操作方便	
振动平板夯	内燃式：以内燃机为动力，不受电源限制，但结构复杂	具有冲击和振动的综合作用，适用于沥青混合物、砂质土壤、砾石、碎石和灰土的夯实，尤其适用于沥青路面的修补、室内外场地夯实、边坡和道路的基础夯实
	电动式：以电动机为动力，要受电源限制，但结构较简单	
蛙式夯实机	电动式：结构简单、操作方便	适用于道路、水利等土方夯实和场地平整，尤其适用于灰土和素土的道路夯实作业

2）按行走方式分类

压路机按行走方式可分为自行式、拖式和手扶式三类，其中拖式压路机采用推土机、拖拉机等其他施工机械或车辆牵引碾压机械进行压实。

3）按碾压轮形状分类

压路机按碾压轮的形状可分为光轮、凸块（羊脚）轮和充气轮胎式三类。

（2）压实机械的构造

1）静作用压路机的构造

①拖式凸块压路机的构造

拖式凸块压路机又称羊足碾，它是在钢板卷制光面的碾轮上有规则地加装若干羊足式凸块的压实机械，因其凸块以较小面积深入土层，压强较大，因此可大大提高工效。

凸块有圆形、长方形和菱形等多种，它的高度与碾重和压实深度有关，凸块高度与碾轮之比一般为 1∶8～1∶5。有些重型凸块压路机的凸块高度可以调整，以适应较大的铺土厚度。

拖式凸块压路机分为单筒和双筒两种形式，双筒拖式凸块压路机的外形如图6-35所示。

②自行式光轮压路机的构造

自行式光轮压路机是以内燃机为动力的静作用压路机，按其滚轮和轮轴数可分为两轮两轴式、三轮两轴式、三轮三轴式三种，按其质量可分为轻型、中型、重型和特重型四种。

光轮压路机由前后碾轮、动力装置、变速器、侧传动、操纵机构和机身等组成，其中两轮两轴式光轮压路机的构造如图6-36所示。

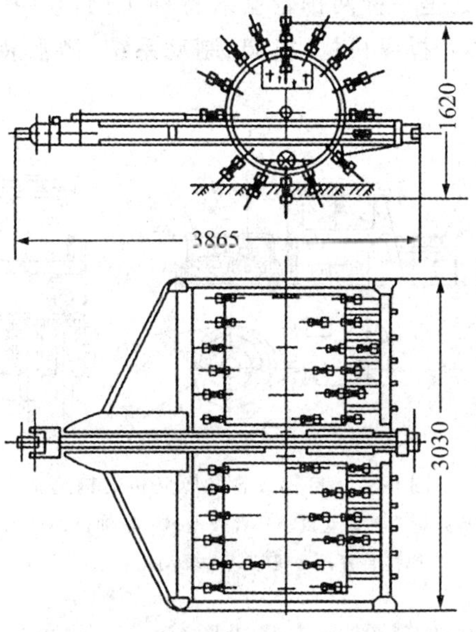

图6-35　双筒拖式凸块压路机外形

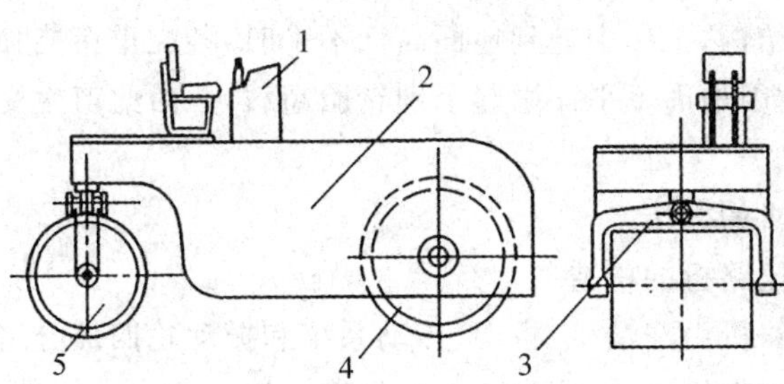

图6-36　两轮两轴式光轮压路机的构造

1—操纵台；2—机身；3—前轮叉脚；4—驱动轮；5—转向轮

③轮胎压路机的构造

轮胎式压路机是一种多轮胎的特种车辆，车厢上有可增减的压重物，它采用充气轮胎，利用车厢内配重的增减来调整压路机的质量，以及通过改变轮胎充气压力来调整接触压力，使其与土壤的极限强度相适应，从而达到良好的压实效果。

轮胎压路机又分为自行式和拖式两种。自行式轮胎压路机具有轻便灵活、速度快等优点，主要用于筑路工程；拖式轮胎压路机具有质量大、压实深度大、生产率高等优点，用履带式拖拉机牵引，适用于较狭窄的工作面和较差工作条件的碾压工作。

自行式轮胎压路机是一种两排轮胎的特种车辆，它由发动机、传动系统、轮胎行走系统（工作装置）、操纵机构、机架、制动系统、洒水装置等组成，其构造如图 6-37 所示。

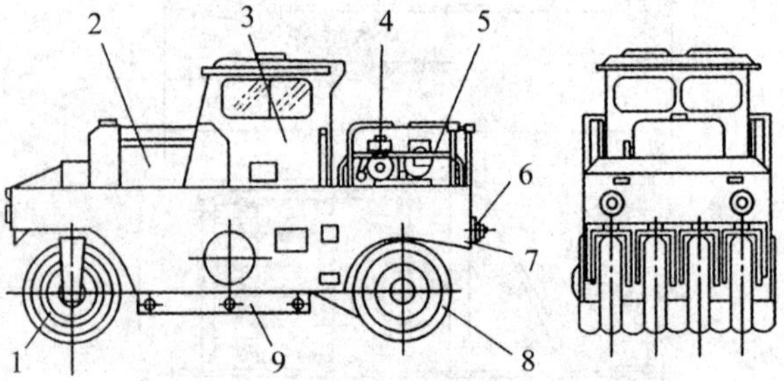

图 6-37　自行式轮胎压路机的构造

1—转向轮；2—发动机；3—驾驶室；4—汽油机；5—水泵；
6—拖挂装置；7—机架；8—驱动轮；9—配重铁

拖式轮胎压路机构造简单，由安装轮胎（5～6 个）的轮轴、牵引框架以及车箱等组成。牵引框架由槽钢焊制的纵、横梁组成，其上并列着多个配重箱，各配重箱采用组合式结构，工作中遇到地面高低不平时，各配重箱能独立地沿垂直方向相对移动，不致因地面不平而引起个别轮胎超载，并由此产生受力不均而影响压实质量。

2）振动压路机的构造

①拖式振动压路机的构造

拖式振动压路机由柴油机、机架、传动系统和振动轮四部分组成。

柴油机装在机架箱体上，柴油机动力经第一级三角皮带轮带动主动轴旋转。动力还经离心式离合器带动二级皮带轮旋转，并使振动轮内装的偏心轴两端的胶带轮转动，由此产生偏心振源，使振动轮产生振动。

②手扶式振动压路机的构造

手扶式振动压路机有单轮振动和双轮振动两种，它是由柴油机的动力经过传动系统启动振动器，使振动轮产生振动，其构造如图 6-38 所示。

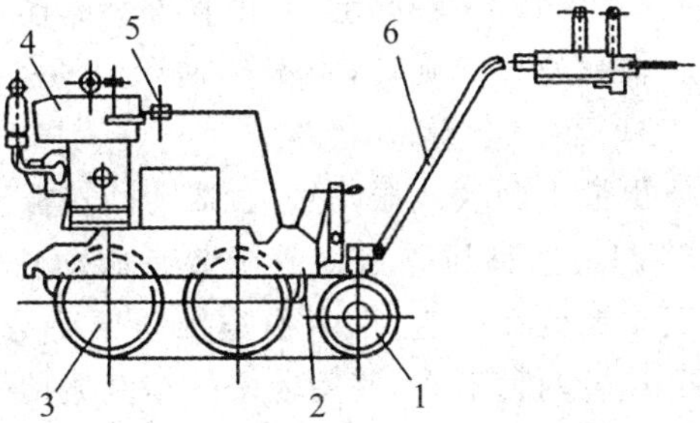

图 6-38　手扶式振动压路机的构造

1—转向轮；2—机架；3—驱动轮；4—柴油机；5—洒水箱；6—扶手柄

③自行式振动压路机的构造

自行式振动压路机按其构造不同有多种形式，其外形如图 6-39 所示。

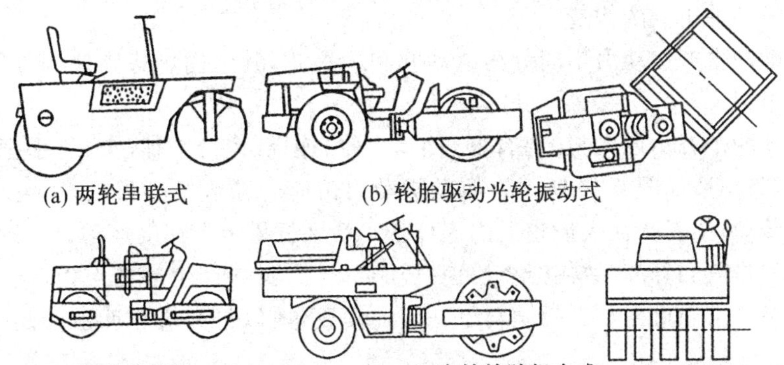

(a) 两轮串联式　(b) 轮胎驱动光轮振动式

(c) 两轮铰接式　(d) 光轮轮胎组合式

图 6-39　几种自行式振动压路机外形

a. 两轮串联式(YZC)：这种压路机外形结构与静作用两轮压路机相似，不同处是其光轮为振动轮。按其振动轮和驱动轮的数量，可分为单轮振动、驱动和双轮振动、驱动两种形式。其中，单轮振动、驱动式压路机的转向轮位于后端，它是带框架的常规式两半轮，为了便于转向，其轮宽和直径都较振动轮小。而双轮振动、驱动式压路机的特点则是前后轮的布置与机身完全对称，驾驶室设置在中央位置，前后轮的尺寸、结构以及载荷分配等完全相同。前后轮的驱动、振动和转向都由液压系统分别操纵，由于前后轮能独立转向，因此作业中能根据需要采用多种转向形式，灵活方便。

b. 轮胎驱动光轮振动式(YZ):这种压路机都为铰接式车架结构,由一个装有振动轮的机架和一台单轴轮胎牵引车铰接在一起,由牵引车推动振动碾轮行驶。振动碾轮中心由两根短轴用中间花键轴套连接成一根长轴,在碾轮左右两个空腔中各有一块偏心块固定在轴心上,并由其外端的连接套与液压马达相连,由液压马达带动偏心轴高速独立旋转,由偏心轴产生的激振力使碾轮起振动压实作用。

这种压路机只要更换上凸块式振动轮,就成为凸块振动压路机(YZK)。

c. 两轮铰接式(YZJ):这种压路机由一个装有振动轮的机架和一台装有动力装置的单碾轮牵引车铰接在一起,由牵引车推动振动轮行驶。它有单振动—驱动轮和双振动—驱动轮两种形式,使用较多的是双振动—驱动轮式,它的转向是依靠前后两节机架相对地偏摆来实现的,由液压控制。

d. 光轮轮胎组合式(YZZ):这种压路机由一个装有振动轮的机架和一台多轮胎的牵引车铰接组成。其构造与轮胎驱动光轮振动式相似,主要区别是装有4～5个平列的光面充气轮胎,它不仅是驱动轮,还可以起到碾压轮的作用。

3)夯实机械的构造

①振动冲击夯的构造

振动冲击夯按动力不同分为电动式和内燃式,其中内燃式因使用方便而得到广泛采用。

振动冲击夯由原动机、离合器、传动齿轮、连杆、内外缸体、夯板、手把、车轮等组成,其构造如图6-40所示。原动机动力由离合器传给小齿轮,小齿轮带动大齿轮转动,使安装在大齿轮上的连杆带动活塞杆做上下往复运动,由于弹簧对其能量的吸收和释放,致使夯板快速跳动,对被夯材料产生冲击作用,从而取得夯实效果。由于机身与夯板倾斜了一定的角度,所以打夯机在冲击的同时会自动前进。

②振动平板夯的构造

振动平板夯是利用电动机或内燃机驱动,经二级三角皮带减速,驱动振动体内的偏心转子旋转,从而产生惯性力,使平板形底座产生振动,完成土壤的夯实。它对各种土均有较好的压实效果。

③蛙式夯实机的构造

蛙式夯实机是我国创制的夯实机械,广泛用于建筑施工中夯实灰土和素土地基、地坪及完成场地的平整工作等。

蛙式夯实机由夯头、动力和传动系统、拖盘三部分组成,其构造如图6-41所示。电动机经过二级减速,使夯头上的大皮带轮旋转,利用偏心块在旋转中产生的能量,使夯头上下周期性地夯击。在夯击的同时,夯实机也能自行前进。

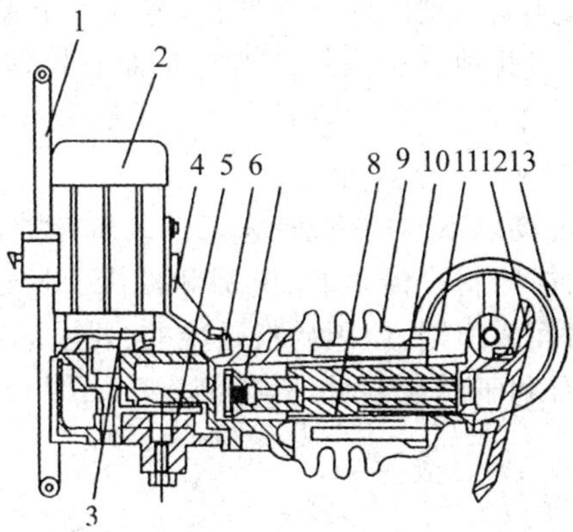

图 6-40 振动冲击夯的构造

1—扶手；2—电动机；3—离合器；4—支承板；5—齿轮；6—曲轴箱；7—连杆；
8—外罐体；9—防尘拆箱；10—弹簧；11—内罐体；12—夯板；13—运输轮

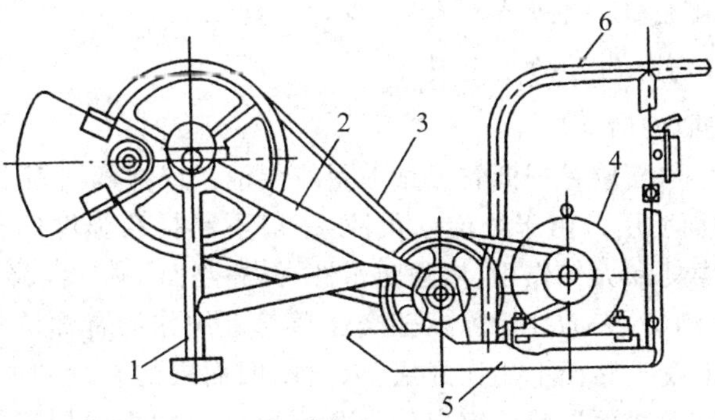

图 6-41 蛙式夯实机构造

1—夯头；2—夯架；3—三角皮带；4—电动机；5—底盘；6—手把杆

6.2.2 沥青路面的分类

沥青路面是采用沥青材料作结合料，黏结矿料或混合料修筑面层的路面结构。沥青路面属于柔性路面，其力学强度和稳定性主要取决于基层与土基的特性。

6.2.2.1 沥青路面的施工方法

(1)层铺法

层铺法是用分层洒布沥青、分层铺撒矿料和碾压的方法修筑而成，按这种方法重复几次做成具有一定厚度的层次。其主要优点是施工工艺和设备简单、工效高、进度快、造价低;其缺点是路面成型期长,需要一个炎热季节的行车碾压泛油期,路面方能成型。用此种方法修筑的沥青路面有层铺式沥青表面处治和沥青贯入式两种。

(2)路拌法

路拌法是在施工现场以不同的方法(人工的或机械的,牵引式的或半固定式的机械等)将冷料热油或冷料冷油拌和、摊铺和碾压。通过拌和,沥青分布比层铺法均匀,可以缩短路面成型期,但因矿料是冷的,要求沥青稠度较低,故混合料强度较低。路拌法较有利于就地取材,乳化沥青碎石混合料和拌和式沥青表面处治即按此法施工。

(3)厂拌法

厂拌法是集中设置拌和基地,采用专门设备,将具有一定级配的矿料和沥青加热拌和,然后将混合料运至工地热铺热压或冷铺冷压(当使用液体沥青时),碾压终了即可开放交通。此法需用黏稠的沥青和精选的矿料,因此,混合料质量高,路面使用寿命长,但一次性投资的建筑费用也较高。采用厂拌法施工的沥青路面有沥青混凝土和厂拌沥青碎石。

6.2.2.2 沥青面层的主要类型

(1)沥青表面处治面层

沥青表面处治面层是用沥青和细粒料按层铺法或拌和法施工的厚度不超过3 cm的薄层路面面层。由于处治层很薄,一般不起提高强度的作用,其主要作用是抵抗行车磨耗和大气作用,增强防水性,提高路面平整度,改善行车条件。

层铺法(喷洒法)表面处治除在轻交通道路上用作沥青面层外,还可在旧沥青面层或水泥混凝土路面上用作封层,以封闭旧面层的裂缝和改善旧面层的抗滑等性能。层铺法表面处治的突出优点是摩擦系数和表面构造深度大,有利于高速车辆安全行驶。此外,它有良好的抗温度裂缝性能。层铺法表面处治要求有严格的施工工艺,使用的碎石应该干燥、清洁,并且最好能在撒布前先用液体沥青预拌,保证碎石表面无尘土和石粉,以增强碎石和沥青的黏结力。一些国家在老路面上用聚合物改性沥青做封层(实际上是单层或双层表面处治),大大提高了路面的使用性能,延长了使用寿命。但这种方法存在石料容易散失的缺点,因此国内外多采用混合式表面处治。混合式表面处治通常是双层式,下层采用喷洒法施工,上层采用预拌沥青混合料或沥青乳液砂浆。

我国从20世纪60年代开始推广渣油表面处治以来,就习惯采用拌和法表面处治(通常厚2～3 cm)。拌和法表面处治的优点是集料不易散失,但其摩擦系数和表面构造深度都比喷洒法表面处治小,其抗温度裂缝性能也不如喷洒法表面处治。

在铺筑沥青表面处治面层时,各种基层表面绝对不能有任何砂土或石灰粉煤灰薄层。水泥稳定土和石灰稳定土基层表面不能有薄层找补，即贴皮现象。因为在道路投入使用后，薄层砂土和薄层找补都可能导致表面处治面层搓动和脱落(即脱皮现象)。为使喷洒法沥青表面处治面层经久耐用，它的下承层必须有很均匀的表面结构。实践证明，在具有均匀表面结构的下承层上做表面处治，使用十年后，路面状态仍然让人满意。

(2)沥青贯入式碎石面层

沥青贯入式碎石面层是一种较早使用的沥青面层。它在道路上的应用已有数十年的历史，它的厚度通常是 4～8 cm(但用做基层时，其厚度可以是 10 cm)沥青贯入式碎石是靠矿料颗粒间的锁结作用以及沥青的黏结作用获得所需的路面强度和稳定性，沥青既是黏结剂，又是防水剂。

沥青贯入式面层具有较高的强度和较大的荷载分布能力，在柔性路面的整体强度中，起着重要的作用。

沥青贯入式碎石面层是一种多孔隙的结构，尤以下部粗碎石之间的孔隙为大。作为面层，沥青贯入式碎石必须有封面料，以密闭其表面，减少表面水透入路面结构层，并提高贯入式面层本身的耐用性。贯入式面层的最上一层应该做成封层，它类似于沥青表面处治面层。

即使沥青贯入式碎石面层的表面做成封层，雨季表面水仍可能渗入，特别是新铺筑的贯入式面层透水更严重。由于沥青贯入式碎石层具有大量孔隙，因此透入贯入式碎石层中的水如不能及时排出，贯入式碎石层就可能成为一个蓄水层，水较长时间滞留在贯入式结构层中，会促使沥青从矿料颗粒表面剥离，严重影响贯入式面层的使用质量和寿命。滞留在贯入式结构层中的水如果反复冻融，危害作用会更大。一旦贯入式面层成为含水层，就使水有充分的时间和数量影响基层的性质，导致路面强度降低，甚至破坏。因此，在使用贯入式面层时，应该特别注意路面结构层的排水。

由于贯入式面层的多孔隙性，作为贯入式面层的基层宜是密实结构的，特别是基层表面应该是密实的。如果基层材料也是多孔隙和大孔隙的，夏季高温时期面层中的沥青可能下流到基层中。面层中沥青数量减少，会影响面层的使用寿命，如基层比较软弱，行车荷载可能将贯入式面层下部的大碎石(部分地)压进基层，也可能将软弱的基层材料压挤进贯入式面层下部大碎石间的孔隙。这种互相挤压的结果是使贯入面层变形，从而使碎石形成的嵌锁作用遭到破坏，对贯入式面层的强度和稳定性造成很不利的影响。因此，无机结合料稳定粒料基层作为贯入式面层基层较好。

施工质量不佳的贯入式面层的主要损坏现象是封面料散失。在封面料已经散失或大部分散失的贯入式面层上，重新封面往往能得到良好的效果。

沥青贯入式面层质量好坏的标志还有泛油情况和平整度。泛油通常是由于沥青，特别是表面沥青过多引起。嵌缝料数量过多，在主层石料上单独形成一层，而且嵌缝料被压碎得过多，使后一次喷洒的沥青难以下贯，也会导致泛油现象。泛油使面层表面软化、变形、光滑，使行驶条件变坏。

沥青贯入式碎石层（含面层和基层）的施工往往难于保证质量，其原因如下：

1）碎石堆放过程中易被尘土和雨水污染，污染的碎石不能与沥青相黏结。

2）除非用碎石摊铺机摊铺主层碎石，否则碎石层的平整度和高程都难以控制在规范允许的误差范围内。

3）沥青用量难于控制准确，并难于避免喷洒重叠。

因此，在高等级道路上一般都不用贯入式碎石做底面层。一些发达国家的道路已不再采用贯入式碎石这种结构层，而改用沥青碎石混合料。

由于贯入式碎石结构层施工要求的机械设备较少，也较简单，施工进度较快，因此这种形式的路面结构层在我国一般道路的建设中仍被广泛使用。

为了克服沥青贯入式面层封面料容易散失的缺点，以及提高其防渗水性能，用预拌混合料或沥青乳液砂浆代替封面料或代替嵌缝料和封面料，可取得良好的效果。这是一种混合式的沥青贯入式面层，在一些国家中曾被采用。在我国一般公路上至今仍被较广泛应用的下贯上拌式沥青面层也是这种混合式结构。

（3）沥青碎石面层

沥青碎石面层通常含有较多的碎石颗粒（粒径 5 mm 或 2.5 mm 以上的颗料），而且对这些颗粒的级配要求较松（级配范围较宽），因此其孔隙率较大。

根据铺筑和压实时沥青混合料的温度，沥青碎石可分为热铺、温铺和冷铺三种。热铺混合料采用较稠的沥青。冷铺混合料采用较稀的沥青。温铺混合料所用的沥青介于两者之间。

沥青碎石面层具有较高的强度和稳定性，它是高级沥青面层之一，可以在中等交通道路以及重交通道路上用做面层或底面层。冷铺沥青碎石面层的强度和稳定性较热铺的差，可以在中等交通道路和轻交通道路上用做面层和基层。用砾石制备的沥青混合料只能在轻交通道路上用做面层。沥青碎石是一种使用比较广泛的沥青结合材料层。我国高等级道路上，多数采用沥青碎石混合料做沥青面层的底面层，其原因主要是：如半刚性基层先产生了裂缝，沥青碎石底面层比沥青混凝土有较好的抗反射裂缝能力（但实际上，在较薄沥青层下，会从底面开始产生反射裂缝，沥青碎石也不能抑制其产生），在高温条件下，由于沥青碎石混合料中的碎石含量（5 mm 以下颗粒含量平均占 80%）明显多于最大粒径相同的沥青混凝土中的碎石含量（5 mm 以上颗粒含量平均占 45%），因此前者的抗永久形变能力较强。

沥青碎石面层具有下列一些特点：

1）由于沥青碎石面层的强度主要取决于石料颗粒间的嵌锁力；受沥青软化的影响较小，因此其热稳性较好。在经常启动和制动处（如停车站、十字路口等）不易发生搓板状形变。

2)沥青碎石面层的沥青用量较沥青混凝土和沥青贯入式为少,因此,沥青碎石面层的工程造价较低。

3)沥青碎石混合料可以在厂内或中心站集中拌制,质量容易得到保证。由于采用了具有较好级配的碎石,压实后密实度较大,稳定性较沥青贯入式为好。

4)沥青碎石面层的可施工期比沥青贯入式面层长。

沥青碎石面层的主要缺点是孔隙率较大,空气和表面水易透入。空气进入,会促使沥青老化;水的透入,对沥青与矿料的黏结力产生有害作用,使沥青易从石料上剥离。特别在夏季高温时期,雨水进入沥青碎石层后在重车作用下容易产生黏沥青剥落、路面变形甚至松散和坑洞等病害,因此,沥青碎石只能用做一般道路上的面层,而且应选用与沥青黏附性好的石料,与沥青黏结不好的酸性石料不宜直接应用,应先采用石灰、水泥等活性添加剂改善沥青与石料的黏结力。在潮湿多雨地区,使用单层式沥青碎石面层时,为克服其透水性大的缺点,宜采用最大粒径 20～25 mm 且孔隙率接近低限的矿料,并应在其上加做封层。

(4)沥青混凝土面层

沥青混凝土是用不同粒级的碎石、天然砂或破碎砂、矿粉和沥青按一定比例在拌和机中热拌所得的混合料。这种混合料的矿料部分具有严格的级配要求,这种混合料压实后所得的材料具有规定的强度和孔隙率时,称作沥青混凝土。

沥青混凝土具有很高的强度和密实度,在常温下还具有一定的塑性。它的强度和密实度是各种沥青矿料混合料中最高的,密实沥青混凝土的透水性很小、水稳性好,有较大的抵抗自然因素和行车作用的能力,因此,它的使用寿命长、耐久性好。沥青混凝土面层是适合现代高速汽车行驶的一种优质高级柔性面层,铺在坚实基层上的优质沥青混凝土面层可以使用 20～25 年,国外的重交通道路和高速公路主要采用沥青混凝土做面层。沥青混凝土面层在我国城市道路和高等级公路上也得到了广泛的应用。

就材料组成和制备及铺筑工艺而言,沥青混凝土与沥青碎石(混合料)有很多相似之处,只是沥青混凝土对矿料的级配要求很严格,粒径 4.75 mm(方孔筛)以上的碎石含量较沥青碎石少,同时必须采用矿粉。

粗粒式沥青混凝土通常用于铺筑面层的下层,它的粗糙表面使它与上层良好黏结,也可用于铺筑基层,从提高沥青面层的抗弯拉疲劳寿命出发采用粗粒式沥青混凝土做底面层明显优于采用沥青碎石。

中粒式沥青混凝土主要用于铺筑面层的上层,或用于铺筑单层面层。

对于面层的上层,在城市道路上使用最广的是细粒式沥青混凝土。与中粒式和粗粒式沥青混凝土相比,细粒式沥青混凝土的均匀性较好,并有较高的抗腐蚀稳定性。只要矿料的级配组成合适,并满足其他技术要求,细粒式沥青混凝土就具有足够的抗剪切稳定性,可以防止产生推挤、波浪和其他剪切形变。但细粒式沥青混凝土的表面构造深度通常达不到要求。

综上所述,沥青混凝土路面具有以下一些优点:

1)施工质量符合要求的沥青混凝土路面的强度高,能承担各种繁重的交通运输任务;

2)具有良好的平整度,表面坚实、无接缝,因此,行车平稳、舒适、噪声小,且经久耐用;

3)由于它的透水性小,因此它比其他各种沥青面层更能防止表面水渗入路面结构层;

4)沥青混凝土混合料通常集中在工厂或中心站,用机械加工拌制,石料的配合比以及沥青用量都得以严格控制,质量容易得到保证;

5)可以大面积施工,现场操作方便,完成后可以及时通车;

6)沥青混凝土面层的可施工期较沥青表面处治和沥青贯入式面层要长。

由于面层是直接经受行车作用和受大气作用最大的层次,因此沥青面层应该具有良好的平整度、抗滑性、耐磨耗性、不透水性、高温不软化变形、低温不脆裂松散和较少裂缝及耐腐蚀等性能。沥青面层性能的好坏取决于所用沥青材料和石料的品质,所采用的结构形式以及设计、施工的优劣。喷洒型的沥青表面处治和沥青贯入式面层都是多孔隙和易透水的,开放交通后,特别在快速交通作用下,封面料往往容易散失。如采用沥青乳液砂浆或沥青矿料混合料做沥青表面处治和沥青贯入式的封面料,则可以填塞其孔隙,大大减小其透水性,克服封面料易散失的弊病,而且可使路面具有良好的粗糙度。质量好的沥青混凝土的各种性能都能满足要求,但沥青混凝土的造价最高。沥青碎石混合料的密实度和透水性次于沥青混凝土,但优于沥青表面处治和沥青贯入式。在没有合格岩石的地区,当利用沥青砂在经济上合理时,可以使用沥青砂。

选择沥青面层时,应该考虑道路等级、交通类型、要求的使用期、设计年限内标准轴载的累计当量轴次、气候条件、筑路材料、施工机械以及养护条件等因素,并参考《公路沥青路面设计规范》(JTG D50—2006)和《公路沥青路面施工技术规范》(JTG F40—2004)。高等级公路通常采用沥青混凝土面层。

6.2.3 热拌沥青混合料路面的施工

热拌沥青混合料路面的施工过程主要包括六个方面:沥青混合料的选用、沥青混合料的拌制、运输、摊铺、压实成型和接缝处理。

6.2.3.1 混合料的类型及其选用

沥青混合料通常是指未经摊铺、碾压的由矿料与沥青在热态下拌和而成的混合物。沥青路面应根据公路的等级、使用要求、交通条件、各结构层功能等因素,并结合沥青层的厚度和当地的经验,合理选择各结构层的沥青混合料类型。如:抗滑面层宜选用沥青玛蹄脂碎石混合料 SMA、密级配粗型沥青混合料 AC

—C,有条件时可用开级配的排水式沥青磨耗层OGFC,但在各沥青层中至少有一层应为密级配的沥青混合料等。

热拌沥青混合料(HMA)在热态下铺筑施工成型的路面称为热拌沥青混合料路面,适用于各种等级公路的路面。根据混合料中集料的公称最大粒径值、矿料级配、空隙率,可将热拌沥青混凝土混合料分为粗粒式、中粒式、细粒式及砂粒式等类型(见表6-11)。沥青路面的集料最大粒径一般是从上至下逐渐增大,因此,中粒式及细粒式适用于上层,粗粒式只能用于中下层。

表6-11 热拌沥青混合料种类

<table>
<tr><td rowspan="3">混合料类型</td><td colspan="3">密级配</td><td colspan="2">开级配</td><td>半开级配</td><td rowspan="3">公称最大粒径(mm)</td><td rowspan="3">最大粒径(mm)</td></tr>
<tr><td colspan="2">连续级配</td><td>间断级配</td><td colspan="2">间断级配</td><td rowspan="2">沥青碎石</td></tr>
<tr><td>沥青混凝土</td><td>沥青稳定碎石</td><td>沥青玛蹄脂碎石</td><td>排水式沥青磨耗层</td><td>排水式沥青碎石基层</td></tr>
<tr><td>特粗式</td><td>—</td><td>ATB-40</td><td></td><td></td><td>ATPB-40</td><td>—</td><td>37.5</td><td>53</td></tr>
<tr><td rowspan="2">粗粒式</td><td>—</td><td>ATB-30</td><td>—</td><td>—</td><td>ATPB-30</td><td>—</td><td>31.5</td><td>37.5</td></tr>
<tr><td>AC-25</td><td>ATB-25</td><td>—</td><td>—</td><td>ATPB-25</td><td>—</td><td>26.5</td><td>31.5</td></tr>
<tr><td rowspan="2">中粒式</td><td>AC-20</td><td>—</td><td>SMA-20</td><td>—</td><td>—</td><td>AM-20</td><td>19.0</td><td>26.5</td></tr>
<tr><td>AC-16</td><td>—</td><td>SMA-16</td><td>OGFC-16</td><td>—</td><td>AM-16</td><td>16.0</td><td>19.0</td></tr>
<tr><td rowspan="2">细粒式</td><td>AC-13</td><td>—</td><td>SMA-13</td><td>OGFC-13</td><td>—</td><td>AM-13</td><td>13.2</td><td>16.0</td></tr>
<tr><td>AC-10</td><td>—</td><td>SMA-10</td><td>OGFC-10</td><td>—</td><td>AM-10</td><td>9.5</td><td>13.2</td></tr>
<tr><td>砂粒式</td><td>AC-5</td><td>—</td><td>—</td><td>—</td><td>—</td><td></td><td>4.75</td><td>9.5</td></tr>
<tr><td>设计空隙率(%)</td><td>3~5</td><td>3~6</td><td>3~4</td><td>>18</td><td>>18</td><td>6~12</td><td>—</td><td>—</td></tr>
</table>

根据强度形成机理的不同,热拌沥青混合料分为嵌挤型和密实型两类。根据矿料级配类型的不同,热拌沥青混合料可分为密级配型、开级配型和半开级配型。

除上述沥青混凝土混合料外,尚有其他特殊类型的沥青混合料。如用沥青、矿粉及纤维稳定剂组成的沥青玛蹄脂与具有间断级配的矿质集料混合后即形成沥青玛蹄脂碎石混合料(简称SMA),其具有抗滑、耐磨、抗疲劳、低噪声、抗高温车辙、低温开裂少等优点。

沥青混凝土是一种优良的路用材料,主要用于高速公路和一级公路的面层。

热拌沥青碎石适用于高速公路和一级公路路面的过渡层或整平层以及其他等级公路的面层。选择沥青混合料的类型时应在综合考虑公路所在地区的自然条件、公路等级、沥青层位、路面性能要求、施工条件及工程投资等因素的基础上，按表 6-12 确定沥青混合料的类型。

表 6-12　　沥青路面各层适用的沥青混合料类型

结构层次	高速公路和一级公路		其他等级公路	
	三层式沥青混凝土面层	双层式沥青混凝土面层	沥青混凝土面层	沥青碎石面层
上面层	AC-3，AC-16，AC-20	AC-13，AC-16	AC-13，AC-16	AM-13
中面层	AC-20，AC-25	—	—	—
下面层	AC-25，AC-30	AC-20，AC-25，AC-30	AC-20，AC-25，AC-30，AM-25，AM-30	AM-15，AM-30

6.2.3.2　沥青混合料的拌制

沥青混合料必须在沥青拌和厂内采用专用的拌和设备拌制，且拌和需在一定温度下进行，这样才能保证沥青达到要求的流动性，良好地裹覆集料颗粒。通常以沥青黏度为 0.17 Pa·s时的温度为沥青混合料的拌和温度。

6.2.3.3　沥青混合料的运输

热拌沥青混合料应采用自卸汽车运输到摊铺地点。运输过程中，为减少热量损失、防止雨淋或环境污染，应在混合料上覆盖毡布。为防止沥青与车厢的黏结，车厢底板上应涂刷薄层掺水柴油(油：水为 1：3)。混合料运送到摊铺地点的温度应符合规定要求，若温度不符合要求，或者发现沥青混合料已经成团块、遭受雨淋，应予以废弃。

6.2.3.4　沥青混合料的摊铺

摊铺沥青面层的基层必须平整、坚实、洁净、干燥，标高和横坡符合要求。路面原有的坑槽应用沥青碎石材料填补，泥砂、尘土应扫除干净。

混合料摊铺应采用摊铺机械进行。施工时应保证混合料摊铺的温度符合规范要求。摊铺厚度应为设计厚度乘以松铺系数，其系数应通过试铺碾压确定，通常可按沥青混凝土混合料 1.15～1.35、沥青碎石混合料 1.15～1.30 酌情取值。摊铺速度不宜过快，否则可能会产生离析现象，一般控制在 2～6 m/min。摊铺过程中应保持速度稳定，以避免面层表面粗糙度不一。

6.2.3.5 沥青混合料的碾压

沥青混合料的碾压是保证路面结构质量的重要环节，也是沥青路面施工的最后一道主要工序。通过压实，集料颗粒间相互挤密并被沥青黏结在一起，使结构层达到设计的密实度、强度和水稳定性要求。碾压需要在一定的温度和碾压方法下才能取得良好的压实效果。

碾压过程分为初压、复压和终压三个工序。在碾压过程中，使用单一机型的碾压机械往往难以完成整个工程的作业，因此常常采用大、中、小型机械配合或多种机械组合进行。常用的碾压机械包括钢筒式压路机、轮胎式压路机以及目前使用越来越多的振动式压路机。

初压的目的是整平和稳定混合料，同时为复压创造条件。初压一般选则 6～8 t 的双轮钢筒式压路机，从横断面低的一侧逐步移向高的一侧，每处碾压 2 遍即可。复压是使混合料密实、稳定、成型，是决定混合料密实程度的关键工序，应与初压紧密衔接。复压一般选择 15 t 以上的轮胎压路机，或 12 t 以上的三轮钢筒压路机或 10 t 振动式压路机。复压遍数为 4～6 次，至路面稳定和无明显轮迹为止。终压的目的是消除轮迹，最后形成平整的压实面，因此不宜选用重型压路机，可采用 6～8 t 的双轮钢筒压路机碾压 2～4 遍。

6.2.3.6 路面接缝处理

路面接缝包括横向接缝和纵向接缝两种。

横向接缝即为工作缝，可采用平接缝和斜接缝两种方式。为使接缝位置得当，应在已铺层顶面沿路面中心线方向 2～3 个位置先后放一把 3 m 长的直尺，并找出表面纵坡或已铺层厚度开始发生变化的断面，然后用锯缝机沿此断面切割成垂直面，并将不符合要求的尾部铲除。继续摊铺混合料前，应先在切割断面上涂刷薄层沥青，以增加新旧路面间的黏结，并用热沥青混合料将接缝处加热，再铺筑新接的路面层。

纵向接缝有热接缝和冷接缝两种方式。热接缝是有两台以上摊铺机在全断面以梯队方式作业时采用的方法。先行摊铺的热混合料留下 10～20 cm 的宽度暂时不压，作为后摊铺部分的基准高程面，然后进行跨缝碾压。冷接缝是在不同时间分幅摊铺时采用的方式。现行铺筑的半幅路面宜设置挡板或采用切刀切齐；铺筑后半幅之前必须将接缝边缘清扫干净，然后用热混合料敷贴接缝处，使其预热软化；碾压前铲除敷贴料，对缝壁涂刷 0.3～0.6 kg/m^3 的黏层沥青，再铺筑新混合料。

6.2.4 冷拌沥青混合料路面的施工

用乳化沥青与矿料在常温下拌和而成，压实后剩余空隙率在10%以上的常温冷却混合料，称为乳化沥青碎石混合料。由这类沥青混合料铺筑而成的路面称为乳化沥青碎石混合料路面。

所谓的乳化沥青，就是将沥青热融，经过机械的作用，使沥青以细小的微滴状态分散于含有乳化剂的水溶液中，形成水包油状的沥青乳液，这种乳状液在常温下呈液态。

乳化沥青碎石混合料适用于三级及三级以下公路的路面、二级公路的罩面以及各级公路的整平层。乳化沥青的品种、规格、标号应根据混合料用途、气候条件、矿料类别等按规定选用，混合料配合比可按经验确定。

6.2.4.1 混合料的制备

冷拌沥青混合料宜采用拌和厂机械拌和及沥青摊铺机摊铺的方式。缺乏厂拌条件时也可采用现场路拌及人工摊铺方式。冷拌沥青混合料施工时应注意防止混合料离析。

当采用阳离子乳化沥青时，矿料在拌和前需先用水湿润，使集料含水量达5%左右，气温较高时可多加水，低温潮湿时少加水；若湿润后仍难于与乳液拌和均匀时，应改用破乳速度更慢的乳液，或用1%～3%浓度的氯化钙水溶液代替水润湿集料表面。拌和添加的水加上乳液中和矿料中的含水总和，称为拌和总用水量。

矿料与乳液应充分拌和均匀，适宜的拌和时间应根据集料级配情况、乳液裂解速度、拌和机性能、气候条件等通过试拌确定。混合料适宜的拌和时间应根据实际情况调节并通过试拌确定，矿料中加进乳液后的机械拌和时间不宜超过30 s，人工拌和时间不宜超过60 s。拌和的混合料应具有良好的施工和易性，以免在摊铺时出现离析。

6.2.4.2 摊铺和碾压

已拌好的混合料应立即运至现场进行摊铺，并在乳液破乳前结束。在拌和与摊铺过程中已破乳的混合料应予以废弃。

冷拌沥青混合料施工时若遇雨应立即停止铺筑，以防雨水将乳液冲走。

机械摊铺的松铺系数为1.15～1.20，人工摊铺时松铺系数为1.20～1.45。混合料摊铺完毕，厚度、平整度、路拱横坡等符合设计和规范要求，即可进行碾压。通常先采用6 t左右的轻型压路机匀速初压1～2遍，使混合料初步稳定，然后用轮胎压路机或轻型钢筒式压路机碾压1～2遍。当乳化沥青开始破乳(混合料由褐色转变为黑色)时,用12～15 t轮胎压路机或10～12 t钢筒式压路机复压2～3遍,立即停止,待晾晒一段时间,水分蒸发后,再补充复压至密实。当天不能完全压实时,可在较高气温状态下补充碾压。当缺乏轮胎压路机时,也可采用钢筒式压路机或较轻的振动压路机碾压。

6.2.4.3 养护及开放交通

乳化沥青混合料路面的上封层应在压实成型、路面水分完全蒸发后加铺。压实成型后,待水分蒸发完即可加铺上封层,铺加压实成型后的路面应做好早期养护工作,封闭交通2～6 h以上。开放交通初期应控制车速不超过20 km/h,并禁止车辆在该路面上刹车或调头。

第7章　公路几何线形检测技术

7.1　几何线形检测内容

公路线形是路基路面工程、桥梁工程、隧道工程等平面、纵断面和横断面的统称。各种结构物的几何尺寸一般是指它的长、宽、高、坡度及顶面和底面标高，下面分别介绍。

7.1.1　平面

公路平面是由公路中线反映的，而中线又由直线、圆曲线和缓和曲线组成。

7.1.1.1　直线

从理论上讲，直线由两点间连线构成。但从公路工程实际出发，要控制直线，则需要通过直线上的一系列点，即直线段中的桩位来控制。由于误差及施工条件限制，公路直线段有时并非直线，而是一条折线。要满足直线行车条件，这条折线就不能偏位较大，而应近似于直线，即应控制每个桩位的偏差值。

7.1.1.2　圆曲线

公路上的圆曲线是一条圆弧段，只要给定圆心及半径，就可确定该圆弧。公路上确定圆弧的方法是确定圆弧上的一系列点，由于这一系列点的偏位，圆弧不会是严格意义上的圆弧，而是一条任意曲线。要满足圆弧上行车条件，就应控制每一点的偏差值。

7.1.1.3　缓和曲线

公路上的缓和曲线是数学上的回旋线。公路上确定缓和曲线时也是通过一系列桩位，其精度一是由计算方法决定；二是由放样方法决定。通过上面两个步骤来控制偏差值，可以满足高速行车舒适及驾驶人视觉平顺的缓和曲线要求。

7.1.2 纵断面

公路纵断面是由纵断面设计线反映的,设计线由直坡段和竖曲线段组成;平曲线的超高过渡段内,外侧边缘也可看作一般纵断面设计线(直线或与竖曲线的叠加);另外,附属工程的顶面或底面线纵坡也可看作一段直坡段。

7.1.2.1 直坡段

直坡段是纵断面设计线上的直线,理论上同平面直线段一样,由两点确定。实际上是由设计线上一系列桩位的标高确定,由于偏差的影响,好像由一系列未设竖曲线的变坡点组成,这样会影响平顺行车,故应加以控制以满足行车平顺、舒适的要求。对附属工程,该偏差会影响外观平顺及底面排水。

7.1.2.2 竖曲线

竖曲线形式是二次抛物线或圆曲线,由竖曲线上一系列桩位的标高确定。由于高程偏差的影响,竖曲线在纵断面上为锯齿形的二次抛物线或圆曲线,影响平顺行车,故应控制每一点的高程偏差。

7.1.3 横断面

公路横断面是由横断面设计线反映的,构成设计线的元素有宽度和横坡。横坡度反映路拱线形和横断面方向的高程变化;横坡度与宽度有一定的函数关系。

7.1.3.1 宽度

宽度一般包括行车道和路肩,另外还有中央分隔带、爬坡车道、加减速车道等。宽度可以是独立的,即不受公路中线位置的影响;也可以不独立,即由中线偏位,使中线两侧的宽度不同,但断面总宽却满足要求。

7.1.3.2 坡度

坡度包括路拱横坡、超高横坡及边坡坡度。坡度是通过测定任意两点之间的高差和水平距离的比值来反映的。坡度与宽度有关联,不是独立存在的。

7.1.4 其他

7.1.4.1 排水工程

排水工程的检测内容主要是各构造物的尺寸及坡面坡度。

(1)管道基础及管节安装

为保证结构受力安全及排水要求,管节安装时应满足:①管轴线偏位要求;

②管内底高程,即保证排水畅通;③基础及抹带尺寸。

(2)检查(雨水)井砌筑

为保证与地下管道连接及泄水要求,检查(雨水)井砌筑时应满足:①轴线偏位要求;②井孔尺寸:长、宽或直径、高等。

(3)土沟

土沟一般指边沟、排水沟、截水沟等,既要外观平顺,又要满足排水要求,因此应满足:①沟底纵坡的设计要求,也可根据实际土质情况,满足调整后的沟底纵坡;②断面尺寸,即宽度(顶宽、底宽)和深度;③边坡坡度。

(4)浆砌水沟

当考虑冲刷条件时,土沟可采用浆砌排水沟,它应满足:①轴线偏位要求;②沟底高程,即沟底纵坡设计要求;③断面尺寸,即满足泄水断面;④砌石及基础垫层尺寸(即厚度),满足冲刷等要求。

(5)盲沟

盲沟除泄水条件外,还有一定的受力条件,故应满足:①沟底纵坡或高度,保证排水条件;②断面尺寸,保证满足汇水条件和受力要求。

7.1.4.2 挡土墙、防护及其他砌石工程

(1)砌石、混凝土挡土墙

要保证结构物设计位置、外观和受力条件,砌石、混凝土挡土墙应满足:①平面位置,要注意与路线横断面的对应关系,同时注意在横断面上的位置,当地面横坡与设计出入较大时,尤其应注意;②顶面高程、底面高程,一要保证设计高,二要保证基础的埋深条件;③断面尺寸,要保证受力条件。

(2)加筋挡土墙

要保证结构的受力条件,加筋挡土墙应满足:①平面位置、板面轴线等;②顶面高度;③墙面坡度等。

7.1.4.3 路面工程

除前面所述的路线平、纵、横检测外,主要内容还包括路面各结构层厚度的检测,另外根据各结构层的特点,还包括其他一些几何尺寸的检测。

(1)水泥混凝土面层

①板厚;②相邻板高差;③纵、横缝顺直度;④接缝位置、规格、尺寸和传力杆、拉杆位置和间距等;⑤面层与其他构造物衔接平顺,检查井盖顶标高、雨水口标高。

(2)沥青混凝土面层和沥青碎(砾)石面层

①厚度,分总厚和分层厚,要处理好总厚与分层厚的关系;②宽度,注意有无

侧石的划分标准。

注意纵面高程对面层厚度的影响，一般是“宁低勿高”。

7.2 平面位置的试验检测

平面位置检测，是指在公路工程交工或竣工验收时，对其平面的实际位置与设计位置进行测量比较，确定其偏移量，并按照《公路工程质量检验评定标准》(JTG F80/1—2004)中的规定值或允许偏差进行检查评定。其检测内容主要包括路基、路面、桥梁和隧道的中线偏位，以及施工放样过程中，由测量误差引起的(也可能是在施工过程中，由于对各种构造物的尺寸控制不严或施工不当所造成的)偏差。

在上述各项检测内容中，又以公路中线偏位的检测最为重要。因为各种构造物的施工放样，往往是以公路中线为基准进行的，中线偏位的状况也会直接影响到构造物的轴线偏位。所以，在平面位置检测时应该把对中线偏位的检测作为重点。

7.2.1 中线的平面坐标

公路中线的平面位置，通常是由不同点位的平面坐标来确定。特别是由于全站仪在公路测设、施工放样、交工和竣工验收中的广泛使用，要检测公路中线的偏位，必须知道公路平面控制网控制点的坐标，以及公路中线上任意点的坐标。

7.2.1.1 测量坐标系

为了确定地面点的位置，需要建立测量坐标系。在一般的测量工作中，地面点的位置可根据不同的用途，用大地坐标系、高斯平面直角坐标系、独立平面直角坐标系等来表示，即用一个二维坐标系(椭球面或平面)来表示。

(1)大地坐标系

大地坐标系是以参考椭球面作为基准面，用大地经度L和纬度B表示地面点位的坐标系。

(2)高斯平面直角坐标系

大地坐标系可以用来确定地面点在椭球面上的位置，但如果用于测量上的大比例尺测图控制网和工程控制网，则不适应。测量上常用地图投影的方法将椭球面上的元素，如大地坐标、长度、方向等转化到平面上，采用平面直角坐标系。地图投影的方法很多，我国采用高斯投影。

(3)独立平面直角坐标系

当测区范围较小时(如小于 100 km²),常把测区的球面投影看作平面,这样地面点在投影面上的位置就可以用平面直角坐标来确定。测量工作中采用平面直角坐标系规定南北方向为纵轴(X 轴),向北为正;东西方向为横轴(Y 轴),向东为正。

7.2.1.2　公路平面控制测量的坐标系

(1)公路平面控制测量

公路平面控制测量,是确定平面控制网各控制点坐标的测量工作,包括路线、桥梁、隧道及其他大型构造物的平面控制测量。其中,路线平面控制网是公路平面控制测量的主控制网,沿线桥梁、隧道等各种大型构造物的平面控制网应联测于主控制网上,且主控制网宜全线贯通,统一平差。

各级公路、桥梁、隧道及其他建筑物的平面控制测量等级的确定。

结合公路工程特点,我国《公路勘测规范》(JTG C10—2007)规定,公路平面控制网坐标系的确定,宜满足测区内投影长度变形值不大于 2.5 cm/km。根据测区所处的地理位置和平均高程,可按下列方法选择坐标系:

1)当投影长度变形值不大于 2.5 cm/km 时,采用高斯正形投影 3°带平面直角坐标系。

2)特殊情况下,当投影长度变形值大于 2.5 cm/km 时,可采用:

①投影于 1954 北京坐标系或 1980 西安坐标系椭球面上的高斯正形投影任意带平面直角坐标系。

②投影于抵偿高程面上的高斯正形投影 3°带平面直角坐标系。

3)投影于抵偿高程面上的高斯正形投影任意带平面直角坐标系;

4)二级和二级以下公路、独立桥梁、隧道等,可采用假定坐标系。

在我国公路工程中,一般采用 1954 北京坐标系或 1980 西安坐标系。对于不同公路工程项目所采用的坐标系,在施工图设计文件中应有说明,检测时可直接引用。但对测设或施工中所埋设的控制点标石是否可靠,一般应首先进行检测。

(2)坐标换带

公路平面控制网应保证各控制点的坐标具有同一坐标系。由于高斯投影采用经差 6°或 3°的分带投影方法来限制投影长度的变形,而分带投影是平面直角坐标系。当平面控制网两端的已知控制点不在同一投影带内时,应先将在相邻带的控制点坐标换算成同一带的坐标,然后才能进行控制网的坐标计算。坐标换带可以通过高斯投影坐标公式进行计算,此处不再详述。

7.2.1.3 公路平面控制网的检测

我国公路平面控制网，尤其是高等级的控制网一般都与国家三角网联测，并按平面控制测量的有关要求，进行了外业施测、内业计算及平差处理，故其精度是可以保证的。但因公路测设和施工的周期较长，在公路工程交工和竣工验收时，这些控制点的桩信标石是否移动、变形或丢失，则需要检查和测定，以保证公路平面位置检测的精度。

公路平面控制网的检测，主要是检查原有施工平面控制网的测量精度。经过检测，凡是与原施工控制测量成果的较差在限差以内时，采用原成果作为验收的依据；超出限差时，应予重测。

(1)公路平面控制网检测的内容

公路平面控制网点的精度和密度，直接影响公路平面位置检测的精度和质量。因此，公路验收时对平面控制网进行检测是十分必要的。控制网检测的内容主要包括：

1)检查控制网是否符合规范及有关规定要求，平差计算是否正确，精度是否经过有关方面的检查与验收。

2)检查控制点的密度是否满足交工和竣工验收的要求，必要时应进行加密，以保证验收过程中相邻控制点间能相互通视。

3)检查控制点是否移动、变形或丢失并进行必要的增设和补设。

(2)公路平面控制网的检测

公路平面控制测量采用等级导线测量和三角测量。其中导线测量是路线平面控制测量的一种主要方法；三角测量主要用于桥梁、隧道等大型构造物的平面控制测量。在公路交工和竣工验收时，主要是利用平面控制网进行平面位置检测。公路平面控制网检测的外业施测、内业计算及平差处理，参见控制测量的有关文献。

7.2.1.4 路线中桩坐标的计算

目前，在高等级公路的施工图设计文件中，一般都编制有公路中线的逐桩坐标表。它不仅是公路施工放样的依据，也是公路交工和竣工验收时检测中线偏位的依据。但在公路平面位置检测时，有些检测点的中桩坐标在逐桩坐标表中并不一定存在，需要检测人员事先算出，然后才能进行检查。

(1)路线转角、交点间距、曲线要素及主点桩号的计算，计算方法参考有关资料。

曲线要素及主点桩号的计算公式与传统方法相同。由于坐标计算时精度要求较高，因此必须注意取舍误差，否则会影响计算精度。如 p,q,x,y 等均为级数展开式，坐标计算时应增多项数。

(2)直线上中桩坐标的计算：计算方法参考有关资料。

(3)平曲线上中桩坐标的计算：计算方法参考有关资料

7.2.2 中线偏位的检测方法

7.2.2.1 检测频率

中线偏位是指公路交工或竣工以后，其中线的实际位置与设计位置之间的偏移值。按规定，对于土方路基、石方路基和各种类型的路面工程，其中线偏位的检测频率为每 200 m 测四个点。在路基工程的检测中，还应增加曲线上的 HY 和 YH 两点。由于高等级公路的曲线较长，有时一个变道的长度达数百米至数公里，故 200 m 检测段全部位于曲线的机会是很大的。在曲线上选点时，必须包含平曲线主点桩(ZH、HY、QZ、YH 和 HZ)，因为这些点决定了曲线的轮廓，对路线的几何线形起控制作用。

7.2.2.2 中线偏位检测的方法

(1)角度交会法

用角度交会法检测某中桩的偏位，可用下述两种方法：

1)用角度交会出该中桩的设计位置 P'，并与施工位置 P 相比较，确定其偏位。

2)直接测量角度，推算出施工位置 P 点的坐标 $P(X_P,Y_P)$，将其与设计位置 P'点的坐标 $P'(X_P{}',Y_P{}')$相比较，从而求出偏位。

(2)距离交会法

当中线上的点与导线点相距较近，或在无经纬仪的情况下，也可用距离交会法测量中线偏位。

(3)极坐标法

检测中线位，采用常规的经纬仪、钢卷尺等测量设备，利用上述的角度或距离交会法，不仅效率低，精度难以保证，而且有时是十分困难的。极坐标法放样的基本原理是以控制导线为根据，以极角和极距确定放样点。

极坐标法检测中线偏位，是待放样出 P'点后，与实际的施工点 P 相比较而得到偏位；或者实测竣工后的中桩点 P，经计算得施工坐标值，与设计坐标值比较后即得偏位。

(4)后方交会法

上述几种方法都是将经纬仪或全站仪安置在控制点上，通过测得公路中线上任意点的坐标来确定偏位的，但地形变化较大或路基填土、桥梁结构较高的地点有时也会给测量工作带来不便。

下面介绍一种直接将仪器安置在中桩上，瞄准几个已知坐标点，观测各自的水平角，从而求出测站点坐标的方法，该方法称为“后方交会”法，适用于检测桥梁轴线的偏位。

(5)无中桩坐标的中线检测

对于公路等级较低，且地形平坦、路线方案简单及工程结构物不复杂的公路，或受地形、地物等条件的限制无法进行平面控制和地形测量的公路，定线时可采用现场定线法。现场定线法一般不做控制测量、不计算中桩坐标，而用链距法、切线支距法或偏角等传统方法敷设中线。

在公路交工或竣工验收时，对于无控制导线和中桩坐标的中线检测，应首先恢复交点或转点、实测偏角和距离，然后采用敷设中线时的传统方法进行检测。但传统方法多采用经纬仪和钢尺等常规检测设备，存在搬站多、效率低，且有测点点位精度偏低或测点误差积累等缺点。

为了提高检测的速度和精度，针对上述情况也可利用全站仪采用极坐标法进行公路中线检测。

1)直线段中的桩偏位检测

①在交点JD安置全站仪，瞄准后视交点或平曲线终点，并将水平角配置为0°00′00″。

②计算交点JD与后视直线上任一待检测点P_0的里程L之间的距离D_0。

$$D_0 = \mathrm{JD} - L \tag{7-1}$$

③将全站仪的水平距离设置为D_0，置棱镜于后视直线方向的P_0点附近测距，当显示窗显示的水平距离之差为0.000 m时，该点即为P_0点的设计位置。

④量取P点的设计位置与施工位置之间的距离，即为其偏位值。

重复②～④的步骤，可检测直线段其他点的偏位值。

2)平曲线段的中桩偏位检测

①在交点JD安置全站仪，瞄准后视交点或平曲线终点，并将水平角配置为0°00′00″。

②计算平曲线上任一待检测点P的切线支距x,y和平曲线切线长T。

③计算交点JD与待检测点P的距离D，以及交点JD和P点的连线与后视直线的夹角θ:

距离：
$$D = \sqrt{(T-x)^2 + y^2} \tag{7-2}$$

夹角：
$$\theta = \arctan \frac{y}{T-x} \tag{7-3}$$

④转动全站仪照准部使水平角度为θ，完成JD至P点的定向。

⑤将全站仪的水平距离设置为 D,置棱镜于 JD 至 P 点方向的 P 点附近测距,当显示窗显示的水平距离之差为 0.000 m 时,即为 P 点的设计位置。

⑥量取 P 点的设计位置与施工位置之间的距离,即为其偏位值。

重复②～⑥的步骤,可检测平曲线段其他点的偏位值。

(6)用 GPS—RTK 技术检测公路中线

目前,随着 GPS 技术的发展,成熟和普及,GPS 广泛应用于公路的控制和放样测量。RTK(Real Time Kinematic)就是实时动态载波相位差分技术。它能够实时地提供测站点在指定坐标系中的三维坐标,定位精度达到厘米级,完全可以满足一般公路工程测量的放样、检测中的精度要求。

7.3 纵断面高程的试验检测

纵断面高程的检测一般是指对路基、路面或构造物施工各阶段完成后所测得的高程数据与设计文件中对应设计高程数据之间的差值进行测量的工作。

路线的设计标高可以从纵断面图或路基设计表中得到。构造物的标高通常是指构造物的底面和顶成以及各重要组成部分的标高,其值可以从构造物设计图中查得或计算得到。

7.3.1 水准仪检测纵断面高程

7.3.1.1 检测频率

(1)路基土石方工程

1)土方路基

土方路基纵断面高程一般每 200 m 为一个检测单位,测 4 个桩号,可随机取,也可均匀取。

2)石方路基

同土方路基。

(2)排水工程

1)管道基础及管节安装

管内底高程每两井间测 2 处,可随机,也可等距离均匀分布。实测值与设计值的差值应小于允许偏差值。

2)土沟

土沟沟底纵坡的检查频率与土方路基相同。

3)浆砌排水沟

浆砌排水沟沟底高程每200 m为一个检测单位,测5个点,可随机布点,也可按等距均匀布点。

4)盲沟

盲沟沟底纵坡每10～20 m检查1点。

(3)挡土墙、防护及其他砌石工程

1)砌石混凝土挡土墙

顶面和底面高程每20 m检查1点。

2)挡土墙

墙顶高程每20 m测3点。

3)锥、护坡

顶面高程每50 m检测3点,不足50 m的至少检测2点。底面高程也是每50 m检测3点。

(4)砌石工程

顶面高程每20 m测3点。

7.3.1.2　水准点的建立与加密

(1)一般规定

1)目前高程系统一般应采用1985国家高程基准。同一条公路应采用同一个高程系统,不能采用同一系统时,应给出高程系统的转换关系。对于二级以上公路、特大桥、长隧道应与国家控制网联测,采用绝对高程;三级以下公路及独立桥梁、隧道等小测区与国家控制网联测有困难时,可采用相对高程。

2)水准测量的等级

①有特殊控制要求的公路、2000 m以上的特大桥、4000 m以上特长隧道用三等水准测量,附合路线长为50 km。

②高速公路、一级公路、1000～2000 m特大桥、2000～4000 m长隧道用四等水准测量,附合路线长30 km。

③二级及二级以下公路、100 m以下隧道用五等水准测量,附合路线长10 km。

3)各等级水准测量的精度应符合表7-1的规定。

表 7-1　　水准测量的精度

等级	每公里高差中数中误差(mm)		往返较差、附合或环线闭合差(mm)		检测已测测段高差之差(mm)
	偶然中误差 M_Δ	全中误差 M_W	平原微丘区	山岭重丘区	
三等	±3	±6	$\pm 12\sqrt{L}$	$\pm 3.5\sqrt{n}$ 或 $\pm 15\sqrt{n}$	$\pm 20\sqrt{L_i}$
四等	±5	±10	$\pm 20\sqrt{L}$	$\pm 6.0\sqrt{n}$ 或 $\pm 25\sqrt{n}$	$\pm 30\sqrt{L_i}$
五等	±8	±16	$\pm 30\sqrt{L}$	$\pm 45\sqrt{n}$	$\pm 30\sqrt{L_i}$

注:计算往返较差时,L 为水准点间的路线长度(km);计算附合或环线闭合差时,L 为附合或环线的路线长度(km)。n 为测站数。L_i 为检测测段长度(km),小于 1 km 时按 1 km 计算。

4)各等级水准测量的技术要求应符合表 7-2 的规定。

表 7-2　　水准测量的技术要求

等级	器类	水准尺类型	视线长(m)	前后视距较差(m)	前后视累积差(m)	视线离地面最低高度(m)	基辅面读数差(mm)	基辅面高差之差(mm)
二等	DS0.5	因瓦	50	1	3	0.3	0.4	0.6
三等	DS1	因瓦	100	3	6	0.3	1.0	1.5
	DS2	双面	75				2.0	3.0
四等	DS3	双面	100	5	10	0.2	3.0	5.0
五等	DS3	单面	100	大致相等	—	—	—	—

(2)水准点和水准路线

1)水准点

水准点是用水准测量方法建立的高程控制点,用 BM 表示。水准点应设在土质坚硬、稳固可靠和便于保存与使用的地方,等级水准点的高程,可在当地测量部门查取。在工程建设和地形测绘时建立的水准点,其绝对高程应用国家水准点引测;引测有困难时,也可采用相对高程。

水准点设备的数量要满足测设、施工需要,其间距一般为:平原微丘区不大于 2 km;山岭重丘区不大于 1 km。此外在路线起终点、大中桥两岸、隧道进出口和工程集中的地段均应增设水准点，检测时若不能满足使用，可再行加密。

2)水准路线

在两水准点之间进行水准测量所经过的路线称为“水准路线”。根据测区的情况不同，水准路线可布设成以下几种形式：

①闭合水准路线：从一高级水准点 BM1 出发，经过测定测线其他各点高程，最后又闭合到 BM1 的环形路线。

②附合水准路线：从一高级水准点 BM1 出发，经过测定沿线其他点高程，最后附合到另一高级水准点 BM2 的路线。

③支水准路线，从一已知水准点 BM1 出发，沿线测定其他各点高程，其路线既不闭合又不附合，但必须往返观测。

(3)水准测量的实施方法

1)水准测量原理

水准测量的原理是利用水准仪提供的水平视线，在已知高程点和未知高程点上竖立水准尺并读取读数，测定两点间的高差，从而可由已知点的高程推算出未知点的高程。

2)水准测量的实施

当欲测的高程点距水准点较远或高差较大时，就需要连续多次安置仪器以测出两点的高差。

为保证观测的质量，一般要求同样的方法返测一次，两次观测得的高差不符值在误差容许范围内，方可取平均值作为最后的结果。

(4)水准测量成果处理

水准测量的外业工作结束后，应按水准路线的形式进行成果处理，计算水准路线的高差闭合差和进行高差闭合差的分配。

1)计算高差闭合差

在水准测量中由于测量误差的影响，使水准路线的实测高差值与理论值不符合，其差值称为高差闭合差，用 F_h 表示。高差闭合差的计算随水准路线的形式不同而不同。

①闭合水准路线

闭合水准路线的高差总和的理论值应为零，即 $\sum h_{理} = 0$，由于存在测量误差，闭合水准路线的实测高差总的 $\sum h_{测}$ 不等于零，其闭合差为：

$$f_h = \sum h_{测} \tag{7-4}$$

②附合水准路线

附合水准路线的起、终点高程 $H_{终}$，$H_{起}$ 之差即为高差理论值，即：

$$\sum h_{理} = H_{终} - H_{起} \tag{7-5}$$

附合水准路线实测高差的总的 $\sum h_{测}$ 和理论高差之差，即附合水准路线的高差闭合差，其值为：

$$f_h = \sum h_{测} - (H_{终} - H_{起}) \tag{7-6}$$

③支水准路线

支水准路线一般均需要往返测。其往返测得的高差代数和在理论上应等于零。实际由于测量误差的存在，往返测量的高差代数和不等于零，其闭合差为：

$$f_h = \sum h_{往} + \sum h_{返} \tag{7-7}$$

当闭合差在容许误差的范围之内时，认为精度合格，成果可用。否则，应查明原因进行重测，直到符合要求为止。

五等水准测量高差闭合差的容许值为：

平原微丘区 $$f_{h容} = \pm 30\sqrt{L} \tag{7-8}$$

山岭重丘区 $$f_{h容} = \pm 45\sqrt{L} \tag{7-9}$$

式中：$f_{h容}$——容许闭合差，mm；

L——水准路线长度，km。

2)分配高度差闭合差

当 $f_h < f_{h容}$ 时，说明水准测量的成果合格，可进行高差闭合差的分配。对于闭合附合水准路线按与测段长度 L 或测站数 n 成正比的关系，将高差闭合差反号分配到各段高差上，使改正后的高差之和满足理论值，最后按改正后的高差计算各待定点的高程。

对于支水准路线，则用 $h = \frac{1}{2}(\sum h_{往} + \sum h_{返})$ 计算高差，最后计算等定点的高程。

7.3.2 高程的检测方法

7.3.2.1 准备工作

在路基、路面工程中，一般以 1～3 km 长的路段为一检验评定单元。所以沿线可以划分为若干个评定单位。根据前述检验频率，每 200 m 为一个小单元，这 200 m 在 1～3 km 范围内可指定，也可随机取样。

取样点位置应根据随机数表计算确定[详见《公路基路面现场测试规程》(JTG E60—2008)附录 A]，恢复取样点的里程桩号。

7.3.2.2　纵断面高程检测

(1)一般要求

纵断面高程检测一般应采用与公路等级相适应的水准测量等级，所用仪器为S3型，即望远镜放大率不小于28倍，水准管分划不大于20″/mm的仪器，水准尺可用双面尺或单面尺。测量时，水准仪应置于两水准尺之间，前后视距离尽可能相等，仪器至水准尺的距离一般不超过100 m。闭合、附合水准路线，通常采用单程观测，但施测支水准路线时，应进行往返观测。

(2)测量程序

1)安置水准仪于距已知高程点A一定距离，一尺立于A点，另一尺立于第一个测点桩位B_1。

2)仪器粗平后瞄准A点后视尺，消除视差后精平，读取A_1，并记录；转动望远镜，瞄准B_1点前视尺，消除视差后精平，读取并记录B_1。

3)立尺于第二个测点桩位B_2，同理读取并记录B_2，依次读B_3，B_4，并记录；转动望远镜，瞄准B_1读数。如设转点，则可按中平测量方法进行。

7.4　全站仪(或红外仪)检测纵断面高程

随着测量仪器的发展更新，从传统的钢尺量距、经纬仪测角到现在两者合为一体的全站仪的出现，使得距离、角度的测量速度和精度大大提高。再加上仪器内部具有较强的计算功能，使得三角高程测量可以代替部分水准测量。在进行水准测量确有困难的山岭地带以及沼泽、水网地区，四、五等水准测量可采用光电测距三角高程测量。

下面介绍与之有关的竖直角和天顶距的概念。

所谓“竖直角”是指在同一竖直面内，目标视线方向与水平线的夹角，取值范围为0°～±90°。水平视线以上的目标的竖直角为“仰角”，其值为正；水平视线以下的目标的竖直角为“俯角”，其值为负。

所谓“天顶距”指在同一竖直面内，目标视线方向与重力作用线的相反方向线的夹角，取值范围为0°～180°。

7.4.1　三角高程测量原理

三角高程测量是根据两点的水平距离和竖直角计算两点的高差。

7.4.2 地球曲率和大气折光的影响

当两点距离较远(一般超过 300 m)时,即应考虑地球曲率和大气折光的影响。地球曲率对高差的影响称为“球差”,其改正数为:

$$c = \frac{D^2}{2R} \tag{7-10}$$

由于空气密度随高程不同而变化,同时还受气温、气压、温度等影响,使视线产生折射,由此产生的对高差的影响称为“气差”。因为其值不易测定,对高差影响一般取其平均折光系数为－0.14,其改正数为:

$$r = -0.14\frac{D^2}{2R} \tag{7-11}$$

球差为正,气差为负,二者综合影响为“球气差”或称“两差改正”,记为 f,即:

$$f = c + r = 0.43\frac{D^2}{2R} \tag{7-12}$$

式中:f——球气差,km;

c——地球曲率对高差的影响,即球差,km;

r——大气折光对高差的影响,即气差,km;

D——水平距离,km;

R——地球半径,km。

采用全站仪观测时,可预先将球气差改正数系数输入仪器,然后直接测定高程。

在三角高程测量中,由已知点 A 对未知点 B 进行观测,称为“正觇”;由未知点 B 对已知点 A 进行观测,称为“反觇观测”;采用正、反向进行观测时,称为“对向观测”。对向观测可以抵消两差的影响,所以三角高程测量大多采用高一级的水准测量联测一定数量的控制点,作为三角高程测量的起闭依据。其边长度不得大于 600 m,竖直角不得超过 15°,高程导线的最大长度不应超过相应等级水准路线的最大长度。

7.4.3 三角高程测量方法

(1)安置仪器于测站点,量取仪器高和标尺或棱镜高,应在观测前后分别量测。对于四等测量应采用人工量测,其取值精确至 1 mm,当较差大于 2 mm 时,取平均值;对于五等测量取值精确至 1 mm,当较差大于 4 mm 时,取平均值。

(2)用经纬仪或测距仪(或全站仪)观测竖直角(或天顶距)1～3 个测回,各测回之间较差及指标差应符合相关规定,取其平均值作为最后结果。

(3)高差及高程计算应用前式进行计算。计算时,竖直角的取值应精确0.1″,高程的取值应精确至1 mm。采用对向观测法要在较短时间内进行,计算时应考虑地球曲率和大气折光的影响。当高差较差满足要求时,取其平均值作为高差结果。

7.4.4 全站仪检测纵断面高程

以上介绍了三角高程测量用于高程控制测量时的原理和方法,全站仪检测纵断面高程的原理是三角高程测量,但方法要比控制测量简单,一般只进行正向观测,竖直角(或天顶距)观测测回数根据仪器的精度而定。如用2″仪器测一个测回即能满足精度要求。

7.5 横断面的试验检测

横断面的检测,是指在公路工程交工或竣工验收时,对横断面的实际几何尺寸进行测量,并与设计的数值相比较,按照《公路工程质量检验评定标准》(JTGF80/1—2004)中的规定值或允许偏差进行的检查评定工作。横断面几何尺寸出现的偏差,一般是在施工过程中对各种构造物的横向尺寸控制不严或施工不当所造成的。

根据公路横断面的组成,横断面检测的内容主要包括路基、路面、桥梁和隧道等工程结构物的宽度、横坡,以及路基边坡和排水、支挡、防护等工程的断面几何尺寸等。

公路的横断面,是指路中线上各点的法向切面。要检测公路横断面,首先要确定道路中线在直线、圆曲线、缓和曲线这些不同路段的横断面方向,然后才能按其检测的内容进行检测。

7.5.1 横断面方向的确定

公路不同路段横断面方向的确定,可用方向架、方向盘、经纬仪、全站仪等测量设备,采用直接法或间接法测定。直接法是路中线上,用不同的测量仪器直接测定其横断面方向;间接法是通过计算公路的中桩和边桩坐标,并用全站仪放松,由中桩和边桩的位置来确定横断面的方向。

横断面方向确定所采用的方法和仪器应根据公路的等级和横断面检测的精度要求而选定。

7.5.1.1　直线段的横断面方向

当路中线为直线时，直线上任一点的横断面方向，为通过该点与路中线垂直的方向。在采用直接法与间接法确定时，首先要标定直线段的路中线。

(1)直接法

1)方向架

方向架上有两个相互垂直的固定片，将方向架置于要测定的横断面中桩上，用一个方向瞄准直线上任一中桩，则与此方向垂直的方向即为待检测的横断面方向。

2)方向盘

方向盘是在木架上安装的一个圆形刻度盘。将方向盘置于要测定的横断面中桩上，用一个方向瞄准直线上任一中桩，则与此方向垂直的方向即为待检测的横断面方向。

3)经纬仪或全站仪

同方向盘方法，用经纬仪或全站仪瞄准直线上任一中桩，使照准部顺时针或逆时针转动 90°的方向，即为待检测的横断面方向。

(2)间接法

用间接法确定直线上任一点横断面方向，可采用如下步骤：

1)计算直线上任一点的横断面方位角；

2)计算中桩和边桩坐标；

3)外业放样中桩的边桩。

在两个已知导线点处，一点安置全站仪，一点作为后视点，放样出中桩坐标(X_0,Y_0)及两个边桩坐标(X,Y)，由两个边桩或中桩与任一边桩所确定的方向，即为待检测的横断面方向。

7.5.1.2　圆曲线段的横断面方向

当路中线为圆曲线时，圆曲线上任一点的横断面方向，为通过该点并与其切线垂直的方向，即是该点指向圆心的半径方向。

(1)直接法

1)方向架

用方向架确定圆曲线上任一点的横断面方向，可采用“等角”原理，即同一圆弧上的弦切角相等。测定时一般采用球心方向架，即方向架上安装一个可以转动的活动片，并用一固定螺旋将其固定。

2)方向盘和经纬仪或全站仪

观测方法同直线段的直接法。

(2)间接法

用间接法确定圆曲线段任一点的横断面方向，主要在于计算该点的横断面方位角，其他步骤如中桩的边桩坐标的计算、放样与直线段的间接法相同。

7.5.1.3 缓和曲线段的横断面方向

当路中线为曲线时，缓和曲线上任一点的横面方向，为通过该点并与其切线垂直的方向。

(1)直接法

测定方法同直线段的直接法。

(2)间接法

用间接法确定缓和曲线上任一点的横断面方向，与圆曲线上确定任一点横断面方向的间接法相同，也主要在于计算缓和曲线上任一点的横断面方位角。

7.5.2 公路横断面的检测

7.5.2.1 公路路基宽度

公路路基宽度为车道宽度与路肩宽度之和。当设有中间带、加(减)速车道、爬坡车道，紧急停车道等时，公路路基宽度也应计入这些部分的宽度。

各级公路的路基宽度如表 7-3 所示。

表 7-3 公路的路基宽度

公路等级		高速公路、一级公路								
设计速度(km/h)		120			100			80		60
车道数		8	6	4	8	6	4	6	4	4
路基宽度(m)	一般值	45.00	34.5	28.00	44.00	33.5	26.00	32.00	24.50	23.00
	最小值	42.00	—	26.00	41.00	—	24.50	—	21.50	20.00

公路等级		二级公路		三级公路		四级公路	
设计速度(km/h)		80	60	40	30	20	
车道数		2	2	2	2	2或1	
路基宽度(m)	一般值	12.00	10.00	8.50	7.50	6.50(双车道)	4.50(双车道)
	最小值	10.00	8.50	—	—	—	

7.5.2.2 公路横断面的检测

(1)横断面宽度的检测

1)横断面宽度检测的内容

根据《公路工程质量检验评定标准》(JTG F80/1—2004),横断面宽度检测的主要内容如表7-4所示。

表7-4 横断面宽度的检测项目

工程项目				规定值或允许偏差(mm)		检查方法和频率
				高速、一级公路	其他公路	
路基工程	土方路基			符合设计要求		尺量:每200 m测4处
路基工程	石方路基			符合设计要求		尺量:每200 m测4处
路面工程	面层	水泥混凝土		±20		尺量:每200 m测4处
路面工程	面层	沥青混凝土和沥青碎(砾)石	有侧石	±20	±30	尺量:每200 m测4处
路面工程	面层	沥青混凝土和沥青碎(砾)石	无侧石	不小于设计值		尺量:每200 m测4处
路面工程	面层	沥青贯入式(或上拌下贯式)	有侧石	±30		尺量:每200 m测4处
路面工程	面层	沥青贯入式(或上拌下贯式)	无侧石	不小于设计值		尺量:每200 m测4处
路面工程	面层	沥青表面处治	有侧石	±30		尺量:每200 m测4处
路面工程	面层	沥青表面处治	无侧石	不小于设计值		
路面工程	基层和底基层	水泥土		符合设计要求		尺量:每200 m测4处
路面工程	基层和底基层	水泥稳定粒料		符合设计要求		尺量:每200 m测4处
路面工程	基层和底基层	石灰土		符合设计要求		尺量:每200 m测4处
路面工程	基层和底基层	石灰稳定粒料		符合设计要求		尺量:每200 m测4处
路面工程	基层和底基层	石灰、粉煤灰土		符合设计要求		尺量:每200 m测4处
路面工程	基层和底基层	石灰、粉煤灰稳定粒料		符合设计要求		尺量:每200 m测4处
路面工程	基层和底基层	级配碎(砾)石		符合设计要求		尺量:每200 m测4处
路面工程	基层和底基层	填隙碎石(矿渣)		符合设计要求		尺量:每200 m测4处
路面工程	路肩			符合设计要求		尺量:每200 m测2处
桥梁工程	车行道			±10		用钢尺量:每孔3~5处
桥梁工程	人行道			±10		
隧道工程	车行道			±10		每20m(曲线)或50m(直线)用尺量1个断面
隧道工程	净总宽			不小于设计值		

2)横断面宽度检测的步骤和方法

横断面的宽度检测时,应首先根据各结构物横断面的组成,按照施工图或通过计算确定各组成部分的设计宽度，然后进行实地测量，并对宽度的实测值和设计值进行比较和评定。其检测的步骤和方法如下：

①计算或确定横断面各组成部分的设计宽度。

②用经纬仪或全站仪定路中线，并确定横断方向。

③用皮尺、钢尺量取横断面各组成部分的宽度。

④记录桩号、各组部分宽度，并按照宽度的允许偏差进行评定。

(2)横断面坡度(横坡)的检测

1)横坡检测的内容

根据《公路工程质量检验评定标准》(JTGF80/1—2004)，横坡检测的主要内容如表7-5所示。

2)横坡检测的步骤和方法

检测横坡时，应首先根据各结构横断面的组成，按照施工图或通过计算确定其设计横坡，然后进行检测。横坡检测可与横断面宽度和高程的检测同时进行，采用间接法，即根据两点间的实测宽度和高差，计算其实际横坡，并对横坡的实测值和设计值进行比较和评定。其检测的步骤和方法如下：

①确定或计算横断面各组成部分的设计横坡。

②测量横断面宽度、高程或高差。

③记录桩号、横断面各组成部分的实测高差。

④计算横断面各组成部分的实测横坡，并与设计横坡加以比较，按照横坡的允许偏差进行评定。

(3)路基边坡的检测

1)土、石方边坡检测的内容

土、石方边坡检测的规定值要求不陡于设计值，检测频率为每200 mm测4处，且石方边坡的平顺度应符合设计值。

2)土、石方边坡检测的方法和步骤

①确定土方、石方路段的路基设计边坡。

②用边坡样板或坡度尺沿横断面方向进行检查。

③记录桩号，并按照路基边坡检测的规定值进行评定。

(4)排水、支挡、防护工程等几何尺寸的检测

排水、支挡、防护等工程的几何尺寸检测，是指对其长度、宽度、高度或厚度、直径以及边坡度、竖直度的检测。其检查项目、规定值或允许偏差、检查的方法和频率，均按现行质量检验评定标准内容执行。

表 7-5 横坡的检测项目

<table>
<tr><th colspan="4" rowspan="2">工程项目</th><th colspan="2">规定值或允许偏差(%)</th><th rowspan="2">检查方法和频率</th></tr>
<tr><th>高速、一级公路</th><th>其他公路</th></tr>
<tr><td rowspan="2">路基工程</td><td colspan="3">土方路基</td><td rowspan="2">±0.3</td><td rowspan="2">±0.5</td><td>水准仪:每 200 m 测 4 个断面</td></tr>
<tr><td colspan="3">石方路基</td><td>水准仪:每 200 m 测 4 个断面</td></tr>
<tr><td rowspan="4">路面工程</td><td rowspan="4">面层</td><td colspan="2">水泥混凝土</td><td>±0.15</td><td>±0.25</td><td>水准仪:每 200 m 测 4 个断面</td></tr>
<tr><td colspan="2">沥青混凝土和沥青碎(砾)石</td><td>±0.3</td><td>±0.5</td><td>水准仪:每 200 m 测 4 个断面</td></tr>
<tr><td colspan="2">沥青贯入式(或上拌下贯式)</td><td>—</td><td>±0.5</td><td>水准仪:每 200 m 测 4 个断面</td></tr>
<tr><td colspan="2">沥青表面处治</td><td>—</td><td>±0.5</td><td>水准仪:每 200 m 测 4 个断面</td></tr>
<tr><td rowspan="15">路面工程</td><td rowspan="14">基层和底基层</td><td rowspan="2">水泥土</td><td>基层</td><td>—</td><td rowspan="2">±0.5</td><td rowspan="2">水准仪:每 200 m 测 4 个断面</td></tr>
<tr><td>底基层</td><td>±0.3</td></tr>
<tr><td rowspan="2">水泥稳定粒料</td><td>基层</td><td rowspan="2">±0.3</td><td rowspan="2">±0.5</td><td rowspan="2">水准仪:每 200 m 测 4 个断面</td></tr>
<tr><td>底基层</td></tr>
<tr><td rowspan="2">石灰土</td><td>基层</td><td>—</td><td rowspan="2">±0.5</td><td rowspan="2">水准仪:每 200 m 测 4 个断面</td></tr>
<tr><td>底基层</td><td>±0.3</td></tr>
<tr><td rowspan="2">石灰稳定粒料</td><td>基层</td><td>—</td><td rowspan="2">±0.5</td><td rowspan="2">水准仪:每 200 m 测 4 个断面</td></tr>
<tr><td>底基层</td><td>±0.3</td></tr>
<tr><td rowspan="2">石灰、粉煤灰土</td><td>基层</td><td>—</td><td rowspan="2">±0.5</td><td rowspan="2">水准仪:每 200 m 测 4 个断面</td></tr>
<tr><td>底基层</td><td>±0.3</td></tr>
<tr><td rowspan="2">石灰、粉煤灰稳定粒料</td><td>基层</td><td rowspan="2">±0.3</td><td rowspan="2">±0.5</td><td rowspan="2">水准仪:每 200 m 测 4 个断面</td></tr>
<tr><td>底基层</td></tr>
<tr><td rowspan="2">级配碎(砾)石</td><td>基层</td><td rowspan="2">±0.3</td><td rowspan="2">±0.5</td><td rowspan="2">水准仪:每 200 m 测 4 个断面</td></tr>
<tr><td>底基层</td></tr>
<tr><td rowspan="2">填隙碎石(矿渣)</td><td>基层</td><td>—</td><td rowspan="2">±0.5</td><td rowspan="2">水准仪:每 200 m 测 4 个断面</td></tr>
<tr><td>底基层</td><td>±0.3</td></tr>
<tr><td colspan="3">路肩</td><td colspan="2">±1.0</td><td>水准仪:每 200 m 测 2 个断面</td></tr>
<tr><td rowspan="3">桥梁工程</td><td rowspan="2">桥面铺装</td><td colspan="2">水泥混凝土</td><td colspan="2">±0.15</td><td rowspan="2">水准仪:每 100 m 测 3 个断面</td></tr>
<tr><td colspan="2">沥青面层</td><td colspan="2">±0.3</td></tr>
<tr><td colspan="3">人行道铺设</td><td colspan="2">±0.3</td><td>水准仪:每 100 m 测 3 个断面</td></tr>
<tr><td rowspan="3">隧道工程</td><td>路基</td><td colspan="2">土、石方路基</td><td>±0.5</td><td>±0.5</td><td rowspan="3">水准仪:每 20 m(曲线)或 50 m(直线)测 1 个断面</td></tr>
<tr><td rowspan="2">路面</td><td colspan="2">水泥混凝土面层</td><td>±0.15</td><td>±0.25</td></tr>
<tr><td colspan="2">基层和底基层</td><td>±0.3</td><td>±0.5</td></tr>
</table>

第 8 章　公路路基路面现场检测技术

本章着重阐述了压实度的现场试验检测方法、回弹模量试验方法和 CBR 试验方法，以及路面基层有关参数的测定、路基路面弯沉值测定、路面平整度测定、路面抗滑性测定、路面构造深度测定、水泥混凝土路面劈裂强度测定和路面结构层厚度测定。

8.1　路基工程的试验检测

8.1.1　土的现场目力鉴别方法

在公路路线勘测过程中，除了在沿线按需要采集一些土样带回试验室测试有关指标数据外，常常还要在现场用眼观、手触，借助简易工具和试剂及时直观地对土的性质和状态作出初步鉴定。

(1)对取样的土层的宏观情况作出较详细的描述和记录，并对其土层的基本性质作出初步判别。

(2)对所取土样应直观地作出肉眼描述和鉴别，并定出土名，以供室内试验后定名参考。

8.1.2　简易试验方法

现场的简易试验，一般只适用于颗粒粒径小于 0.5 mm 的土样，其方法如下：

8.1.2.1　判断土的可塑状态

将土样调到可塑状态，根据能搓成土条的最小直径来确定土类：

(1)搓成直径大于 2.5 mm 的土条而不断的为低液限土；

(2)搓成直径为 1～2.5 mm 的土条而不断的为中液限土；

(3)搓成直径小于 1.0 mm 的土条而不断的为高液限土。

8.1.2.2 湿土揉捏感觉

将湿土用手揉捏，可感觉颗粒的粗细。

(1)低液限的土有砂粒感，带粉性的土有面粉感，黏附性弱；

(2)中液限的土微感砂粒，有塑性和黏附性；

(3)高液限的土无砂粒感，塑性和黏附性大。

8.1.2.3 干强度

对于风干的土块，根据手指捏碎或掰断时用力大小，可区分为：

(1)干强度高，很难捏碎，抗剪强度大；

(2)干强度中等，稍用力时能捏碎，容易劈裂；

(3)干强度低，易于捏碎或搓成粉粒。

8.1.2.4 韧性试验

将土调到可塑状态，搓成 3 mm 左右的土条，再揉成团，重复搓条。根据再次搓成条的可能性与否，可区分为：

(1)韧性高，能再成条，手指捏不碎；

(2)中等韧性，可再搓成团，稍捏即碎；

(3)低韧性，不能再揉成团，稍捏或不捏即碎。

8.1.2.5 摇震试验

将软塑至流动的小块，团成小球状放在手上反复摇晃，并用另一手掌击震该手掌，土中自由水析出土球表面，呈现光泽；用手捏土球时，表面水分又消失。

根据水分析出和消失的快慢，可区分为：

(1)反应快，水析出与消失迅速；

(2)反应中等，水析出和消失中等；

(3)无反应，土球被击震时无析水现象。

8.1.3 野外对土的基本描述和鉴别

在野外用肉眼鉴别土时，要针对不同土类所规定的内容进行描述。现将不同土类所要描述的基本内容，列于表 8-1 中。

表 8-1　　不同土类的描述内容

分类	描述内容
碎石类土	名称、颜色、颗粒成分、粒径组成、颗粒风化程度、磨圆度、充填物成分、性质及含量、密实程度、潮湿程度等

续表

分类	描述内容
砂类土	名称、颜色、结构及构造、颗粒成分、粒径组成、颗粒形状、密实程度、潮湿程度等
黏性土	名称、颜色、结构及构造、夹杂物性质及含量、密实程度、潮湿程度等

8.1.4 标准贯入试验(SPT)

8.1.4.1 标准贯入试验的应用

(1)查明场地的地层剖面和各地层在垂直和水平方向的均匀程度及软弱夹层。

(2)确定地基土的承载力、变形模量、物理力学指标及建筑物设计时所需参数等。

(3)预估单桩承载力和选择桩尖持力层。

(4)地基加固处理效果的检验和施工监测。

(5)判定砂土的密实度、黏性土的稠度,判别砂土和粉土地震液化的可能性。

8.1.4.2 标准贯入试验的机理

标准贯入试验是用质量为(63.5±0.5)kg 的穿心锤,以(76±2)cm 的落距,将一定规格的标准贯入器打入土中 15 cm,再打入 30 cm,最后 30 cm 的锤击数即为标准贯入击数 N。

一般情况下,土的承载力高,标准贯入器打入土中的阻力就大,标准贯入击数 N 就大;反之,则标准贯入击数 N 就小。

8.1.4.3 试验设备

标准贯入试验设备如图 8-1 所示,主要由贯入器(长 810 mm,内径 35 mm,外径 51 mm)、贯入探杆、穿心锤、锤垫、导向杆及自动落锤装置等组成。

8.1.4.4 试验方法

(1)钻孔时为防止扰动底土,一般先钻至试验土层标高以上 15 cm 处,清除孔底的虚土和残土,为防止坍孔或流砂,通常采用泥浆护壁。

(2)贯入前检查探杆与贯入器的接头是否已连接稳妥,然后将贯入器和探杆放入孔内,并注意保持导向杆、探杆和贯入器的轴线在同一铅垂线上,以保证穿心锤的垂直施打。

(3)贯入时,穿心锤落距为 76 cm,贯入速率为 15～30 击/分,包括先打入

15 cm的预打击数、后 30 cm 中每 10 cm 的击数及 30 cm 的累计击数。后 30 cm 的总击数 N 即为贯入击数。

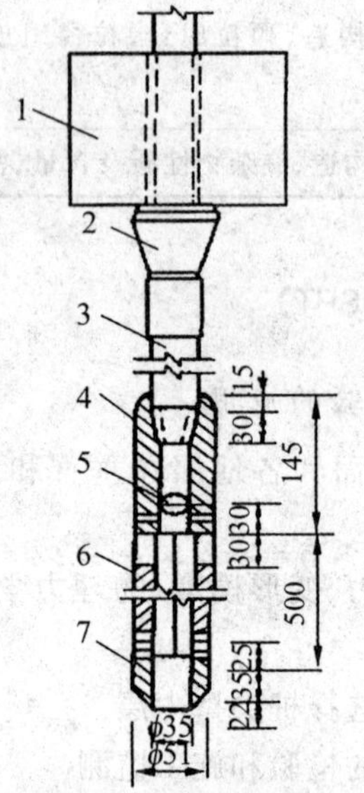

图 8-1　标准贯入试验设备

1—穿心锤；2—锤垫；3—探杆；4—贯入器；

5—出水孔；6—贯入器身；7—贯入器靴(刃口厚 1.6 mm)

(4)如为密实土层，$N>50$ 时，记录下 50 击时的贯入深度即可，不必强行打入。贯入击数按式(8-1)计算：

$$N=1500/\Delta s \tag{8-1}$$

式中：Δs——相应于 50 击时的贯入量，cm。

8.1.5　静力触探试验(CPT)

静力触探(CPT)是用静力将内部装有力传感器的探头以一定的速率压入土中，通过电子量测仪器所测得的贯入阻力(比贯入阻力或锥尖阻力和侧壁摩擦阻力)来判断土层性质的一种原位测试方法。

静力触探探头按其结构与传感器功能，主要分为单桥触探头与双桥触探头，如图 8-2 所示。

单桥触探头能测出土对探头的总阻力，即比贯入阻力、双桥触探头可测锥尖阻力与侧壁摩擦阻力。

8.1.5.1 试验设备

试验设备包括加压装置(加压装置的作用是将探头压入土中)、反力装置、探头与探杆及量测记录系统。其中探头是静力触探设备的关键组件。

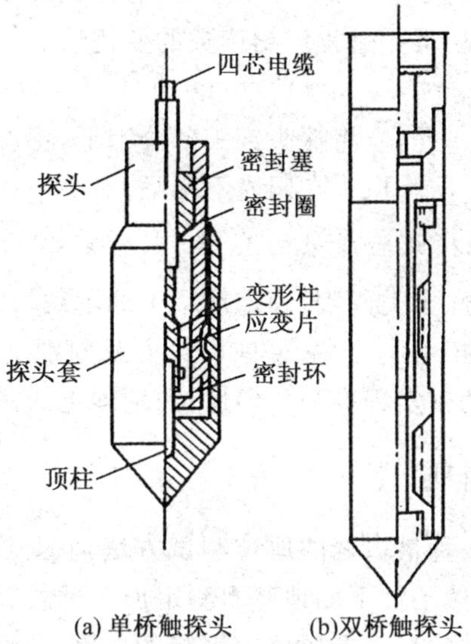

(a) 单桥触探头　　(b)双桥触探头

图 8-2 静力触探探头

8.1.5.2 现场操作

(1)准备工作

1)测量定出测试点,注意测点要离开已有的钻孔至少 2 m,一般情况是先触探,后钻探。

平行试验对比孔的孔距不宜大于 3 m。

2)设置反力装置(下锚或压载)。

3)安装好压入和量测装置,并用水准尺将底板调平。

4)检查探头外套筒与锥头活动情况,穿好电缆,同时检查探杆(注意探杆要平直,丝扣无裂纹)。

5)检查电源电压是否正常。

6)检查仪表是否正常。

(2)现场实测工作

1)初读数测读:将探头压入地表下 1.0～2.0 m,经过一定时间后将探头提升 5 cm,使探头在不受压状态下与地温平衡,此时仪器上的稳定读数即为初读数。

2)贯入速度控制在0.5～1 m/min。

3)数据采集:每10 cm测一次数据,亦可根据土层情况适当增减,但不能超过25 cm。

4)触探过程中的归零:每贯入一定深度(一般为2 m)要将探头提升5～10 cm,测读一次初读数,以校核贯入过程中初读数的变化情况。

5)接、卸钻杆。

6)终孔拆卸:结束一孔,应将探头锥头部分卸下,将泥砂擦洗干净,以保持顶柱与外套能自由活动。防止探头在阳光下暴晒。

8.1.5.3 静力触探试验成果的应用

主要用于土层划分、土类判别,确定地基土的承载力及变形模量以及其他物理力学指标,选择桩基持力层,预估单桩承载力及判别沉桩的可能性,检查填土及其他人工加固地基的密实程度和均匀性,判别砂土的密度及液化可能性。

8.1.6 平板载荷试验

平板载荷试验是一种最古老的原位测试方法,它是在与建筑物基础工作相似的受荷条件下,对天然条件下的地基土测定加于承载板的压力与沉降的关系,实质上是基础的模拟试验。根据压力与沉降的关系,平板载荷试验可以测定土的变形模量、评定地基土的承载力。对于不能用小尺寸试样试验的填土、含碎石的土等,最适宜用平板载荷试验。

试验时,可用维持荷载直至沉降稳定,再加下一级荷载直至破坏荷载;也可以用一定的沉降速率使载荷板压入土中,测定荷载与沉降的关系,这时所施加的最大荷载相应于不排水抗剪强度所提供的极限荷载。利用荷载—沉降曲线(p-s曲线)的初始直线段,可求得土的变形模量。

8.1.6.1 基本原理

平板载荷试验是向置于自然地基上的模型基础施加荷载,测量模型在不同荷载等级下的沉降量,根据荷载和沉降量的关系计算地基土的变形模量和评定地基承载力。

8.1.6.2 试验设备

平板载荷试验的常用设备和各种加荷方式如图8-3所示。

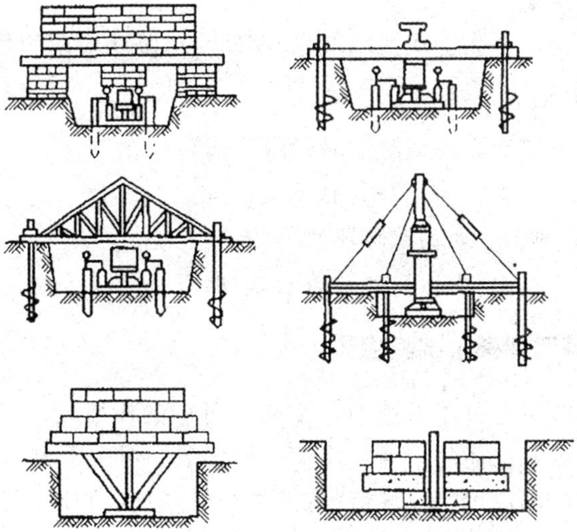

图 8-3 几种常见的平板载荷试验设备

8.1.6.3 试验方法

(1)试验位置的选择

1)选择有代表性的地点进行试验。

2)土层均匀时,可在基底标高处进行试验。

3)土层性质随深度变化时,在不同深度试验。

(2)试坑宽度

应为承压板直径的 4～5 倍,至少 3 倍。

(3)超荷载影响

应使承压板埋深与宽度之比和基础埋深与宽度之比相等。

(4)加荷方式

1)分级维持荷载沉降相对稳定法(常规慢速法)

分级加荷按等荷载增量均衡施加。荷载增量为(1/8～1/10)p_u 或(1/4～1/5)p_{cr}。每加一级荷载,自加荷开始时间间隔 10、10、10、15、15 min 观测一次沉降,以后每隔 30 min 观测一次承压板沉降,直至连续 2 h 内每小时沉降量不超过 0.1 mm,或连续 1 h 内,每 30 min 沉降量不超过 0.05 mm,即可施加下一级荷载。

2)分级维持荷载沉降非稳定法(快速法)

分级加荷与慢速法相同,每加一级荷载按间隔 15 min 观测一次沉降,每级荷载维持 2 h,即施加下一级荷载。

3)等沉降速率法

控制承压板以一定的沉降速率沉降，测读与沉降相应所施加的荷载。

8.1.6.4 试验终止条件

进行到试验土层达到破坏阶段时，终止试验。

(1)荷载不变，24 h沉降速率保持不变或加速发展。

(2)承压板周围出现隆起或破坏性裂缝。

(3)相对沉降 s/d(d 为压板直径或边长)超过 0.08。

8.1.7 土基回弹模量试验检测

土基的回弹模量是公路设计中一个必不可少的参数，我国现有规范已给出了不同的自然区划和土质的回弹模量值的推荐值。但由于土基回弹模量的改变将会影响路面设计的厚度，所以建议有条件时最好直接测定，而且随着施工质量的提高，回弹模量值的检验将会作为控制施工质量的一个重要指标。

测定回弹模量的方法，目前国内常用的主要有承载板法、贝克曼梁法和某些间接测试方法(如贯入仪测定法和 CBR 测定法)。

本节以承载板法为例介绍土基回弹模量的试验检测。

8.1.7.1 试验目的和适用范围

(1)在现场土基表面，通过承载板对土基逐级加载、卸载的方法，测出每级荷载下相应的土基回弹变形值，经过计算求得土基回弹模量。

(2)本方法测定的土基回弹模量可作为路面设计参数使用。

8.1.7.2 试验器具与材料

(1)加载设施：载有铁块或集料等重物、后轴重不小于 60 kN 的载重汽车一辆，附设加劲梁一根作为反力架。

(2)现场测试装置，由千斤顶、测力计(测力环或压力表)及球座组成，如图 8-4 所示。

(3)刚性承载板一块，板厚 20 mm，直径为 30 cm，直径两端设有立柱和可以调整高度的支座供安放弯沉仪测头，承载板放在土基表面上。

(4)路面弯沉仪两台，由贝克曼梁、百分表及其支架组成。

(5)液压千斤顶一台(80～100 kN)。

(6)秒表。

(7)水平尺。

(8)其他。

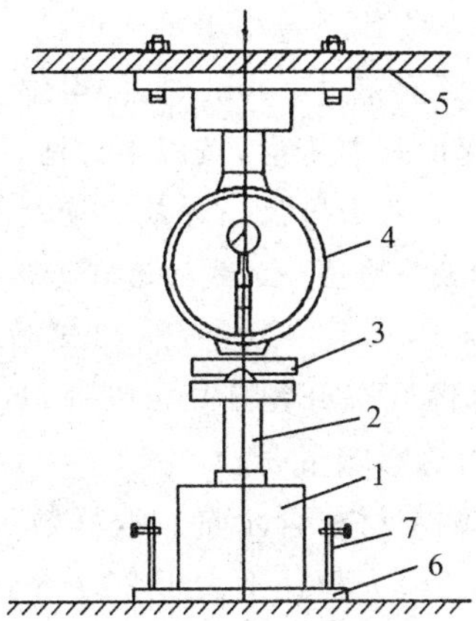

图 8-4　承载板测试装置图

1—加载千斤顶；2—钢圆筒；3—钢板及球座；4—测力计；
5—加紧横梁；6—承载板；7—立柱及支座

8.1.7.3　试验前准备工作

(1)根据需要选择有代表性的测点。

(2)仔细平整土基表面，撒干燥、洁净的细砂填平土基凹处。

(3)安装承载板，并用水平尺进行校正。

(4)将试验车置于测点上，在加劲小梁中部悬挂垂球测试，使之恰好对准承载板中心，然后收起垂球。

(5)在承载板上安放千斤顶。

(6)安放弯沉仪，将两台弯沉仪的测头分别置于承载板立柱的支座上，百分表对零。

8.1.7.4　试验步骤

(1)预载：用千斤顶开始加载，注视测力环或压力表，至预压 0.05 MPa，稳压 1 min，使承载板与土基紧密接触，同时检查百分表的工作情况是否正常，然后放松千斤顶油门卸载，稳压 1 min 后，将指针对零或记录初始读数。

(2)测定土基的压力—变形曲线。

1)采用逐级加载卸载法，荷载小于 0.1 MPa 时，每级增加 0.02 MPa，以后每级增加 0.04 MPa 左右。

2)每次加载至预定荷载后，稳定 1 min，立即读记两台弯沉仪百分表数值，然后轻轻放开千斤顶油门卸载至 0，待卸载稳定 1 min 后，再次读数，每次卸载后百分表不再对零。

3)当两台弯沉仪百分表读数之差小于平均值的30%时,取平均值。如超过30%则应重测。当回弹变形值超过1 mm时,即可停止加载。

(3)各级荷载的回弹变形和总变形,按以下方法计算:

回弹变形 L=(加载后读数平均值—卸载后读数平均值)×弯沉仪杠杆比

总变形 L'=(加载后读数平均值—加载初始前读数平均值)×弯沉仪杠杆比

(4)测定汽车总影响量 a:最后一次加载、卸载循环结束后,取走千斤顶,重新读取百分表初读数然后将汽车开出10 m以外,读取终读数,两只百分表的初、终读数差的平均值即为总影响量 a。

(5)在试验点下取样,测定材料含水量。取样数量如下:①最大粒径不大于5 mm,试样数量约120 g;②最大粒径不大于25 mm,试样数量约250 g;③最大粒径不大于40 mm,试样数量约500 g。

(6)在紧靠试验点旁边的适当位置,用灌砂法或环刀法或其他方法测定土基的密度。

8.1.7.5　试验结果

(1)各级压力的回弹变形值加上该级的影响量即为计算回弹变形值。当使用其他类型的测试车时,各级压力下的影响量按式(8-2)计算:

$$a_i = \frac{(T_1 + T_2)\pi D^2 p_i}{4T_1 Q} \cdot a \tag{8-2}$$

式中:T_1——测试车前后轴距,m;

T_2——加劲小梁距后轴距离,m;

D——承载板直径,m;

Q——测试车后轴重,N;

p_i——该级承载板压力,Pa;

a——总影响量,0.01 mm;

a_i——该级压力的分级影响量,0.01 mm。

(2)将各级计算回弹变形值点绘于标准计算纸上,排除显著偏离的异点并绘出顺滑的压力—变形曲线,如曲线起始部分出现反弯,应按图8-5所示修正原点 O,O'是修正后的原点。

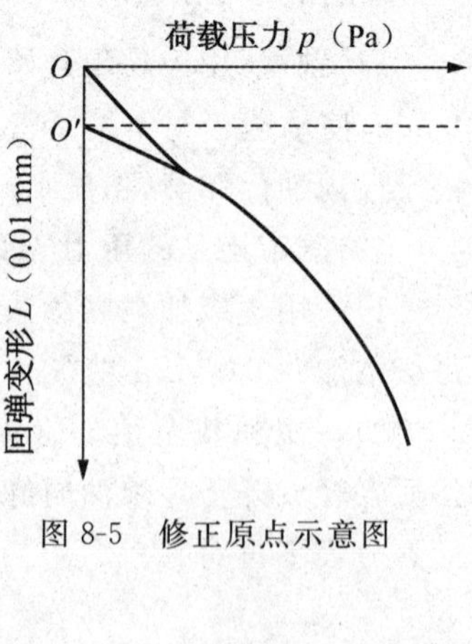

图8-5　修正原点示意图

(3)按式(8-3)计算相应于各级荷载下土基回弹模量值:

$$E_i = \frac{\pi D}{4} \cdot \frac{p_i}{L_i}(1 - \mu_0^2) \tag{8-3}$$

式中:E_i——各级荷载下土基回弹模量,MPa;

μ_0——泊松比；

D——承载板直径，30 cm；

p_i——承载板压力，MPa；

L_i——相对于荷载 p_i时的回弹变形，cm。

(4)结束试验前的各回弹变形值按线性回归方法由式(8-4)计算土基回弹模量 E_0 值：

$$E_0 = \frac{\pi D}{4} \cdot \frac{\sum p_i}{\sum L_i}(1-\mu_0^2) \tag{8-4}$$

式中：E_0——土基回弹模量，MPa；

μ_0——泊松比，根据部颁路面设计规范规定选用，一般可取为 0.35；

D——承载板直径(30 cm)；

p_i——对应于 L_i的各级压力值，MPa；

L_i——结束试验前的各级计算回弹变形值，cm。

8.1.8 路基土的 CBR 试验检测

CBR 又称“加州承载比”，是 California Bearing Ration 的缩写，由美国加利福尼亚州公路局首先提出来，是用于评定路基土和路面材料的强度指标。国外多采用 CBR 作为路面材料和路基土的设计参数。

8.1.8.1 CBR 值的室内试验

(1)试验目的和适用范围

在规定的试筒制件后，对各种土和路面基层、底基层材料进行承载比试验。试样的最大粒径宜控制在 25 mm 以内，最大不得超过 38 mm。

(2)试验仪器

1)圆孔筛：孔径为 38 mm、25 mm、20 mm及 5 mm 的筛各一个。

2)重型标准击实仪器设备：试筒(见图8-6)、夯锤等。

3)贯入杆：端面直径 50 mm、长 100 mm 的金属柱。

4)路面材料强度或其他载荷装置(见图8-7)：能量不小于 50 kN。

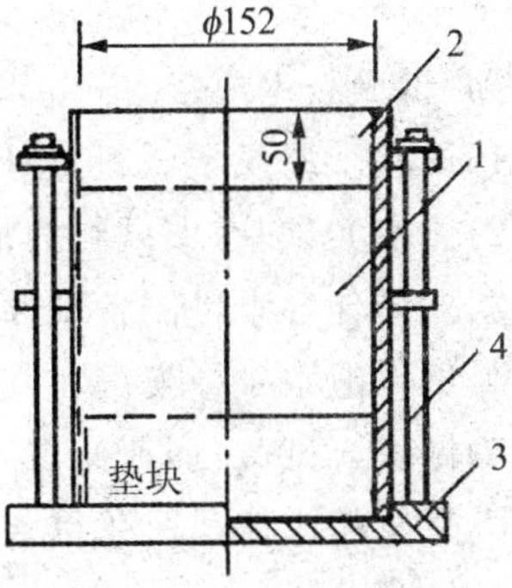

图 8-6 CBR 试筒

1—试筒；2—套环；3—夯实底板；4—拉杆

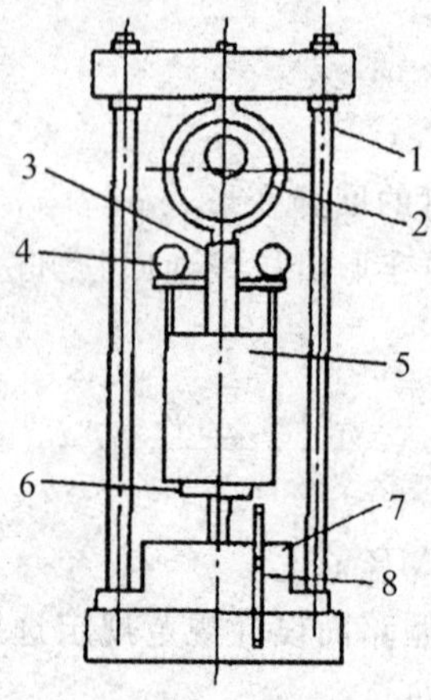

图 8-7　手摇测力计式载荷装置示意图

1—框架；2—量力环；3—贯入杆；4—百分表；5—试件；
6—升降台；7—蜗轮蜗杆箱；8—摇把

5)百分表、测力环、荷载板等。

(3)试验原理

试验时，按路基施工时的最佳含水量及压实度要求在试筒内制备试件。为了模拟材料在使用过程中的最不利状态，加载前浸水 4 昼夜。在浸水过程中及贯入试验时，在试件顶面施加荷载板以模拟路面结构对土基的附加应力。贯入试验中，材料的承载能力越高，对其压入一定贯入深度所需施加的荷载越大。

所谓 CBR 值，就是试料贯入量达到 2.5 mm 或 5 mm 时的单位压力与标准碎石压入相同贯入量时标准荷载强度(7 MPa 或 10.5 MPa)的比值，用百分数表示。

(4)试验技术要求

1)试验采用风干试料，按四分法备料。

2)做击实试验，求试料的最大干密度和最佳含水量。

3)按最佳含水量制备试件。

4)试件泡水 4 昼夜。

5)做贯入试验：加荷使贯入杆以 1～1.25 mm/min 的速度压入试件，记录不同贯入量及相应荷载。总贯入量应超过 7 mm。

6)绘制单位压力 p 与贯入量 l 关系曲线，必要时进行原点修正。

7)从 p-l 关系曲线上读取贯入量分别为 2.5 mm 和 5.0 mm 时所对应的单位压力 $p_{2.5}$(MPa)和 p_5(MPa)，则：

$$CBR_{2.5} = \frac{p_{2.5}}{7} \times 100\% \tag{8-5}$$

$$CBR_5 = \frac{p_5}{10} \times 100\% \tag{8-6}$$

一般采用 $CBR_{2.5}$，如 $CBR_5 > CBR_{2.5}$，则试验重做。如果结果仍然如此，则采用 CBR_5。

8.1.8.2　土基现场的 CBR 值测试方法

(1)试验仪器

1)荷载装置:设有加劲横梁的载重汽车，后轴重不小于 60 kN。

2)现场测试装置(见图 8-8):由千斤顶、测力计、球座、贯入杆、荷载板及百分表等组成。

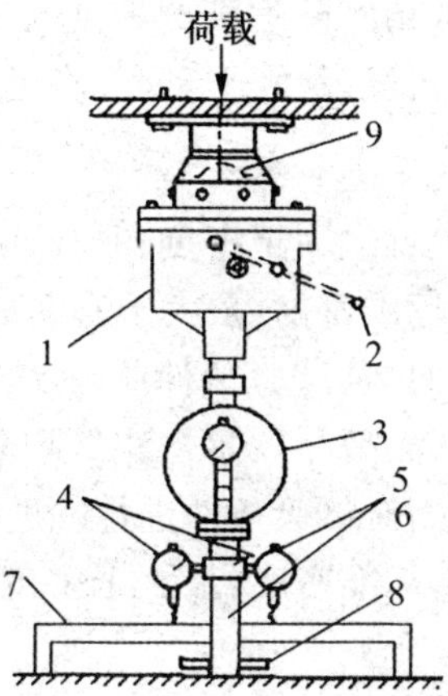

图 8-8　现场 CBR 测试装置示意图

1—加载千斤顶;2—手柄;3—测力计;4—百分表;5—百分表夹持具;6—贯入杆;7—平台;8—承载板;9—球座

(2)试验原理

在公路路基施工现场，用载重汽车作为反力架，通过千斤顶连续加载，使贯入杆匀速压入土基。为了模拟路面结构对土基的附加应力，在贯入杆位置安放荷载板。

(3)测试技术要点

1)将测点约直径 30 cm 范围的表面找平。

2)安装现场测试装置，使贯入杆与土基表面紧密接触。

3)启动千斤顶，使贯入杆以 1 mm/min 的速度压入土基，记录不同贯入量及相应荷载。贯入量达 7.5 mm 或 12.5 mm 时结束试验。

4)卸载后在测点取样,测定材料含水量。

5)在测点旁用灌砂法或环刀法等测定土基的密度。

6)绘制荷载压强—贯入量曲线,必要时进行原点修正。

8.1.9 压实度的试验检测

路基路面压实质量是道路工程施工质量管理最重要的内在指标之一。现场压实质量用压实度表示。压实度是路基路面施工质量监测的关键指标之一,表征现场压实后的密实状况,压实度越高,密实度越大,材料整体性能越好。因此,路基路面施工中,碾压工艺成为施工质量控制的关键工序。

对于路基土、路面半刚性基层及粒料类柔性基层而言,压实度是指工地实际达到的干密度与室内标准击实试验所得的最大干密度的比值;对沥青面层、沥青稳定基层而言,压实度是指现场实际达到的密度与室内标准密度的比值。压实度的测定主要包括室内标准密度(最大干密度)确定和现场密度试验。

8.1.9.1 标准密度(最大干密度)确定

室内试验得出的标准密度(最大干密度)是压实度评定的基准值,直接决定着评定结果的可靠性,因此,标准密度(最大干密度)的室内试验确定方法应原理科学、数据重视性高、操作简便,且试验条件应与实际压实条件相接近。近年来逐渐被引起重视的振动击实、大型马歇尔击实等均是考虑到目前施工中广泛使用振动压路机进行碾压成型而对试验条件进行改进的结果。

由于筑路材料类型不同,标准密度(最大干密度)的室内确定试验方法也有所不同。

(1)路基土标准密度(最大干密度)确定试验方法

根据路基土类别与性质的不同,路基土最大干密度试验方法主要有击实法、振动台法和表面振动压实仪法。

击实试验是我国路基土最大干密度确定的主要方法,通过试验得出的击实曲线,确定最佳含水量和最大干密度。根据击实功的不同,可分为重型击实试验和轻型击实试验,两个试验的原理和基本规律相似,但重型击实试验的击实功提高了4.5倍。振动台法与表面振动压实仪法均是采用振动方法测定土的最大干密度。各试验方法的仪器设备、试验步骤等详见《公路土工试验规程》(JTG E40—2007)。

(2)路面基层材料标准密度(最大干密度)确定试验方法

路面基层主要包括半刚性基层和柔性基层两类,其中柔性基层主要有以级配碎石为代表的粒料类基层和以沥青稳定碎石为代表的沥青稳定类基层。

1)半刚性基层材料

半刚性基层材料最大干密度主要按照《公路工程无机结合料稳定材料试验规程》(JTG E51—2009)标准击实法确定,但当粒料含量高(50 %以上)时,特别是采用骨架密实结构时,击实筒空间的限制,现行方法就不能得出真正的最大干密度。为与施工方法相一致,理论计算法、振动击实法等更为科学的最大干密度确定方法被研究应用。理论计算法主要根据半刚性基层材料的体积组成,利用结合料和粒料级配组成与密度综合确定混合料最大干密度,主要用于无机结合料稳定粒料类材料。

①石灰土、二灰稳定粒料

根据室内试验测得结合料的最大干密度 ρ_1 和集料的相对密度 γ,把已确定的结合料与集料的质量比换算为体积比 $V_1:V_2$,则混合料的最大干密度 ρ_0 为:

$$\rho_0 = V_1\rho_1 + V_2\gamma \tag{8-7}$$

石灰土、二灰稳定粒料的最佳含水量 w_0 是结合料的最佳含水量 w_1 和集料饱水裹敷含水量 w_2 的加权值,可按下式计算:

$$w_0 = w_1A + w_2B \tag{8-8}$$

式中:A,B——结合料和集料的质量百分比,以小数计。

饱水裹敷含水量是指把集料浸水饱和后取出,不擦去表面裹敷水时的含水量。

②水泥稳定粒料

此类材料的最大干密度 ρ_0 与集料的最大干密度 ρ_G 和水泥硬化后的水泥质量有关,即:

$$\rho_0 = \frac{\rho_G}{1-\frac{(1+k)a}{100}} \tag{8-9}$$

式中:ρ_G——集料在振动台上加载振动而得到的最大干密度,g/cm^3;

a——水泥含量,%;

k——水泥水化时水的增量,视水泥品种不同而异,一般为水泥质量的10%~25%,以小数计。

水泥加水拌匀后,在105 ℃烘箱中烘干,称得试验前水泥质量和烘干后硬化的水泥质量,即可求得水泥水化的水增量。

因水泥中含有水化水,故用烘箱法不能正确测出水泥稳定粒料的最佳含水量。根据对比试验,水泥稳定粒料的最佳含水量 w_0 由水泥的水化水、集料的饱水裹敷含水量和拌和水泥所需要的水(水灰比为0.5)三者组成,即:

$$w_0 = (0.5+k)a + w_2\left(1-\frac{a}{100}\right) \tag{8-10}$$

式中：a——水泥含量，%；

w_2——集料饱水裹敷含水量，%；

k——水泥水化时水的增量，以小数计。

2)以级配碎石为代表的粒料类基层材料

粒料类基层材料最大干密度的确定试验方法有重型击实法和振动法两种，重型击实法参照《公路土工试验规程》(JTJ 051)击实试验，对大于 37.5 mm 的颗粒进行筛除，利用公式校正计算最大干密度。振动法参考粗粒土、巨粒土的振动法，以振动台法或表面振动压实法确定最大干密度。目前，国内外以重型击实试验为主。

(3)沥青混合料标准密度确定方法

沥青混合料标准密度，以沥青拌和厂取样试验的马歇尔密度或者试验段密度为准，当采用前者时，压实度标准比后者高。无论采用哪种方法，均需对试件(马氏试件或芯样试件)测密度，在进行密度试验时可根据混合料本身的特点采用下列方法：

1)水中重法

本法适用于密实的Ⅰ型沥青混凝土试件，不适用于采用了吸水性大的集料的沥青混合料试件。

2)表干法

本法适用于表面较粗但较密实的Ⅰ型或Ⅱ型沥青混凝土试件，不适用于吸水率大于 2%的沥青混合料试件。

3)蜡封法

本法适用于吸水率大于 2%的Ⅰ型或Ⅱ型沥青混凝土试件以及沥青碎石混合料试件。不能用水中重法或表干法测密度时，可用蜡封法测定。

4)体积法

本法适用于孔隙率较大的沥青碎石混合料及大空隙透水性开级配沥青混合料试件。

具体的试验方法见《公路工程沥青及沥青混合料试验规程》(JTG E20—2011)。

8.1.9.2 现场密度确定

(1)灌砂法

灌砂法是利用均匀颗粒的砂去置换试洞的体积，它是当前最通用的方法，很多工程都把灌砂法列为现场测定密度的主要方法。该方法可用于测试各种土或路面材料的密度。它的缺点是：需要携带较多量的砂，而且称量次数较多，因此它的测试速度较慢。

采用灌砂法时，应符合下列规定：①当集料的最大粒径小于15 mm、测定层的厚度不超过150 mm时，宜采用直径为100 mm的小型灌砂筒测试；②当集料的粒径等于或大于15 mm，但不大于40 mm，测定层的厚度超过150 mm，但不超过200 mm时，应用直径为150 mm的大型灌砂筒测试。

1)仪器与材料

①灌砂筒：有大小两种，根据需要采用。储砂筒筒底中心有一个圆孔，下部装一倒置的圆锥形漏斗，漏斗上端开口，直径与储砂筒的圆孔相同，漏斗焊接在一块铁板上，铁板中心有一圆孔与漏斗上开口相接，储砂筒筒底与漏斗之间设有开关。开关铁板上也有一个相同直径的圆孔。

②金属标定罐：用薄铁板制作的金属罐，上端周围有一罐缘。

③基板：用薄铁板制作的金属方盘，盘的中心有一圆孔。

④玻璃板：边长为0.6～5 m的方形板。

⑤试样盘：小筒挖出的试样可用铝盒存放，大筒挖出的试样可用300 mm×500 mm×40 mm的搪瓷盘存放。

⑥天平或台秤：称量为10～15 kg，感量不大于1 g。用于含水量测定的天平精度，对细粒土、中粒土、粗粒土宜分别为0.01 g、0.1 g和1.0 g。

⑦含水量测定器具：铝盒、烘箱等。

⑧量砂：粒径为0.30～0.60 mm及0.25～0.50 mm清洁干燥的均匀砂，约2040 kg，使用前须洗净、烘干，并放置足够长的时间，使其与空气的湿度达到平衡。

⑨盛砂的容器：塑料桶等。

⑩其他：凿子、改锥、铁锤、长把勺、小簸箕、毛刷等。

2)试验方法与步骤

①标定筒下部圆锥体内砂的质量

a.在灌砂筒筒口高度上，向灌砂筒内装砂至距筒顶15 mm左右为止。

称取装入筒内砂的质量，准确至1 g。以后每次标定及试验都应该维持装砂高度与质量不变。

b.将开关打开，让砂自由流出，并使流出砂的体积与工地所挖试坑内的体积相当(可等于标定罐的容积)，然后关上开关，称灌砂筒内剩余砂的质量，准确至1 g。

c.不晃动储砂筒的砂，轻轻地将灌砂筒移至玻璃板上，将开关打开，让砂流出，直到筒内砂不再下流时，将开关关上，并小心取走灌砂筒。

d.收集并称量留在玻璃板上的砂或称量筒内的砂，准确至1 g。玻璃板上的砂就是填满锥体的砂。

e. 重复上述测量三次，取其平均值。

②标定量砂的单位质量

a. 用水确定标定罐的容积 V，准确至 1 mL。

b. 在储砂筒中装入砂并称重，并将灌砂筒放在标定罐上，将开关打开，让砂流出，在整个流砂过程中，不要碰动灌砂筒，直到砂不再下流时，将开关关闭，取下灌砂筒，称取筒内剩余砂的质量，准确至 1 g。

c. 计算填满标定罐所需砂的质量。

d. 重复上述测量三次，取其平均值。

e. 计算量砂的单位质量。

③试验步骤

a. 在试验地点，选一块平坦表面，并将其清扫干净，其面积不得小于基板面积。

b. 将基板放在平坦表面上，当表面的粗糙度较大时，则将盛有量砂的灌砂筒放在基板中间的圆孔上，将灌砂筒的开关打开，让砂流入基板的中孔内，直到储砂筒内的砂不再下流时关闭开关。取下灌砂筒，并称量筒内砂的质量准确至 1 g。当需要检测厚度时，应先测量厚度后再进行这一步骤。

c. 取走基板，并将留在试验地点的量砂收回，重新将表面清扫干净。

d. 将基板放回清扫干净的表面上（尽量放在原处），沿基板中孔凿洞（洞的直径与灌砂筒一致）。在凿洞过程中，应注意勿使凿出的材料丢失，并随时将凿出的材料取出装入塑料袋中，不使水分蒸发，也可放在大试样盒内。

试洞的深度应等于测定层厚度，但不得有下层材料混入，最后将洞内的全部凿松材料取出。对土基或基层，为防止试样盘内材料的水分蒸发，可分几次称取材料的质量。全部取出材料的总质量准确至 1 g。

e. 从挖出的全部材料中取出有代表性的样品，放在铝盒或洁净的搪瓷盘中，测定其含水量（w，以百分数计）。样品的数量如下：用小灌砂筒测定时，对于细粒土，不少于 100 g；对于各种中粒土，不少于 500 g。用大灌砂筒测定时，对于细粒土，不少于 200 g；对于各种中粒土，不少于 1000 g；对于粗粒土或水泥、石灰、粉煤灰等无机结合料稳定材料，宜将取出的全部材料烘干，且不少于 2000 g，称其质量准确至 1 g。当为沥青表面处治或沥青贯入结构类材料时，则省去测定含水量步骤。

f. 将基板安放在试坑上，将灌砂筒安放在基板中间（储砂筒内放满砂质量），使灌砂筒的下口对准基板的中孔及试洞，打开灌砂筒的开关，让砂流入试坑内，在此期间，应注意勿碰动灌砂筒，直到储砂筒内的砂不再下流时，关闭开关。小心取走灌砂筒，并称量筒内剩余砂的质量，准确到 1 g。

g. 如清扫干净的平坦表面的粗糙度不大，也可省去上述 b 和 c 的操作。在试洞挖好后，将灌砂筒直接对准放在试坑上，中间不需要放基板。打开筒的开关，让砂流入试坑内。在此期间，应注意勿碰动灌砂筒，直到储砂筒内的砂不再下流时，关闭开关，小心取走灌砂筒，并称量剩余砂的质量，准确至 1 g。

h. 仔细取出试筒内的量砂，以备下次试验时再用，若量砂的湿度已发生变化或量砂中混有杂质，则应该重新烘干、过筛，并放置一段时间，使其与空气的温度达到平衡后再用。

3)计算

①计算填满试坑所用的砂的质量。

②计算试坑材料的湿密度。

③计算试坑材料的干密度。

④计算水泥、石灰粉、煤灰等无机结合料稳定土的干密度。

当试坑材料的组成与击实试验的材料有较大差异时，可以试坑材料做标准击实，求取实际的最大干密度。

4)试验中应注意的问题

灌砂法是施工过程中最常用的试验方法之一，此方法表面上看起来较为简单，但实际操作时常常不好掌握，并会引起较大误差；又由于它是测定压实度的依据，故经常是质量检测监督部门与施工单位之间发生矛盾或纠纷的环节，因此应严格遵循试验的每个细节，以提高试验精度。为使试验做得准确，应注意以下几个环节：

①量砂要规则。量砂如果重复使用，一定要注意晾干，处理一致，否则影响量砂的松方密度。

②每换一次量砂，都必须测定松方密度，漏斗中砂的数量也应该每次重做。

③地表面处理要平整，只要表面凸出一点(即使 1 mm)，使整个表面高出一薄层，其体积就会被算到试坑中去，影响试验结果。因此本方法一般宜采用放上基板先测定一次粗糙表面消耗的量砂，计算填坑的砂量。只有在非常光滑的情况下方可省去此操作步骤。

④在挖坑时试坑周壁应笔直，避免出现上大下小或上小下大的情形，这样就会使检测密度偏大或偏小。

⑤灌砂时检测厚度应为整个碾压层厚，不能只取上部或者取到下一个碾压层中。

(2)环刀法

环刀法是测量现场密度的传统方法。国内习惯采用的环刀容积通常为 200 cm^3，环刀高度通常约为 5 cm。用环刀法测得的密度是环刀内土样所在深度范围内的平均密度，它不能代表整个碾压层的平均密度。由于碾压土层的密度一般是从上到下减小的，若环刀取的是碾压层的上部，则得到的数值往往偏大，若环刀取的是碾压层的底部，则所得的数值将明显偏小。就检查路基土和路面结构层的压实度而言，我们需要的是整个碾压层的平均压实度，而不是碾压层中某一部分的压实度，因此，在用环刀法测定土的密度时，应使所得密度能代表整个碾压层的平均密度。然而，这在实际检测中是比较困难的，因为只有环刀所取的土恰好是碾压层中间的土时，环刀法所得的结果才可能与灌砂法的结果大致相同。另外，环刀法适用面较窄，对于含有粒料的稳定土及松散性材料无法使用。

1)仪器与材料

①人工取土器或电动取土器：人工取土器包括环刀、环盖、定向筒和击实锤系统(导杆、落锤、手柄)，环刀内径为6～8 cm，高为23 cm，壁厚为1.52 mm；电动取土器由底座、行走轮、立柱、齿轮箱、升降机构、取芯头等组成。电动取土器的主要技术参数：工作电压为DC24V(36Ah)，转速为5070 r/min，无级调速，整机质量约为35 kg。

②天平：感量0.1 g(用于取芯头内径小于70 mm样品的称量)，或1.0 g(用于取芯头内径为100 mm样品的称量)。

③其他：镐、小铁锹、修土刀、毛刷、直尺、钢丝锯、凡士林、木板及测定含水量的设备等。

2)试验方法与步骤

①用人工取土器测定黏性土及无机结合料稳定细粒土密度

a. 擦净环刀，称取环刀质量，准确至0.1 g。

b. 在试验地点，将面积约30 cm×30 cm的地面清扫干净，并铲去压实层表面浮动及不平整的部分，达到一定深度，使环刀打下后能达到要求的取土深度，但不得扰动下层。

c. 将定向筒齿钉固定于铲平的地面上，顺次将环刀、环盖放入定向筒内与地面垂直。

d. 将导杆保持垂直状态，用取土器落锤将环刀打入压实层中，至环盖顶面与定向筒上口齐平为止。

e. 去掉击实锤和定向筒，用镐将环刀及试样挖出。

f. 轻轻取下环盖，用修土刀自边至中削去环刀两端余土，用直尺检测直至修平为止。

g. 擦净环刀外壁，用天平称取环刀及试样合计质量，准确至0.1 g。

h. 自环刀中取出试样，取具有代表性的试样，测定其含水量。

②用人工取土器测定砂性土或砂层密度

a.如为湿润的砂土，试验时不需要使用击实锤和定向筒。在铲平的地面上，细心挖出一个直径较环刀外径略大的砂土柱，将环刀刃口向下，平置于砂土柱上，用两手平稳地将环刀垂直压下，直至砂土柱突出环刀上端约 2 cm 时为止。

b.削掉环刀口上的多余砂土，并用直尺刮平。

c.在环刀上口盖一块平滑的木板，一手按住木板，另一只手用小铁锹将试样从环刀底部切断，然后将装满试样的环刀转过来，削去环刀刃口上部的多余砂土，并用直尺刮平。

d.擦净环刀外壁，称环刀与试样合计质量，精确至 0.1 g。

e.自环刀中取具有代表性的试样测定其含水量。

f.干燥的砂土不能挖成砂土柱时，可直接将环刀压入或打入土中。

③用电动取土器测定无机结合料细粒土和硬塑土密度

a.装上所需规格的取芯头。在施工现场取芯前，选择一块平整的路段，将四只行走轮打起，四根定位销钉采用人工加压的方法，压入路基土层中。松开锁紧手柄，旋动升降手轮，使取芯头刚好与上层接触，锁紧手柄。

b.将电瓶与调速器接通，调速器的输出端接入取芯机电源插口。指示灯亮，显示电路已通；打开开关，电动机工作，带动取芯机构转动。根据土层含水量调节转速，操作升降手柄，上提取芯机构，停机，移开机器。由于取芯头圆筒外表有几条螺旋状突起，切下的土屑排在筒外顺螺纹上旋抛出地表，因此，将取芯套筒套在切削好的土芯立柱上，摇动即可取出样品。

c.取出样品，立即按取芯套筒长度用修土刀或钢丝锯修平两端，制成所需规格土芯，如拟进行其他试验项目，装入铝盒，送试验室备用。

d.用天平称量土芯带套筒质量，从土芯中心部分取试样测定含水量。

除了以上介绍的两种方法外，测定压实度的方法还有核子密度温度仪法、钻芯法等，此处不再一一介绍。

8.2 路面基层的试验检测

8.2.1 概述

路面基层可分为无机结合料稳定类、有机结合料稳定类和粒料类。无机结合料稳定类可分为水泥稳定类和石灰稳定类、综合稳定类和工业废渣稳定类。无机结合料稳定类基层和底基层材料的检测项目有：

(1)重型击实试验；

(2)承载比；

(3)石灰剂量滴定；

(4)无侧限抗压强度。

8.2.2 水泥或石灰剂量测定方法——EDTA 滴定法

8.2.2.1 试验目的

在工地快速测定水泥和石灰稳定土中水泥和石灰的剂量，也可用以检查拌和的均匀性。

8.2.2.2 试验仪器

滴定管、滴定台、滴定管夹、大肚移液管、锥形瓶烧杯、容量瓶等。

8.2.2.3 试剂

0.1 mol/L 乙二胺四乙酸二钠（简称 EDTA 二钠）标准液、10%氯化铵(NH_4Cl)溶液、1.8%氢氧化钠（内含三乙醇胺）溶液和钙红指示剂。

8.2.2.4 准备标准曲线

(1)取样：取工地用石灰和集料，风干后分别过 2.0 mm 或 2.5 mm 筛，并测其含水量。

(2)混合料组成的计算公式为：

干料质量＝湿料质量/(1＋含水量)

计算步骤为：

1)干混合料质量＝300 g/(1＋最佳含水量)；

2)干土质量＝干混合料质量/(1＋石灰或水泥剂量)；

3)干石灰(或水泥)质量＝干混合料质量－干土质量；

4)湿土质量＝干土质量×(1＋土的风干含水量)；

5)湿石灰质量＝干石灰质量×(1＋石灰的风干含水量)。

(3)准备 5 种试样，每种 2 个样品（以水泥集料为例），5 种水泥剂量分别为 0%、2%、4%、6%、8%。

第 1 种：称 2 份 300 g 集料分别放在 2 个搪瓷杯内，集料的含水量应等于工地预期达到的最佳含水量。混合料中加入的水应与工地所用的水相同。

第 2 种：准备 2 份水泥剂量为 2%的水泥土混合料试样，每份均重 300 g，并分别放在 2 个搪瓷杯内。水泥土混合料的最佳含水量应等于工地预期达到的最佳含水量。

第 3 种、第 4 种、第 5 种：各准备 2 份水泥剂量分别为 4%、6%、8%的水泥土混合料试样，每份均重 300 g，并分别放在 6 个搪瓷杯内，其他要求同第 1 种。

(4)取一个盛有试样的搪瓷杯，在杯内加 600 mL 的 10％氯化铵溶剂，用不锈钢搅拌棒充分搅拌 3 min(每分钟搅 115～125 次)。

放置沉淀 10 min，如 4 min 后得到的是混浊悬浮液，则应增加放置沉淀时间，直到出现澄清悬浮液为止，并记录所需的时间。

以后所有该种水泥(或石灰)土混合料的试验，均应以同一时间为准，然后将上部清液转移到 300 mL 烧杯内，搅匀，加盖表面皿待测。

(5)用移液管吸取上层(液面下 1～2 cm)悬浮液 10.0 mL 放入 200 mL 的三角瓶内，用量筒量取 500 mL 的 1.8％氢氧化钠(内含三乙醇胺)倒入三角瓶中，此时溶液 pH 值为 12.5～13.0(可用 pH12～14 精密试纸检验)，加入钙红指示剂(体积约为黄豆大小)，摇匀，溶剂呈玫瑰红色。

用 EDTA 二钠标准液滴定到纯蓝色为终点，记录 EDTA 二钠的耗量(以 mL 计，读至 0.1 mL)。

(6)对其他几个搪瓷杯中的试样，用同样的方法进行试验，并记录各自 EDTA 二钠的耗量。

(7)以同一水泥或石灰剂量混合料消耗 EDTA 二钠毫升数的平均值为纵坐标，以水泥或石灰剂量(％)为横坐标制图。

两者的关系应是一根顺滑的曲线，如图 8-9 所示。

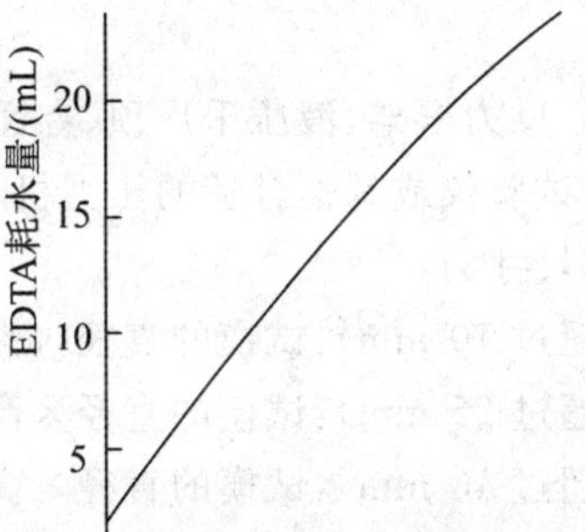

图 8-9 标准曲线

8.2.2.5 试验步骤

(1)选取有代表性的水泥土或石灰土混合料，称 300 g 放在搪瓷杯中，用搅拌棒将结块搅散，加 600 mL 的 10％氯化铵溶液，然后如前述步骤那样进行试验。

(2)利用所绘制的标准曲线，根据所消耗的 EDTA 二钠毫升数，确定混合料中的水泥或石灰剂量。

8.2.2.6 注意事项

(1)每个样品搅拌的时间、速度和方式应力求相同,以增加试验的精度。

(2)做标准曲线时,如工地实际水泥剂量较大,素集料和低剂量水泥的试样可以不做,而直接用较高的剂量做试验,但应有两种剂量大于实用剂量,以及两种剂量小于实用剂量。

(3)配制的氯化铵溶液最好当天用完,不要放置过久,以免影响试验的精度。

8.2.3 无侧限抗压强度试验

8.2.3.1 试验目的

测定无机结合料稳定土试件的无侧限抗压强度,可用于室内配合比设计及现场检测。

8.2.3.2 取样频率

进行现场检测时,按规定频率取样,并按工地预定达到的压实度制备试件。

为保证试验结果的可靠性和准确性,每 2000 m^2 或每工作班试件的数目要求为:小试件不少于 6 个;中试件不少于 9 个试件;大试件不少于 13 个试件。

8.2.3.3 仪器设备

圆孔筛、试模、脱模器、反力框架、液压千斤顶、夯锤和导管、密封湿气箱或湿气池、水槽、路面材料强度试验仪或其他合适的压力机、天平等。

适用于不同土的试模尺寸为:

细粒土(最大粒径不超过 10 mm):试模的直径×高=50 mm×50 mm

中粒土(最大粒径不超过 25 mm):试模的直径×高=100 mm×100 mm

粗粒土(最大粒径不超过 40 mm):试模的直径×高=150 mm×150 mm

8.2.3.4 试件制备

(1)试料准备

将具有代表性的风干试料用木槌和木碾捣碎,但应避免破粒料的原粒径,并将土样进行过筛,筛除超粒径的颗粒。在预定做试验的前一天,取有代表性的试料测定其风干含水量。对于细粒土,试样应不少 100 g;

对于粒径小于 25 mm 的中粒土,试样应不少于 1000 g;

对于粒径小于 40 mm 的粗粒土,试样的质量应不少于 2000 g。

(2)采用重型击实法确定无机结合料混合料的最佳含水量和最大干密度。

(3)配制混合料

1)制备试件的数量与土类及操作的仔细程度有关。

对于无机结合料稳定细粒土，至少应该制 6 个试件；对于无机结合料稳定中粒土和粗粒土，至少分别应该制 9 个和 13 个试件。

2)称取一定数量的风干土并计算干土的质量，其数量随试件大小而变。

3)将称好的土放在长方盘(约 400 mm×600 mm×70 mm)内，向土中加水。

细粒土含水量应较最佳含水量少 3%，中、粗粒土可按最佳含水量加水，但应扣除土和石灰或水泥中的水。将土和水拌和均匀后放在密闭容器内浸润备用。

浸润时间：黏性土 12～24 h；粉性土 6～8 h；砂性土、沙砾土、红土沙砾、级配沙砾等可以缩短到 4 h 左右；含土很少的未筛分碎石、沙砾及砂可以缩短到 2 h。

4)在浸润过的试料中，加入预定数量的水泥或石灰并拌和均匀，在拌和过程中，应将细粒土预留的水加入土中，使混合料的含水量达到最佳含水量。

拌和均匀的加有水泥的混合料应在 1 h 内制成试件，超过 1 h 的混合料应该作废。

(4)按预定的干密度制件

用反力框架和液压千斤顶制件，试件质量按式(8-11)计算：

$$m_1 = \rho_d V(1 + w) \tag{8-11}$$

式中：V——试模的体积，cm^3；

w——稳定土混合料的含水量，%；

ρ_d——稳定土试件的干密度，g/cm^3。

试件的制作过程为：

1)将试模的下压柱放入试模的下部，但外露 2 cm 左右。

2)将称量的规定数量的稳定土混合料(g)分 2～3 次灌入试模中(利用漏斗)，每次灌入后用夯棒轻轻均匀插实。

3)将上压柱放入试模内，应使上压柱也外露 2 cm 左右(即上下压柱露出试模外的部分应该相等)。

4)将整个试模(连同上下压柱)放到反力框架内的千斤顶上(千斤顶下应放一扁球座)，加压直到上下压柱都压入试模为止。维持压力 1 min。

5)取下试模，拿去上压柱，并放到脱模器上将试件顶出，称试件的质量。

(5)养生

试件从试模内脱出并称量后，应立即放到密封湿气箱和恒温室内进行保温、保湿养生。但中试件和大试件应先用塑料薄膜包覆，有条件时，可采用蜡封保湿养生。养生时间通常取 7 d。养生温度应保持(20±2)℃。养生期的最后一天，应该将试件浸泡在水中，在浸泡水中前，应再次称试件的质量。在养生期间，试件质量的损失应该符合下列规定：①小试件不超过 1 g；②中试件不超过 4 g；③大试件不超过 10 g。质量损失超过此规定的试件，应该作废。

8.2.3.5　试验步骤

(1)将已浸水一昼夜的试件从水中取出，用软的旧布吸试件表面的可见自由水，并称试件的质量。

(2)用游标卡尺量试件的高度 h_1，准确到 0.1 mm。

(3)将试件放到路面材料强度试验仪的升降台上进行抗压试验。

试验过程中，应使试件的形变等速增加，并保持速率约为 1 mm/min。记录试件破坏时的最大压力 P(N)。

(4)从试件内部取有代表性的样品(经过打破)测定其含水量。

8.2.3.6　试验结果

(1)试件的无侧限抗压强度用式(8-12)计算：

$$R_c = \frac{P}{A} \tag{8-12}$$

式中：P——试件破坏时的最大压力，N；

A——试件的截面积，$A=\pi D^2/4$；

D——试件的直径，mm。

(2)精密度或允许误差

若干次平行试验的偏差系数(%)应符合下列规定：小试件应不大于 6%；中试件应不大于 10%；大试件应不大于 15%。

8.2.3.7　试验报告

报告应包括以下内容：

(1)材料的颗粒组成；

(2)水泥的种类和标号或石灰的等级；

(3)确定最佳含水量时的结合料用量、最佳含水量和最大干密度；

(4)水泥或石灰剂量或石灰、粉煤灰和集料的比例；

(5)试件干密度或压实度；

(6)吸水量以及测抗压强度时的含水量；

(7)抗压强度；

(8)若干个试验结果的最小值和最大值、平均值、标准差、变异系数和 95% 概率的值(代表值)。

8.3 水泥混凝土芯样劈裂强度的试验检测

水泥混凝土路面强度的控制指标是弯拉或劈裂强度。

8.3.1 试验目的

从硬化混凝土结构物中钻取和检查芯样，测定芯样。

8.3.2 仪具与材料

(1)压力机。

(2)劈裂夹具、木质三合板垫条。

8.3.3 试验方法与步骤

8.3.3.1 外观检查

每个芯样应详细描述有无裂缝、接缝、分层、麻面或离析等情况。

8.3.3.2 测量

(1)测平均直径 d

在芯样的中间及两面各 1/4 处按两个垂直方向测量三对数值确定芯样的平均直径 d，精确到 1.0 mm。

(2)测平均长度 L

取芯样直径两端侧面测定钻取后芯样的长度及端面加工后的长度，精确至 1.0 mm。

(3)测表观密度

如有必要，应测定芯样的表观密度。

8.3.3.3 试验步骤

(1)试件的制作

试件两端平面应与它的轴线相垂直，误差不应大于±1°，端面凹凸每 100 mm不超过 0.05 mm，承压线凹凸不应大于 0.25 mm。

(2)湿度控制

试验前试件应在(20±2)℃的水中浸泡 40 h，从水中取出后立即进行试验。

(3)劈裂试验

1)将试件、劈裂垫条和垫层放在压力机上，借助夹具两侧杆，将试件对中。

2)开动压力机,当压力机压板与夹具垫条接近时调整球座使压力均匀接触试件。当压力加到 5 kN 时,将夹具的侧杆抽出,以(60±4)N/s 的速度连续、均匀加荷,直至试件劈裂为止,记下破坏荷载,精确至 0.01 kN。

8.3.4 试验结果

芯样劈裂抗拉强度 R_a 按下式(8-13)计算:

$$R_a = \frac{2P}{\pi A} = \frac{2P}{\pi DL} \tag{8-13}$$

式中:R_a——芯样劈裂抗拉强度,MPa;

P——极限荷载,N;

A——芯样劈裂面面积,mm^2;

D——芯样截面的平均直径,mm;

L——芯样平均长度,mm。

8.4 平整度的试验检测

8.4.1 概述

平整度是路面施工质量与服务水平的重要指标之一。平整度的测试设备分为断面类及反应类两大类。自动化测试设备有纵断面分析仪、路面平整度数据采集系统测定车等。

国际上通用国际平整度指数 IRI 衡量路面行驶舒适性或路面行驶质量,可通过标定试验得出 IRI 与标准差 σ 或单向累计值 VBI 之间的关系。

8.4.2 3 m 直尺法

3 m 直尺测定法有单尺测定最大间隙及等距离(1.5 m)连续测定两种。

8.4.2.1 试验目的

测定压实成型的路基、路面各层表面的平整度,以评定路面的施工质量及使用质量。

8.4.2.2 测试要点

(1)测试地点的选择

1)当为施工过程中质量检测需要时,测试地点根据需要确定,可以单杆检测。

2)当为路基、路面工程质量检查验收或进行路况评定需要时,应首尾相接连续测量10尺。

除特殊需要外,应以行车道一侧车轮轮迹(距车道线80~100 cm)带作为连续测定的标准位置。

3)对已形成车辙的旧路面,应取车辙中间位置为测定位置,用粉笔在路面上作好标记。

(2)测试要点

1)在施工过程中检测时,按根据需要确定的方向,将3 m直尺摆在测试地点的路面上。

2)目测3 m直尺底面与路面之间的间隙情况,确定间隙为最大的位置。

3)用有高度标线的塞尺塞进间隙处,量记最大间隙的高度,精确至0.2 mm。

4)施工结束后检测时,按现行《公路工程质量检验评定标准》(JTG F80/1—2004)的规定,每1处连续检测10尺,按上述步骤测记10个最大间隙。

8.4.2.3 试验结果

单杆检测路面的平整度计算,以3 m直尺与路面的最大间隙为测定结果。连续测定10尺时,判断每个测定值是否合格,根据要求计算合格百分率,并计算10个最大间隙的平均值。

$$合格率=(合格尺数/总测尺数)\times 100\%$$

8.4.2.4 试验报告

单杆检测应随时记录测试位置及检测结果。连续测定10尺时,应报告平均值、合格尺数及合格率。

8.4.3 连续式平整度仪法

8.4.3.1 试验目的

测定路表面的平整度,评定路面的施工质量和使用质量,不适用于在已有较多坑槽、破损严重的路面上测定。

8.4.3.2 仪器设备

(1)连续式平整度仪:前后各有4个行走轮,前后两组轮的轴间距离为3 m。机架中间有一个能起落的测定轮。测定轮上装有位移传感器,自动采集位移数据时,测定间距为10 cm,每一计算区间的长度为100 m,100 m输出一次结果。

(2)牵引车:小面包车或其他小型牵引汽车。

(3)皮尺或测绳。

8.4.3.3 试验要点

(1)选择测试路段路面测试地点,同 3 m 直尺法。

(2)将连续式平整度测定仪置于测试路段路面起点上。

(3)放下测定轮,启动检测器及记录仪,随即牵引汽车,沿道路纵向行驶,横向位置保持稳定,检查平整度检测仪表上测定数字显示、打印、记录的情况。

(4)牵引平整度仪的速度应均匀,速度宜为 5 km/h,最大不得超过12 km/h。

8.4.3.4 试验结果

(1)连续式平整度测定仪测定后,可按每 10 cm 间距采集的位移值自动计算 100 m 计算区间的平整度标准差,还可记录测试长度、曲线振幅大于某一定值(3 mm、5 mm、8 mm、10 mm 等)的次数、曲线振幅的单向(凸起或凹下)累计值及以 3 m 机架为基准的中点路面偏差曲线图,并打印输出。

(2)每一计算区间的路面平整度以该区间测定结果的标准差表示,按式(8-14)计算:

$$\sigma_i = \sqrt{\frac{\sum (\bar{d} - d_i)^2}{n-1}} \tag{8-14}$$

式中:σ_i ——各计算区间的平整度计算值,mm;

d_i ——以 100 m 为一个计算区间,每隔一定距离(自动采集间距为 10 cm,人工采集间距为 1.5 m)采集的路面凹凸偏差位移值,mm;

$\bar{d}$ ——计算区间的路面凹凸偏差位移算数平均值,mm;

n——计算区间用于计算标准差的测试数据个数。

(3)计算一个评定路段内各区间平整度标准差的平均值、标准差和变异系数。

8.4.3.5 试验报告

试验应列表报告每一个评定路段内各测定区间的平整度标准差、各评定路段平整度的平均值、标准差、变异系数以及不合格区间数。

8.4.4 车载式激光平整度仪法

8.4.4.1 试验目的

对各类车载式激光平整度仪在新建、改建路面工程质量验收和无严重坑槽、车辙等病害及无积水、积雪、泥浆的正常通车条件下连续采集路段平整度数据。

8.4.4.2　设备与材料技术要求

(1)测试系统

测试系统由承载车辆、距离传感器、纵断面高程传感器和主控制系统组成。主控制系统对测试装置的操作实施控制,完成数据采集、传输、存储与计算过程。

(2)设备承载车要求

根据设备供应商的要求选择测试承载车辆。

(3)测试系统基本技术要求和参数

1)测试速度:30～100 km/h

2)采样间隔:≤500 mm

3)传感器测试精度:0.5 mm

4)距离标定误差:＜0.1%

5)系统工作环境温度:0～60 ℃

8.4.4.3　测试要点

(1)准备工作

1)根据设备操作手册的要求对测试系统各传感器进行校准。

2)检查测试车轮胎气压,应达到车辆轮胎规定的标准气压,车胎应清洁,不得黏附杂物。

3)距离测量装置需要现场安装的,根据设备操作手册说明进行安装,确保机械紧固装置安装牢固。

4)检查测试系统各部分应符合测试要求,不应有明显的可视性破损。

5)打开系统电源,启动控制程序,检查各部分的工作状态。

(2)测试步骤

1)测试开始之前应让测试车以测试速度行驶 5～10 km,按照设备使用说明规定的预热时间对测试系统进行预热。

2)测试车停在测试起点前 50～100 m 处,启动平整度测试系统程序,按照设备操作手册的规定和测试路段的现场技术要求设置完毕所需的测试状态。

3)驾驶员应按照设备操作手册要求的测试速度范围驾驶测试车,宜为 50～80 km/h,避免急加速和急减速,急弯路段应减慢车速,沿正常行车轨迹驶入测试路段。

4)进入测试路段后,测试人员启动系统的采集和记录程序,在测试过程中必须及时准确地将测试路段的起终点和其他需要特殊标记的位置输入测试数据记录中。

5)当测试车辆驶出测试路段后,测试人员停止数据采集和记录,并恢复仪器各部分至初始状态。

6)检查测试数据文件,文件应完整,内容应正常,否则需要重新测试。

7)关闭测试系统电源,结束测试。

8.4.4.4 试验结果

激光平整度仪采集的数据是路面相对高程值,应以 100 m 为计算区间长度用 IRI 的标准计算程序计算 IRI 值,以 m/km 计。

8.4.4.5 激光平整度仪测值与国际平整度指数 IRI 相关关系对比试验

(1)试验条件

1)按照每段 IRI 值变化幅度不小于 1.0 的范围选择不少于 4 段不同平整度水平的路段,且有足够加速或减速长度的路段。根据实际测试道路 IRI 的分布情况,可以适当增加某些范围内的标定路段。

2)每路段长度不小于 300 m。

3)每一段内的平整度应平均,包括路段前 50 m 的引道。

4)选择坡度变化较小的直线路段,路段交通量小,便于疏导。

5)有多个激光测头的系统需要分别标定。

6)标定宜选择在车道的正常行驶轨迹上进行,明确画出轮迹带测线和起终点位置。

(2)试验步骤

1)距离标定

依据设备供应商建议的长度,选择坡度变化较小的平坦直线路段,标出起终点和行驶轨迹。

标定开始之前应让测试车以测试速度行驶 5~10 km,按照设备操作手册规定的预热时间对测试系统进行预热。

将测试车的前轮对准起点线,启动距离校准程序,然后令车辆沿着路段轨迹直线行驶,避免突然加速或减速,接近终点时,看指挥人员手势减速停车,确保测试车的前轮对准终点线,结束距离校准程序。重复此过程,确保距离传感器测试结果的准确性在允许误差范围之内。

令所标定的纵断面高程传感器对准测线重复测试 5 次,取其 IRI 计算值作为该路段的测试值。

2)IRI 值的确定

以精密水准仪作为标准仪具,测量标定路段上测线的纵断高程,要求采样间隔为 250 mm,高程测试精密度为 0.5 mm。然后用 IRI 标准计算程序对纵断面测量值进行模型计算,得到标定线路的 IRI 值。

(3)试验数据处理

用数理统计的方法将各标定路段的IRI值和相应的平整度仪测值进行回归分析，建立相关关系方程式，相关系数 R 不得小于0.99。

8.4.4.6　试验报告

平整度检测报告应包括以下内容：

(1)国际平整度指数IRI平均值。

(2)激光平整度仪测值与国际平整度指数IRI在选定测试条件下的相关关系式及相关系数。

8.5　路面抗滑性能的试验检测

8.5.1　概述

路面抗滑性能是指路面抵抗车辆轮胎受到制动时沿表面滑移的能力。通常，抗滑性能被看作是路面的表面特性(包括路表面细构造和粗构造)，并用轮胎与路面间的摩阻系数来表示。影响抗滑性能的因素有路面表面特性、路面潮湿程度和行车速度。

路表面细构造是指集料表面的粗糙度，它随车轮的反复磨耗而渐被磨光。通常采用石料磨光值来表征抗磨光的性能。细构造在低速(30 km/h以下)时对路表抗滑性能起决定作用。而高速时起主要作用的是粗构造，它是由路表外露集料形成的构造，功能是使车轮下的路表水迅速排除，以避免形成水膜。

抗滑性能测试方法有制动距离法、偏转轮拖车法(横向力系数测试)、摆式仪法、构造深度测试法(手工铺砂法、电动铺砂法、激光构造深度仪法)。

表征路面抗滑性能常用的技术指标为抗滑摆值、路表构造深度和路面横向摩擦系数。

路面的抗滑摆值是指用标准的手提式摆式摩擦系数测定仪测定的路面在潮湿条件下对摆的摩擦阻力。路表构造深度是指一定面积的路表面凹凸不平的开口孔隙的平均深度。路面横向摩擦系数是指用标准的摩擦系数测定车测定的，当测定轮与行车方向成一定角度并以一定速度行驶时，轮胎与潮湿路面之间的摩擦阻力与试验轮上荷载的比值。

高速、一级公路的路面应具有良好的抗滑性能，其沥青路面抗滑性能应符合有关的要求，二级及三级公路应根据各路段的具体情况采取必要的技术措施，以提高路面抗滑性能。在设计高速、一级公路的沥青表面层时，应选用抗滑、耐磨石料。高速、一级公路的摩擦系数宜在竣工后第一个夏季采用摩擦系数车测定，以 50 km/h、11 km/h 的车速测定横向力系数 s。宏观构造深度应在竣工后第一个夏季用铺砂法或激光构造深度仪测定，此时的测定值应符合规定的竣工验收的要求。

8.5.2 构造深度测试方法

本节以手工铺砂法为例介绍构造深度测试方法。

8.5.2.1 试验目的

测定沥青路面及水泥混凝土路面表面构造深度，用以评定路面表面的宏观粗糙度、排水性能及抗滑性能。

8.5.2.2 试验仪器与材料

(1)人工铺砂仪(见图 8-10)：由圆筒、推平板组成。

(2)量砂筒：容积为(25±0.15)mL。

(3)量砂：足够数量的干燥、洁净的匀质砂，粒径为 0.15～0.30 mm。

(4)量尺等。

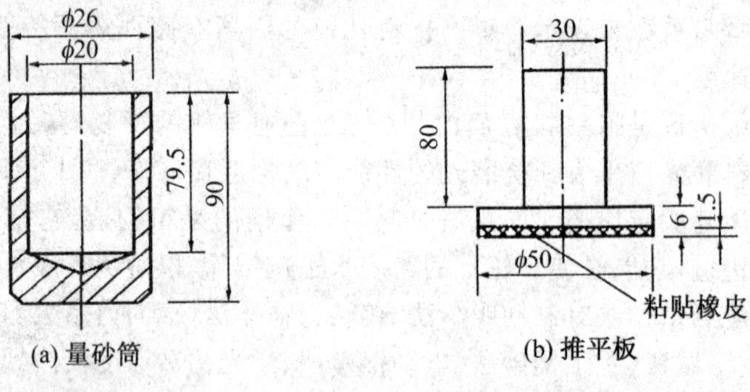

图 8-10 人工铺砂仪

8.5.2.3 试验方法与步骤

(1)量砂准备：取洁净的细砂晾干、过筛，取 0.15～0.30 mm 的砂置适当的容器中备用。

(2)对测试路段按随机取样选点的方法，决定测点所在横断面位置。测点应选在行车道的轮迹带上，距路面边缘不应小于 1 m。

(3)用扫帚或毛刷子将测点附近的路面清扫干净，面积不小于 30 cm×30 cm。

(4)用小铲装砂沿筒向圆筒中注满砂，手提圆筒上方，在硬质路面上轻轻地叩打 3 次，使砂密实，补足砂面用钢尺一次刮平。

(5)将砂倒在路面上，用底面粘有橡胶片的推平板，由里向外重复做摊铺运动，稍稍用力将砂细心地尽可能地向外摊开，使砂填入路表面的空隙中，尽可能将砂摊成圆形，并不得在表面上留有浮动余砂。

(6)用钢板尺测量所构成圆的两个垂直方向的直径，取其平均值，准确至 5 mm。

(7)按以上方法，同一处平行测定不少于 3 次，3 个测点均位于轮迹带上，测点间距 3～5 m。该处的测定位置以中间测点的位置表示。

8.5.2.4　试验结果

(1)路面表面构造深度测定结果按式(8-15)计算：

$$\mathrm{TD} = \frac{1000V}{\pi D^2/4} = \frac{31831}{D^2} \tag{8-15}$$

式中：TD——路面表面构造深度，mm；

V——砂的体积，25 cm^3；

D——推平砂的平均直径，mm。

(2)每一处均取 3 次路面构造深度的测定结果的平均值作为试验结果，精确至 0.1 mm。

(3)计算每一个评定区间路面构造深度的平均值、标准差和变异系数。

8.5.2.5　试验报告

(1)列表逐点报告路面构造深度的测定值及 3 次测定的平均值，当平均值小于 0.2 mm 时，试验结果以"<0.2 mm"表示。

(2)报告每一个评定区间路面构造深度的平均值、标准差和变异系数。

8.5.3　摆式仪测路面抗滑摆值

8.5.3.1　试验目的

以摆式摩擦系数测定仪(摆式仪)测定沥青路面及水泥混凝土路面的抗滑值，用以评定路面在潮湿状态下的抗滑能力。

8.5.3.2　试验仪器与材料

(1)摆式仪(见图 8-11)：摆及摆的连接部分总质量为(1500±30)g；摆动中心至摆的重心距离为(410±5)mm；测定时摆在路面上滑动长度为(126±1)mm；摆上橡胶片端部距摆动中心的距离为 508 mm，橡胶片对路面的正向静压力为(22.2±0.5)N。

(2)橡胶片:用于测定路面抗滑值时的尺寸为6.35 mm×25.4 mm×76.2 mm,橡胶质量应符合要求。当橡胶片使用后,端部在长度方向上磨损超过1.6 mm或边缘在宽度方向上磨耗超过3.2 mm,或有油污染时,即应更换新橡胶片。

新橡胶片应先在干燥路面上测10次后再用于测试。橡胶片的有效使用期为1年。

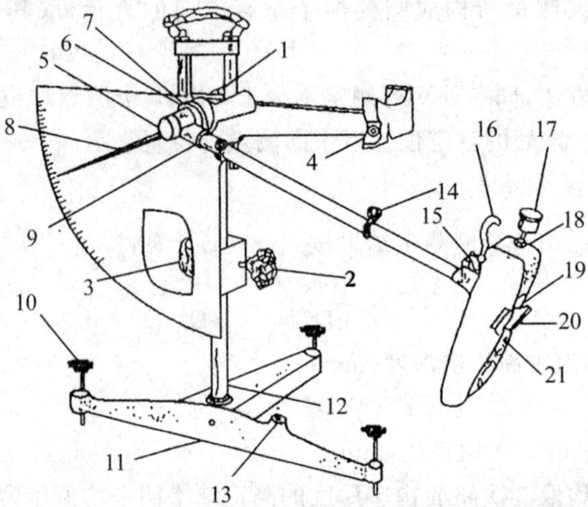

图8-11　摆式仪结构图

1,2—紧固把手;3—升降把手;4—释放开关;5—转向节螺盖;6—调节螺母;7—针簧片或毡垫;8—指针;9—连接螺母;10—调平螺栓;11—底座;12—垫块;13—水准泡;14—卡环;15—定位螺丝;16—举升柄;17—平衡锤;18—并紧螺母;19—滑溜块;20—橡胶片;21—止滑螺丝

(3)标准量尺:长126 mm。

(4)洒水壶、橡胶刮板、路面温度计等。

8.5.3.3　试验方法与步骤

(1)检查摆式仪的调零灵敏情况。

(2)对测试路段按随机取样方法,决定测点所在横断面位置。测点应选在行车道的轮迹带上,距路面边缘不应小于1 m,并用粉笔做标记。测点位置宜紧靠铺砂法测定构造深度的测点位置,并与其一一对应。

(3)仪器调平。

(4)调零。

(5)校核滑动长度:橡胶片两次同路面接触点的距离(即滑动长度)应在126 mm左右。若滑动长度不符合标准时,则升高或降低仪器底正面的调平螺丝来校正。

(6)用喷壶的水浇洒试测路面。

(7)再次洒水,并按下释放开关,使摆在路面滑过,指针即可指示出路面的摆值。但第一次测定,不做记录。

(8)重复测定5次,并读记每次测定的摆值,即BPN。5次数值中最大值与最小值的差值不得大于3 BPN。取5次测定的平均值作为每个测点路面的抗滑值(即摆值 F_B),取整数,以BPN表示。

(9)在测点位置上用路表温度计测记潮湿路面的温度,精确至1 ℃。

(10)同一处平行测定不少于3次,3个测点均位于轮迹带上,测点间距3~5 m。每一处均取3次测定结果的平均值作为试验结果,精确至1 BPN。

8.5.3.4 抗滑值的温度修正

当路面温度为 T 时测得的值为 F_{BT},必须按式(8-16)换算成标准温度20 ℃的摆值 F_{B20}。

$$F_{B20} = F_{BT} + \Delta F \tag{8-16}$$

8.5.3.5 试验报告

(1)报告测试日期、测点位置、天气情况、洒水后潮湿路面的温度,并描述路面类型、外观、结构类型等。

(2)列表逐点报告路面抗滑值的测定值 F_{BT} 经温度修正后的 F_{B20} 及3次测定的平均值。

(3)每一个评定路段路面抗滑值的平均值、标准差和变异系数。

8.5.4 摩擦系数测定车测定路面横向力系数

摩擦系数测定车测定的路面横向力系数既表示车辆在路面上制动时的路面抗力,还表征车辆在路面上发生侧滑时的路面抗力,因此它是路面纵横向摩擦系数的综合指标,反映较高速度下的路面抗滑能力。

8.5.4.1 主要仪器

摩擦系数测定车,通常为SCR型,主要由车辆底盘、测量机构、供水系统、荷载传感器、仪表及操作记录系统、标定装置等组成。

8.5.4.2 检测原理

横向力系数检测原理如图8-12所示。测定车上装有与车辆行驶方向成20°角的测试轮。测定时,供水系统洒水,降下测试轮,并对其施加一定荷载,荷载传感器测量与测试轮轮胎面成垂直的横向力,此力与轮荷载之比即为横向力系数。横向力系数越大,说明路面抗滑能力越强。

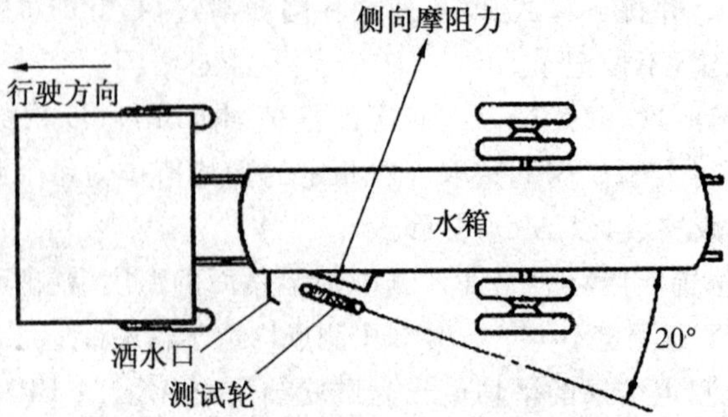

图 8-12　横向力系数检测原理示意图

8.6　路面结构层厚度的试验检测

在路面工程中,各个层次的厚度和道路整体强度是密切相关的。路面各结构层厚度的检测一般与压实度同时进行,当用灌砂法进行压实度检查时,可量取挖坑溜砂深度即为结构层厚度。当用钻芯取样法检查压实度时,可直接量取芯样高度。结构层厚度也可以来用水准仪实测法求得,即在同一测点量出结构层底面及顶面的高程,然后求其差值。这种方法无须破坏路面,测试精度高。

目前,国内外还有用雷达、超声波等方法检测路面结构层厚度。对于基层或砂石路面的厚度可用挖坑法测定,沥青面层与水泥混凝土路面板的厚度应用钻孔法测定。

8.6.1　路面厚度的检测方法

8.6.1.1　挖坑法

(1)根据现行规范的要求,随机取样决定挖坑检查的位置。如为旧路,测试点有坑洞等显著缺陷或接缝时,可在其旁边检测。

(2)选一块约 40 cm×40 cm 的平坦表面作为测试地点,用毛刷将其清扫干净。

(3)根据材料坚硬程度,选择镐、铲、凿于等适当的工具,开挖这一层材料,直至层位底面。在便于开挖的前提下,开挖面积应尽量缩小,坑洞大体呈圆形。边开挖边将材料铲出,置于搪瓷盘中。

(4)用毛刷将坑底清扫干净,确认为坑底面下一层的顶面。

(5)将钢尺平放,横跨于坑的两边,用另一把钢尺或卡尺等量具在坑的中部计,精确至0.1 cm。

8.6.1.2 钻孔法

(1)根据现行规范的要求,随机取样决定钻孔检查的位置。如为旧路,测试点有坑洞等显著缺陷或接缝时,可在其旁边检测。

(2)用路面取芯钻孔机钻孔。

(3)仔细取出芯样,清除底面灰尘,找出与下层的分界面。

(4)用钢尺或卡尺沿四周对称的十字方向四处量取表面至上下层界面的高度,取其平均值,即为该层的厚度,精确至0.1 cm。

8.6.1.3 施工过程中的简易测试方法

在施工过程中,当沥青混合料尚未冷却时,可根据需要,随机选择测点,用大改锥插入量取或挖坑量取沥青层的厚度(必要时用小锤轻轻敲打),但不得使用铁镐等扰动四周的沥青层。挖坑后清扫坑边,架上钢板尺,用另一钢板尺量取层厚,或用大改锥插入坑内量取深度后用尺读数,以cm计,精确至0.1 cm。

按下列步骤用取样层的相同材料填补试坑或钻孔:

(1)适当清理坑中残留物,钻孔时留下的积水应用棉纱吸干。

(2)对无机结合料稳定层及水泥混凝土路面,按相同配比用新拌的材料填补,并用小锤击实。水泥混凝土中宜掺加少量快凝早强的外掺剂。

(3)对无结合料粒料基层,可用挖坑时取出的材料,适当加水拌和后分层填补,并用小锤击实。

(4)对正在施工的沥青路面,用相同级配的热拌沥青混合料分层填补并用加热的铁锤或热夯压实。旧路钻孔也可用乳化沥青混合料修补。

(5)所有补坑结束时,宜比原面层略鼓出少许,用重锤或压路机压实平整。

补填工序如有疏忽,易成为隐患而导致开裂,因此应仔细填补好。

8.6.2 路面雷达快速测厚技术

8.6.2.1 雷达检测概述

雷达无损检测是一种高新技术,20世纪80年代后期开始用于路基路面物理力学指标的无损检测,欧美最早应用,我国应用的时间大约在20世纪90年代初。雷达检测技术实质上是一种特高频电磁波发射与接收技术。它与地震波不同,地震波是在锤击或小量炸药引爆情况下所产生的一种振动辐射波,一般具有低频性质(频率大致在数百赫的声频范围),而雷达波由自身激振产生,直接向路基路面中发射射频电磁波,通过波的反射与接收获得路基路面的采样信号,再经过硬件与软件及图文显示系统,得到检测结果。雷达所用的采样频率一般为数百万赫左右,而发射与接收的射频频率有的要达到吉赫以上。射频电磁波的产生是依靠一种特制的固体共振腔获得，正好像微波的获得依赖于晶体同轴共振腔一样。雷达波虽然频率很高，波长很短，但毕竟也是一种波，因此，该种电磁波也遵守波的传播规律，即也有入射、反射、折射与衰变等传播特点。人们正是利用这些特点，为工程质量监控服务，达到无损、快速、高精度的检测要求。

路面雷达测试系统，能实时收集公路的雷达信息，然后将信息输入电脑程序内，在很短的时间里，电脑程序便会自动分析出公路或桥面内各层厚度、湿度、空隙位置、破损位置及程度。

目前，我国公路路面厚度测试常采用钻孔测量芯样厚度的方法，这种方法会给路面造成破坏或留下后患。而路面雷达测试系统是一种非接触、非破损的路面厚度测试技术，检测速度高，精度也较高，检测费用低廉。因此，它不仅适用于沥青路面或水泥混凝土路面各层厚度及总厚度测试、路面下空洞探测、路面下相对高湿度区域检测、路面下的破损状况检测，还可以用于检测桥面混凝土剥落状况、桥内混凝土与钢筋脱离状况和测试桥面沥青覆盖层的厚度。

8.6.2.2 主要设备

(1)路面探测雷达:包括 1～4 套雷达。

(2)数据采集与处理系统:包括计算机和距离量测仪。

(3)测试软件。

(4)交流电源转换器。

(5)雷达检测车。

8.6.2.3 工作原理

雷达检测车以一定速度在路面上行驶，路面探测雷达发射电磁脉冲，并在短时间内穿过路面，脉冲反射波被无线接收机接收，数据采集系统记录返回时间和路面结构中的不连续电介质常数的突变情况。由于路面各结构层材料的电介质常数明显不同，因此电介质常数突变处就是两结构层的界面。根据测得的各种路面材料的电介质常数及波速，则可计算路面各结构层的厚度或给出含水量、损坏位置等资料。路面雷达的工作原理如图 8-13 所示。

8.6.2.4 使用技术要点

(1)检测速度可达 80 km/h 以上。

(2)以 80 km/h 的速度对路面及桥面进行连续检测不少于 4 h 时检测距离可达 320 km。

(3)最大探测深度大于 60 cm。

(4)厚度数据精度一般为深度的 2%～5%。

(5)检测在计算机控制下进行，可实时地同时进行数据采集波形显示。

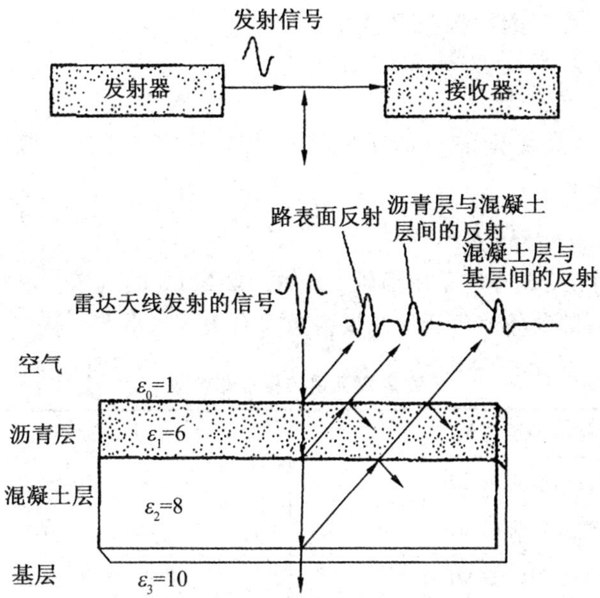

图 8-13　路面雷达工作原理示意图

8.7　路面承载能力的试验检测

8.7.1　概述

国内外普遍采用回弹弯沉值来表示路基路面的承载能力,回弹弯沉值越大,承载能力越小,反之则越大。通常所说的回弹弯沉值是指标准后轴载双轮组轮隙中心处的最大回弹弯沉值。

以下给出弯沉值的几个概念:

(1)弯沉

弯沉是指在规定的标准轴载作用下,路基或路面表面轮隙位置产生的总垂直变形(总弯沉)或垂直回弹变形值(回弹弯沉),以 0.01 mm 为单位。

(2)设计弯沉值

设计弯沉值是根据设计年限内一个车道上预测通过的累计当量轴次、公路等级、面层和基层类型而确定的路面弯沉设计值。

8.7.2 贝克曼梁检测弯沉方法

8.7.2.1 试验目的

用于测定各类路基、路面的回弹弯沉,用以评定其整体承载能力,可供路面结构设计使用。

8.7.2.2 试验设备与材料

(1)测试车:测试车应采用后轴 10 t 的 BZZ-100 的汽车。其标准轴荷载、轮胎尺寸、轮胎间隙及轮胎气压等主要参数符合表 8-2 要求。

表 8-2 测定弯沉用的标准车参数

标准轴载等级	BZZ-100
后轴标准荷载(kN)	100±1
一侧双轮荷载(kN)	50±0.5
轮胎充气压力(MPa)	0.70±0.05
单轮传压面当量圆直径(cm)	21.30±0.5
轮隙宽度	应满足能自由插入弯沉仪测头的测试要求

(2)路面弯沉仪:由贝克曼梁、百分表及表架组成;贝克曼梁由铝合金制成,上有水准泡,其前臂(接触路面)与后臂(装百分表)长度比为 2∶1。弯沉仪长度有两种:一种长 3.6 m,另一种加长的弯沉仪长 5.4 m。当在半刚性基层沥青路面或水泥混凝土路面上测定时,宜采用长度为 5.4 m 的贝克曼梁弯沉仪,并采用 BZZ-100 标准车。弯沉值采用百分表量得,也可用自动记录装置进行测量。

(3)接触式路面温度计。

(4)其他:皮尺、口哨、白油漆或粉笔等。

8.7.2.3 试验方法与步骤

(1)试验前准备工作

检查汽车后轴轴重、测定轮胎接地面积、检查百分表灵敏情况、测定气温及地表温度等。

(2)测试步骤

1)在测试路段布置测点,其距离随测试需要而定。测点应在路面行车车道的轮迹带上,并用白油漆或粉笔画上标记。

2)将试验车后轮轮隙对准测点后约 3～5 cm 处的位置上。

3)将弯沉仪插入汽车后轮之间的缝隙处,与汽车方向一致,梁臂不得碰到轮胎，弯沉仪测头置于测点上(轮隙中心前方3～5 cm处)，并安装百分表于弯沉仪的测定杆上，百分表调零，轻轻叩打弯沉仪，检查百分表是否稳定回零。

弯沉仪可以是单侧测定，也可以双侧同时测定。

4)测定者吹哨发令指挥汽车缓缓前进，百分表随路面变形的增加而持续向前转动。当表针转动到最大值时，迅速读取初读数 d_1。汽车仍在继续前进，表针反向回转，待汽车驶出弯沉影响半径(3 m以上)后，吹口哨或挥动红旗指挥停车。待表针回转稳定后读取终读数 d_2。汽车前进的速度宜为5 km/h左右。

8.7.2.4 试验结果

每个测点的回弹弯沉值按式(8-17)计算：

$$L_i = (d_1 - d_2) \times 2 \tag{8-17}$$

沥青面层厚度大于5 cm且路面温度超过(20±2)℃范围时，回弹弯沉值应进行温度修正。另外，还应考虑季节影响系数和湿度影响系数。

8.7.3 自动弯沉仪检测弯沉方法

8.7.3.1 主要设备

自动弯沉仪测定车：洛克鲁瓦型，由测试汽车、测量机构、数据采集处理系统三部分组成。

8.7.3.2 工作原理

自动弯沉仪测定车在检测路段以一定速度行驶，将安装在测试车前后轴之间底盘下面的弯沉测定梁放到车辆底盘的前端并支于地面保持不动，当后轴双轮隙通过测头时，弯沉通过位移传感器等装置被自动记录下来，这时，测定梁被拖动，以二倍的汽车速度拖到下一测点，周而复始地向前连续测定。通过计算机可输出路段弯沉检测统计计算结果。

8.7.4 落锤式弯沉仪检测弯沉方法

8.7.4.1 试验目的

测定在落锤式弯沉仪(FWD)标准质量的重锤落下一定高度发生的冲击荷载作用下，路基或路面表面所产生的瞬间变形，即测定在动态荷载作用下产生的动态弯沉及弯沉盆。并可由此反算路基路面各层材料的动态弹性模量，作为设计参数使用。所测结果经转换至回弹弯沉值后可用于评定道路承载能力，也可用于调查水泥混凝土路面接缝的传力效果，探查路面板下的空洞等。

8.7.4.2 试验设备与材料

(1)落锤式弯沉仪：简称FWD，由荷载发生装置、弯沉检测装置、运算控制系统与车辆牵引系统等组成。

(2)荷载发生装置:重锤的质量及落高根据使用目的与道路等级选择,荷载由传感器测定。如无特殊需要,重锤的质量为(200±10)kg,可采用(50±2.5)kN的冲击荷载。承载板宜为十字对称分开成四部分且底部固定有橡胶片的承载板。承载板的直径一般为300 mm。

(3)弯沉检测装置:由一组高精度位移传感器组成。传感器可为差动变压器式位移计(LVDT)或地震检波器。自承载板中心开始,沿道路纵向隔开一定距离布设一组传感器,传感器总数不少于7个,建议布置在0~250 cm范围以内,必须包括0、30、60、90四点,其他根据需要及设备性能决定。

(4)运算及控制装置:能在冲击荷载作用的瞬间内,记录冲击荷载及各个传感器所在位置测点的动态变形。

(5)牵引装置:牵引FWD并安装运算及控制装置的车辆。

8.7.4.3　工作原理

将测定车开到测定地点,通过计算机控制下的液压系统,启动落锤装置,使一定质量的落锤从一定高度自由落下,冲击力作用于承载板上并传递到路面,导致路面产生弯沉,分布于距测点不同距离的传感器检测结构层表面的变形,记录系统将信号输入计算机,得到路面测点弯沉及弯沉值。图8-14为落锤式弯沉仪测量系统示意图。

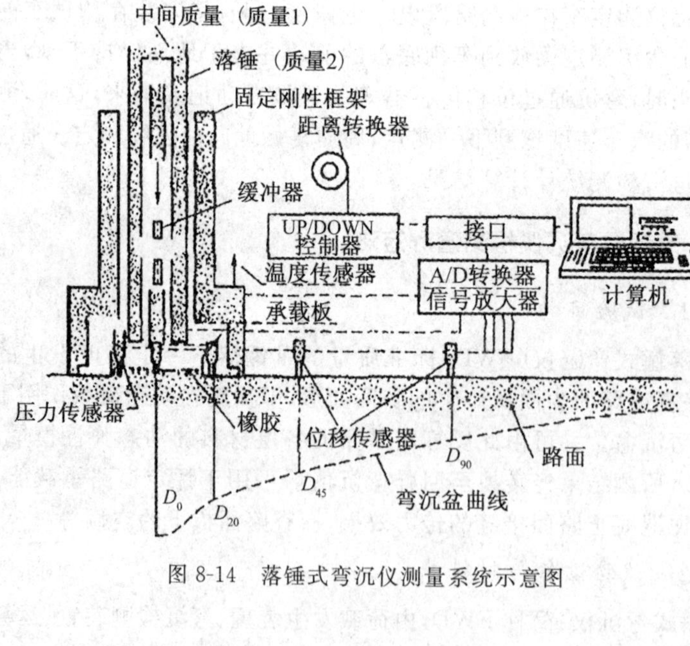

图8-14　落锤式弯沉仪测量系统示意图

8.7.4.4　试验方法与步骤

(1)准备工作

1)调整重锤的质量及落高,使重锤的质量及产生的冲击荷载符合要求。

2)在测试路段的路基或路面各层表面布置测点,其位置或距离随测试需要而定。当在路面表面测定时,测点宜布置在行车道的轮迹带上。测试时,还可利用距离传感器定位。

3)检查 FWD 的车况及使用性能,用手动操作检查,各项指标符合仪器规定要求。

4)将 FWD 牵引至测定地点,将仪器打开,进入工作状态。牵引 FWD 行驶的速度不宜超过 50 km/h。

对位移传感器按仪器使用说明书进行标定,使之达到规定的精度要求。

(2)试验步骤

1)承载板中心位置对准测点,承载板自动落下,放下弯沉装置的各个传感器。

2)启动落锤装置,落锤瞬即自由落下,冲击力作用于承载板上,又立即自动提升至原来位置固定。同时,各个传感器检测结构层表面变形,记录系统将位移信号输入计算机,并得到峰值,即路面弯沉,同时得到弯沉盆。每一测点重复应不少于 3 次,除去第一个测定值,取以后几次测定值的平均值作为计算依据。

3)提起传感器及承载板,牵引车向前移动至下一个测点,重复上述步骤,进行测定。

8.7.4.5　落锤式弯沉仪与贝克曼梁弯沉仪对比试验步骤

(1)路段选择

选择结构类型完全相同的路段,针对不同地区选择某种路面结构的代表性路段,进行两种测定方法的对比试验,以便将落锤式弯沉仪测定的动弯沉换算成贝克曼梁测定的回弹弯沉值。选择的对比路段长度 300～500m,弯沉值应有一定的变化幅度。

(2)对比试验步骤

1)采用与实际使用相同且符合要求的落锤式弯沉仪及贝克曼梁弯沉仪测定车。落锤式弯沉仪的冲击荷载应与贝克曼梁弯沉仪测定车的后轴双轮荷载相同。

2)用油漆标记对比路段起点位置。

3)布置测点位置,按规程 JTG E60—2008 中 T0951 的方法用贝克曼梁定点测定回弹弯沉。测定车开走后,用粉笔以测点为圆心,在周围画一个半径为

15 cm的圆，标明测点位置。

4)将落锤式弯沉仪的承载板对准圆圈，位置偏差不超过 30 mm，进行测定。两种仪器对同一点弯沉测试的时间间隔不应超过 10 min。

5)逐点对应计算两者的相关关系。

通过对比试验得出回归方程式：

$$L_{B} = a + bL_{FWD}$$

式中：L_{FWD}，L_{B}—— 落锤式弯沉仪、贝克曼梁测定的弯沉值。

回归方程式的相关系数 R 应不小于 0.95。

注：由于路面结构和材料、路基状况、温度、水文条件、路面使用状况不同，对比关系也有所不同，为了提高数据的准确性，应分各种情况做此项对比试验。

8.7.4.6　试验结果

(1)按桩号记录各测点的弯沉及弯沉盆数据，按规程 JTG E60—2008 中附录 B 的方法计算评定路段的平均值、标准差、变异系数。

(2)当为调查水泥混凝土路面接缝的传力效果时，利用分开在接缝两边布置的位移传感器的测定值的差异及弯沉盆的形状进行判断。

(3)当为探查路面板下的空洞时，利用在不同位置测定的测定值的差异及弯沉盆的形状进行判断。

8.7.4.7　试验报告

(1)报告应包括下列内容：

1)单个测点的最大弯沉及弯沉盆测定数据。

2)每一个评定路段全部测点弯沉的平均值、标准差、换算的回弹弯沉。

(2)如与贝克曼梁弯沉仪进行了对比试验，尚应报告相关关系式、相关系数、换算的回弹弯沉。

参考文献

[1]陈红.交通工程设施试验检测技术[M].北京:人民交通出版社,2000.

[2]中华人民共和国交通部.公路交通工程施工标准规范汇编[M].北京:人民交通出版社,2001.

[3]中建标公路委员会.公路工程技术标准(JTG B01—2014)[S].北京:人民交通出版社,2014.

[4]徐培华,陈忠达.路基路面试验检测技术[M].北京:人民交通出版社,2000.

[5]中华人民共和国国家质量监督检验检疫总局.水泥标准稠度用水量、凝结时间、安定性检验方法(GB/T 1346—2011)[S].北京:中国标准出版社,2011.

[6]中华人民共和国国家质量技术监督局.水泥胶砂强度检测方法(ISO法)(GB/T 17671—1999)[S].北京:中国标准出版社,1999.

[7]交通部公路科学研究所.公路工程集料试验规程(JTG E42—2005)[S].北京:人民交通出版社,2005.

[8]中华人民共和国交通部.公路工程质量检验评定标准(JTG F80/1—2004)[S].北京:人民交通出版社,2004.

[9]中华人民共和国交通运输部.公路工程沥青及沥青混合料试验规程(JTG E20—2011)[S].北京:人民交通出版社,2011.

[10]中华人民共和国交通部.公路沥青路面施工技术规范(JTG F40—2004)[S].北京:人民交通出版社,2004.

[11]中华人民共和国交通运输部.公路隧道施工技术规范(JTG F60—2009)[S].北京:人民交通出版社,2009.

图书在版编目(CIP)数据

公路工程施工中的试验检测/魏青瑞主编.—济南：山东大学出版社,2015.8
ISBN 978-7-5607-5358-4

Ⅰ.①公… Ⅱ.①魏… Ⅲ.①道路施工－道路试验－检测 Ⅳ.①U415.1-33

中国版本图书馆CIP数据核字(2015)第215443号

责任策划:陈海军
责任编辑:李云霄
封面设计:张 荔

出版发行:山东大学出版社
社 址 山东省济南市山大南路20号
邮 编 250100
电 话 市场部(0531)88364466
经 销:山东省新华书店
印 刷:济南景升印业有限公司
规 格:720毫米×1000毫米 1/16
16.75印张 309千字
版 次:2015年8月第1版
印 次:2015年8月第1次印刷
定 价:36.00元
